国家社科基金
GUOJIA SHEKE JIJIN HOUQI ZIZHU XIANGMU
后期资助项目

郭象《庄子注》
对先秦儒家思想的吸纳与转化

GUOXIANG《ZHUANGZI ZHU》
DUI XIANQIN RUJIA SIXIANG DE XINA YU ZHUANHUA

罗彩 著

中山大学出版社
SUN YAT-SEN UNIVERSITY PRESS
·广州·

图书在版编目（CIP）数据

郭象《庄子注》对先秦儒家思想的吸纳与转化/罗彩著．—广州：中山大学出版社，2023.8

ISBN 978 - 7 - 306 - 07876 - 6

Ⅰ. ①郭…　Ⅱ. ①罗…　Ⅲ. ①道家 ②《庄子》—注释

Ⅳ. ①B223. 52

中国国家版本馆 CIP 数据核字（2023）第 146252 号

出 版 人：王天琪
策划编辑：曾育林
责任编辑：赵　婷
封面设计：曾　斌
责任校对：梁锐萍
责任技编：靳晓虹
出版发行：中山大学出版社
电　　话：编辑部 020 - 84113349，84110776，84111997，84110779，84110283
　　　　　发行部 020 - 84111998，84111981，84111160
地　　址：广州市新港西路 135 号
邮　　编：510275　传　真：020 - 84036565
网　　址：http：//www. zsup. com. cn　E-mail：zdcbs@ mail. sysu. edu. cn
印 刷 者：广东虎彩云印刷有限公司
规　　格：787mm×1092mm　1/16　15 印张　253 千字
版次印次：2023 年 8 月第 1 版　2023 年 8 月第 1 次印刷
定　　价：60.00 元

国家社科基金后期资助项目
出版说明

　　后期资助项目是国家社科基金设立的一类重要项目，旨在鼓励广大社科研究者潜心治学，支持基础研究多出优秀成果。它是经过严格评审，从接近完成的科研成果中遴选立项的。为扩大后期资助项目的影响，更好地推动学术发展，促成成果转化，全国哲学社会科学工作办公室按照"统一设计、统一标识、统一版式、形成系列"的总体要求，组织出版国家社科基金后期资助项目成果。

全国哲学社会科学工作办公室

目　　录

绪　　论

关于玄学与儒学的关系问题，学界目前的探讨多侧重在玄学对儒学的批判上，而就玄学对儒学的吸收继承方面则探讨较少。汤用彤言："盖世人多以玄学为老、庄之附庸，而忘其亦系儒学之蜕变。"[①] 这里，汤用彤明确指出玄学与儒学有相互一致的面向。除了玄学产生的历史渊源与汉代儒学有着特定的联系外，玄学究竟还从哪些方面来具体体现与儒学的这种关联呢？我们可通过魏晋玄学的代表性人物郭象的《庄子注》来窥探一二，并尝试将此问题放在儒学发展的脉络里来观察，分别从性本论、"内圣学"之心性论、"外王学"之礼论来探究郭象玄学是如何实现对先秦儒学的继承与发展，即"接着讲"[②]，以期揭示郭象玄学思想"以道明儒"的性质和目的。

一、孔孟荀的时代："礼崩乐坏"的春秋战国

孔子生活在周王室式微及诸侯纷争的春秋末年。在此动荡的社会背景下，他有见于各诸侯及民众越礼、违礼等行为，对"礼崩乐坏"的局面感到十分痛心与无奈，但他却"知其不可为而为之"，以学习周礼、传播周礼及恢复周礼作为自己毕生的追求。他在对周礼的思考与研究中发展出"仁"的哲学思想体系。

孔子以"仁"作为人确立价值主体性的根本，同时把"仁"与"德"联系起来，主张通过持久的"克己复礼"内在修养功夫成就仁之

---

① 汤用彤：《王弼之〈周易〉〈论语〉新义》，《魏晋玄学论稿》（增订版），北京：生活·读书·新知三联书店，2009 年，第 85 页。

② "接着讲"是冯友兰在《新理学》绪论开篇提出来的，他认为他的"新理学"是对"宋明以来底理学""接着讲"，"接着"既表示有"承接""延续"的一致性，又表示有不同与发展。（参见冯友兰《新理学》，《民国丛书》第 5 编 05014 册，上海：上海书店出版社，1996 年，第 1 页。）

美德，进而实现"成圣"的目的，最终以圣人治国来恢复礼乐文明的秩序。显然，孔子是以"仁"为核心建构起他的道德学说及阐发他的治国理想，以士的担当精神力图通过道德教化培养有道德的君子圣人，然后让君子圣人治国恢复礼乐秩序，进而挽救当时"失道"的世态。所谓"士不可以不弘毅，任重而道远。仁以为己任，不亦重乎？死而后已，不亦远乎"①，君子当"修己以敬""修己以安人""修己以安百姓"②。孔子以弘扬"仁"为己任，并认为道德修养应反求诸己、自内而外地推己及人，由修仁德以行仁政，实现天下有道的局面。由此可见，孔子创立的仁学思想体系包含了以道德修己的"内圣"与为政以德的"外王"两个向度。

孔子由内圣开出外王的"仁学"将"成己"与"成人"、伦理与政治关联起来，这种思想深深影响了后来的儒者，也成为历代知识分子的理想追求。在孔子看来，理想社会的实现可能会受到客观"时命"的制约，但理想人格的实现则完全取决于自身。所谓"求不求在我，得不得在天"，孔子正是秉持着这种"弘道"的精神，注重对理想人格的营造，这具体表现在他对崇高道德的操守与教养中。他说："笃信好学，守死善道。危邦不入，乱邦不居。天下有道则见，无道则隐。"③ 这里所显示的是，纵使在时命不济的情况下，君子仁人也应保持自身道德的修养及达观冷静的态度，这种风貌便是"孔颜乐处"的精神，如他赞扬弟子颜回所说："贤哉，回也！一箪食，一瓢饮，在陋巷。人不堪其忧，回也不改其乐。贤哉，回也！"④

孟子生活在战国中期，此时各路诸侯为称霸大业攻城略地、战争不断，血流漂杵、尸骸遍野简直成了一种常态。这时，士阶层已经成熟并慢慢壮大起来，一大批具有政治抱负的知识分子纷纷投入各路诸侯的争霸之中，为诸侯们出谋划策，开启了学术与政治结合的"百家争鸣"局面。正如《庄子·天下》所言："天下大乱，圣贤不明，道德不一，天下多得一察焉以自好。譬如耳目鼻口，皆有所明，不能相通。犹百家众技

① ［宋］朱熹撰：《四书章句集注·论语集注》，北京：中华书局，1983 年，第 104 页。本书脚注中，前面已出现过的文献，在下一次出现时只列作者、作品及页码，其余题次均省略。

② ［宋］朱熹撰：《四书章句集注·论语集注》，第 159 页。

③ ［宋］朱熹撰：《四书章句集注·论语集注》，第 106 页。

④ ［宋］朱熹撰：《四书章句集注·论语集注》，第 87 页。

也，皆有所长，时有所用。虽然，不该不遍，一曲之士也……天下之人各为其所欲焉以自为方。悲夫，百家往而不反，必不合矣！后世之学者，不幸不见天地之纯，古人之大体，道术将为天下裂。"① 当然，一方面，现实的需要催生出不同的思想，不同思想的争辩交融促进了人的理性及思想的极大发展，这标志着一种如美国当代社会学家帕森斯所说的"哲学的突破"或德国哲学家雅斯贝尔斯所说的文明发展的"轴心时代"；但另一方面，各种思想纷繁复杂，众人皆为利往，导致庄子所说的"天下之人各为其所欲焉以自为方""道术将为天下裂"的局面。

孟子与庄子同生活在只讲"霸"与"利"的时代，但孟子与庄子"隐世"的做法不同。孟子作为"义仕派"② 的代表，承传了儒家中子思一派的思想，始终以学习和传播孔子创立的仁学为己任，以"人能弘道"的精神坚守着道德理想主义的淑世情怀，主张通过自身"存心养性"的内在功夫修身而平天下，对现实生活中为获利称霸而失去道德操守的小人、暴君持强烈批判的态度。孟子以"人禽之辨"彰显人的价值主体性，以"义利之辨""王霸之辨"透露出民本政治的诉求。可见，孟子继承并发扬了儒家正统的人文精神，正如其自称"乃所愿，则学孔子也"③。

孟子在孔子仁学的基础上，将"仁"内化为道德主体的"不忍人之心"（心善），以"不忍人之心"言性善，再由"不忍人之心"推扩出"不忍人之政"。如孟子说："人皆有不忍人之心。先王有不忍人之心，斯有不忍人之政矣。以不忍人之心，行不忍人之政，治天下可运之掌上。所谓人皆有不忍人之心者，今人乍见孺子将入于井，皆有怵惕恻隐之心。非所以内交于孺子之父母也，非所以要誉于乡党朋友也，非恶

① ［清］郭庆藩撰；王孝鱼点校：《庄子集释》，北京：中华书局，2012 年，第 1064 页。
② 钱穆将战国时期的士阶层划分为五个学派：一是劳作派，以许行、陈仲为代表，主张"君民并耕""不恃人而食"，把墨子的苦行思想发挥到了极致；二是不仕派，以田骈、淳于髡为代表，打着不仕的假清高旗号贪图享乐，寄生于贵族巢翼之下；三是禄仕派，以公孙衍、张仪为代表，依靠极高的纵横联合外交本领获得禄仕；四是义仕派，以孟子为代表，以仁义礼智的道德价值为主，主张通过自身修养的"内圣"推扩出"外王"的德政，继承了儒家正统的人文精神；五是退隐派，以庄子为代表，对现世的仁义礼智道德规范与政治生活持彻底批判态度，主张通过隐世、避世、游世的方法来保存自然真性，属于道家的正统思想。（具体参见钱穆《国史大纲》上册，北京：商务印书馆，1996 年，第 107～109 页。）
③ ［宋］朱熹撰：《四书章句集注·孟子集注》，第 234 页。

其声而然也。由是观之，无恻隐之心，非人也；无羞恶之心，非人也；无辞让之心，非人也；无是非之心，非人也。恻隐之心，仁之端也；羞恶之心，义之端也；辞让之心，礼之端也；是非之心，智之端也。人之有是四端也，犹其有四体也。"① 这里，孟子以恻隐、羞恶、辞让、是非"四心"与仁、义、礼、智"四德"相连，将"四德"内化为人"本心"的普遍本性，进而用道德"本心"确认人的"本性"的道德性，确立起"性善论"的观点。在孟子看来，以此恻隐、羞恶、辞让、是非之"不忍人之心"落实到政治方面便是"不忍人之政"。这便是以"仁心"行"仁政"，以"内圣"开出"外王"，其贯彻的依然是孔子提倡的以道德理想转化与提升现实社会政治的治国理念。

如果说孟子继承与发扬了孔子重教的"内圣"之学，那么荀子则继承与发扬了孔子重政的"外王"之学，这种转变跟荀子所处的战国后期政治即将走向大一统的趋势息息相关。荀子曾在百家争鸣的主要场所稷下游学，并在这里"三任祭酒"，又曾西游于秦，议兵于赵，并两度做楚国的兰陵令，这些经历都为荀子在综合百家之长的基础上发展儒家的"外王"学说进行了奠基。

荀子对各家均有所批评，唯独对孔子推崇备至，且以孔子的继承人自居，称孔子的思想能"总方略，齐言行，壹统类，而群天下之英杰而告之以大古，教之以至顺"②。荀子从当时现实社会的大一统诉求出发，认为单纯道德理想建构的"王道"只能充当社会批判的角色，而单一的以现实功利为目的的"霸道"则会使社会沉沦，大道俱失。所以，他从承认人的自然欲求出发，以人的自然本能为人性的内容，完善并发展了作为孔子"外王学"之内核的礼，并用圣人"化性起伪"而生的礼来制约人的欲望，达到整体社会的平衡，进而实现礼主法辅、王霸兼综的大一统理想。可以说，荀子面对战国末期激烈兼并的局面，在顾及现实利欲的同时仍不失道德理想，依旧以成就人之善性（尽管是人为的结果）及"强国裕民"的王道政治为最终目标。

大体而言，孔孟荀生活在战乱失道及"礼崩乐坏"的春秋战国，

---

① ［宋］朱熹撰：《四书章句集注·孟子集注》，第 237～238 页。

② ［清］王先谦撰；沈啸寰、王星贤点校：《荀子集解》，北京：中华书局，1988 年，第 95 页。

三者皆从儒者对社会的现实关怀出发，以"卫道"的精神坚守并弘扬儒家的人文道德主义，以成就德性与德政（内圣而外王）为最终理想。只不过孔孟侧重阐发仁义之善性的"内圣"之学，而荀子则侧重阐发礼义之化性的"外王"之学，可谓"天下百虑而一致，殊途而同归"。

二、郭象的时代：政令失准与士无操守的魏晋时局

郭象所处的魏晋与孔孟荀所处的春秋战国均属社会动荡不安、各种思想相互激荡的时代。因此，以郭象为代表的魏晋玄学家将孔子以来士阶层一直承担"以天下为己任"的社会责任自觉转化为当时重建合乎自然的新名教秩序的时代使命。这一点与先秦儒家以匡时济世为出发点、以圣王教化治国为道德政治理想、以重建一套符合"自然"之礼教秩序为价值旨归等有着天然的契合性。从这个意义上说，郭象玄学是对先秦儒学某种程度上的复归，也是儒学作为一种隐喻及另类表达在魏晋时期得以继续生存与发展的缘由。

西晋（265—316 年）一朝从始建到八王之乱，再到永嘉南渡、偏安江左，整个政局都始终处于混乱、不稳定的状态。司马氏集团通过不正义的手段篡夺了曹氏政权，一开始就缺乏存在的合法性依据，导致其在君臣纲纪问题上陷入两难境地。正如罗宗强所说："在许多问题上，这个政权的占有者处于一种道义上的尴尬境地，失去了凝聚力。他只能依违两可，准的无依。这就是西晋政风的基本特点。这样的政风，很自然地导致政局混乱，也影响着士人的价值取向，导致士无特操。"[1] 在这样的社会环境下，西晋士人将注意力转向了家族的兴衰和自身利益的得失上，"身名俱泰"成了士人们人生追求的目标。一方面，他们提倡名教，避免放诞之风摧毁其家族统治的经济基础；另一方面，他们追求精神自由，主张以无为之治放任家族的扩张，避免统治阶层损害士族阶层的利益。因此，统一名教与自然、会通儒道两家自然成了西晋玄学家们共同的时代任务。

郭象作为与西晋王朝几乎共存亡的名士，自是以会通儒道及重建新礼教秩序为己任。八王之乱与元康玄学清谈构成了郭象会通儒道的社会

----

① 罗宗强：《玄学与魏晋士人心态》，天津：天津教育出版社，2005 年，第 137 页。

时代背景。八王之乱对社会的稳定产生了极大的破坏，其产生的原因有二：一是晋武帝司马炎任用愚痴儿子司马衷作继承人，导致了贾后乱政而成为动乱的导火索；二是他大封宗室为王，使得诸王掌握军事权力而成为动乱的根源。

　　贾后专政的元康年间（291—299 年），是西晋后期历史上唯一短暂安定的时期。在这九年时间里，魏晋玄学出现了继正始玄学后的第二个高潮，即元康玄学。短暂的安定助长了名士们的骄奢之风与清谈活动。干宝在《晋纪》中引用了荆州刺史刘弘对此时社会风气的评论："刘弘教曰：'太康以来，天下共尚无为，贵谈庄老，少有说事。'"① 元康名士追求"身名俱泰"的风气愈演愈烈，对传统礼教造成了巨大冲击，其中的极端分子被称为"元康放达派"。"元康放达派"表面上以正始、竹林名士的继承者自居，实质上却失去了正始、竹林名士的忧患意识与批评精神。可见，元康玄学并没有为当时社会的发展提供新的出路。

　　元康玄学内部分为"贵无"和"崇有"两派。"贵无"派以王衍、乐广、刘漠、戴奥为代表，其后进之徒则以"四友"② "八达"③ 为代表。"崇有"派针对"贵无"派的虚妄放达而强调有为务实，其以裴颜为首的"二十四友"④ 为代表，"二十四友"皆是贾谧集团的核心人物。"贵无"派与"崇有"派虽就名教与自然、言意之辨等基本问题展开了激烈的论战，但他们同属西晋上层士族社会的成员，二者之间仍有

---

　　① ［梁］萧统著；［唐］李善注：《文选》卷四十九，《晋纪总论》李善注引干宝《晋纪》，北京：中华书局，1997 年，第 629 页。

　　② 所谓"四友"是指与王衍最亲密的四个朋友，历史资料记载有两说：一是《晋书·胡毋辅之传》认为"四友"是指王澄、王敦、庾敳、胡毋辅之四人（具体参见 ［唐］ 房玄龄等撰《晋书·胡毋辅之传》卷四十九，北京：中华书局，1974 年，第 1379 页）。二是《晋书·王澄传》认为"四友"是指王敦、谢鲲、庾敳、阮修四人（具体参见 ［唐］ 房玄龄等撰《晋书·王澄传》卷四十三，第 1239 页）。

　　③ 所谓"八达"，是指元康至永嘉之际士人社会中以放达闻名的名士，历史资料记载亦有两说：一是永嘉南渡前生活在洛阳的董昶、王澄、阮瞻、庾敳、谢鲲、胡毋辅之、支孝龙、光逸八人（具体参见袁行霈撰《陶渊明集笺注》，北京：中华书局，2003 年，第 594 页）。二是永嘉南渡后生活在建康的谢鲲、胡毋辅之、光逸、阮放、毕卓、羊曼、桓彝、阮孚八人（具体参见 ［唐］ 房玄龄等撰《晋书·光逸传》卷四十九，第 1385 页）。

　　④ 所谓"二十四友"是指裴颜、欧阳建、潘岳、陆机、陆云、缪征、杜斌、挚虞、诸葛荃、王粹、杜育、邹捷、左思、崔基、刘瓌、和郁、周恢、牵秀、陈眕、郭彰、许猛、刘讷、刘舆、刘琨二十四人（具体参见 ［唐］ 房玄龄等撰《晋书·贾谧传》卷四十，第 1173 页）。

着千丝万缕的联系。比如：王戎为裴頠岳父，王衍妻郭氏与贾后为亲戚，琅琊王氏与贾氏、裴氏属政治同盟。

"贵无派"与"崇有派"的辩论没有继续下去，"永康元年，赵王伦发动宫廷政变，控制了朝政。石崇、潘岳、欧阳建遭灭族之祸。'二十四友'因核心人物被杀而作鸟兽散；琅邪王氏的领袖王戎、王衍也以党附贾氏的罪名被免职，元康洛水边的清谈盛况，已成明日黄花"①。光熙元年（306 年），"八王之乱"以东海王越的胜利结束，第二年改元"永嘉"。从永嘉元年（307 年）至永嘉五年（311 年），西晋王朝在司马越太傅府的控制下苟延残喘地继续了五年。

"八王之乱""元康放达派"带来的社会秩序混乱及司马氏集团的虚伪之风，迫使郭象寻求解决名教与自然矛盾的理论方案，其力图通过名教（当然）的自然化这一基本思路来重振名教，将外在的名教与内在的个体自性相融合，期图为当时社会秩序的重建和个人身心的安顿提供一套新的价值体系作为支撑。

三、从孔孟荀到郭象：礼乐文明的复归到新礼教秩序的重建

春秋战国与魏晋南北朝时期成为中国古代两大文化发展的"黄金期"，是思想家们秉持"为天地立心，为生民立命，为往圣继绝学，为万世开太平"的现实关怀，并试图从理论上为处于动荡不安时局中的人们寻求安身立命之法的结果，这对当时思想文化的解放及发展起着重要的作用。

作为儒家创始人的孔子以"仁"为核心，主张通过"克己复礼"的内在修养功夫，由近及远、由内而外、由己及人的推扩方法使得仁爱获得普遍的意义。孔子言："弟子入则孝，出则弟，谨而信，泛爱众，而亲仁。"② 其弟子有子亦言："孝弟也者，其为仁之本与！"③ 孔子以最基本的亲亲之情为基础，认为孝悌是仁爱之本，人人从对自己父母天然情感的爱出发，在家做到对父母孝顺及对兄弟姐妹友好，出门在外也

---

① 王晓毅：《郭象评传》，南京：南京大学出版社，2011 年，第 117 页。

② ［宋］朱熹撰：《四书章句集注·论语集注》，第 49 页。

③ ［宋］朱熹撰：《四书章句集注·论语集注》，第 48 页。

必然能做到对他人有诚信，给予社会众人以仁爱。那么具体如何做呢？他说，"克己复礼为仁。一日克己复礼，天下归仁焉。为仁由己，而由人乎哉""非礼勿视，非礼勿听，非礼勿言，非礼勿动"。① 在孔子看来，以礼作为自身道德修养及行为的标准来克制欲望，不符合礼之标准的事情不去做，这便是仁了。可见，孔子将"礼"的规范与"德"的修养看成是一致的，并认为持久的"克己复礼"功夫是达至仁爱的基本路径。在孔子看来，"礼"不仅是个体修养及行为的道德规范，还是国家治理的礼仪规范。他说："道之以政，齐之以刑，民免而无耻；道之以德，齐之以礼，有耻有格。"② 孔子主张君主为政要以道德教化的"礼治"为根本，而不是一味强调暴力的刑罚杀戮，这样才会上下同德而民心归顺。当然，君主首先要修养好自己的德性，才能"为政以德"，最终实现"譬如北辰居其所而众星共之"的有礼有序社会。这里，孔子将"德治"和"礼治"看成是一体的，且认为"以礼治国"才能复归周礼。所以，孔子的仁学包含修身与治国两个向度，而将两个向度打通必须要通过"礼"这一道德修养功夫与社会行为规范来实现。

孟子将孔子的"仁"内化为人之道德本心固有的属性，并进一步将"仁"的内容拓展到五德伦常。他说，"仁也者，人也。合而言之，道也"③，"仁之于父子也，义之于君臣也，礼之于宾主也，智之于贤者也，圣人之于天道也，命也，有性焉，君子不谓命也"④。在孟子看来，人与禽兽最大的区别，就在于人有恻隐、辞让、羞恶、是非之"四心"与仁、义、礼、智、圣之"五德"⑤。不过，作为人伦之至的圣人要求太高，一般人很难做到，所以孟子在道德规范上，多讲"仁、义、礼、智"四德，其中又以"仁、义"二德为主。孟子认为，人们通过内在自身道德修养，可以实现人之为人的本质，这便是"仁"，当然也是

---

① ［宋］朱熹撰：《四书章句集注·论语集注》，第 131～132 页。
② ［宋］朱熹撰：《四书章句集注·论语集注》，第 54 页。
③ ［宋］朱熹撰：《四书章句集注·孟子集注》，第 367 页。
④ ［宋］朱熹撰：《四书章句集注·孟子集注》，第 369 页。
⑤ 此"五德"的说法是根据思孟学派的代表性作品——郭店楚简之《五行》篇的提法，其指出人的道德修养要求主要包括"仁、义、礼、智、圣"之"五行"，"五行"即"五德"。［具体参见陈来《早期儒家的德行论——以郭店楚简〈六德〉〈五行〉为中心》，载《北京大学学报（哲学社会科学版）》2018 年第 2 期。］

"道"的呈现。具体怎么达到仁义呢？孟子说，"亲亲，仁也"①，"老吾老，以及人之老；幼吾幼，以及人之幼。天下可运于掌"②。这里，孟子的方法和孔子类似，也是通过从血缘亲情出发的"推爱"的方式达到，即人人尊敬自己的父母，推广到尊敬别人的父母；人人爱自己的子女，然后推广到爱别人的子女，这样就可达到天下大治。同时，人内在固有的道德本心本性中，又以"仁义"为核心。孟子说，"仁，人心也；义，人路也"③，"仁之实，事亲是也；义之实，从兄是也。智之实，知斯二者弗去是也；礼之实，节文斯二者是也；乐之实，乐斯二者，乐则生矣"④。也就是说，仁是道德规范的根本，体现在父子之间子女对父母的侍奉；义是通向仁的道德行为总称，体现在君臣兄弟之间臣弟对君兄的服从；智是了解仁义的道理而持久地付诸行动，体现在贤者身上；礼是对仁义内容通过一套仪式或程序表显出来，并使行为具有道德优雅性的节文，体现在主人与宾客之间的敬让及人与人之间相处的彬彬有礼中；乐则是仁义德性自然而然地发散呈现，体现在事亲从兄之意油然而生，如草木之有生意。可见，孟子反复倡导心善与性善，其目的是通过仁义礼智之道德规范来匡正世道人心，即所谓"君子之守，修其身而天下平"⑤，进而以"仁心"成"仁政"，实现"父子有亲，君臣有义，夫妇有别，长幼有序，朋友有信"⑥的人伦有序、天下有道的局面。

　　荀子继承与发展了孔子的"外王学"，着重对礼的系统化阐释，并从礼、乐两个向度出发，建构起自己的礼学思想体系。荀子言，"先王恶其乱也，故制礼义以分之，以养人之欲，给人之求，使欲必不穷乎物，物必不屈于欲，两者相持而长"⑦，"先王恶其乱也，故制《雅》《颂》之声以道之，使其声足以乐而不流，使其文足以辨而不諰，使其曲直、繁省、廉肉、节奏足以感动人之善心，使夫邪污之气无由得接

---

①　[宋] 朱熹撰：《四书章句集注·孟子集注》，第 353 页。
②　[宋] 朱熹撰：《四书章句集注·孟子集注》，第 209 页。
③　[宋] 朱熹撰：《四书章句集注·孟子集注》，第 333 页。
④　[宋] 朱熹撰：《四书章句集注·孟子集注》，第 287 页。
⑤　[宋] 朱熹撰：《四书章句集注·孟子集注》，第 373 页。
⑥　[宋] 朱熹撰：《四书章句集注·孟子集注》，第 259 页。
⑦　[清] 王先谦撰；沈啸寰、王星贤点校：《荀子集解》，第 346 页。

焉"①。他在《乐论》篇亦言，"先王之道，礼乐正其盛者也"②，"先王贵礼乐而贱邪音"，"先王导之以礼乐而民和睦"③ 等。荀子常常将礼乐并称，认为二者是圣人为了避免顺应人欲而带来的混乱所创制的，其目的是不流恶俗、不纵恶欲，让人与外界始终处于平衡的状态中，达至情理俱尽、礼乐和谐的秩序。因此，礼乐可以起到化性导情、移风易俗的作用。所谓"礼乐之情同，故明王以相沿也"④，"乐本乎情，而礼则求情当于理"⑤。荀子在并称、并用礼乐的同时，也指出了二者的差别。他说："且乐也者，和之不可变者也；礼也者，理之不可易者也。乐合同，礼别异。礼乐之统，管乎人心矣。穷本极变，乐之情也；著诚去伪，礼之经也。"⑥也就是说，乐是协调人情时不可变更的手段，礼是治理社会时不可更换的原则。乐使人同心同德，礼让人们区别和分辨等级差异。所以礼乐统一在一起，就是对人们最好的管理手段。乐的情感性，在于它能深入到人们感情的本原，并能最大限度地感化人们；礼的原则性，在于它能够去除人们积累的成果中虚假、无效的部分，从而彰明万事万物最真实的一面，是谓"乐合同，礼别异"。因此，在荀子看来，礼代表着人们群智积虑的认识和实践成果，而乐则代表人们共通的情感和精神内容。

由此可知，荀子的礼乐观正如《礼记·乐记》所言"乐也者，动于内者也；礼也者，动于外者也，故礼主其减，乐主其盈"⑦，都指出了礼乐一体的道理，礼需要乐的润滑沟通，乐也需要礼的限制规定，绝不是发乎人情、放任自流的，这种情理兼具、软硬兼施的双重束缚力量，最大程度上起到规范名分、等级、差异的作用。所以荀子说："礼乐以成，贵贱以分。"⑧ 可见，荀子从大一统的政治诉求出发，企图通

① ［清］王先谦撰；沈啸寰、王星贤点校：《荀子集解》，第 379 页。
② ［清］王先谦撰；沈啸寰、王星贤点校：《荀子集解》，第 380 页。
③ ［清］王先谦撰；沈啸寰、王星贤点校：《荀子集解》，第 381 页。
④ ［清］孙希旦撰；沈啸寰、王星贤点校：《礼记集解·乐记第十九之一》，北京：中华书局，1989 年，第 989 页。
⑤ 惠吉兴：《近年礼学研究综述》，载《河北学刊》2000 年第 2 期。
⑥ ［清］王先谦撰；沈啸寰、王星贤点校：《荀子集解》，第 382 页。
⑦ ［清］孙希旦撰；沈啸寰、王星贤点校：《礼记集解·乐记第十九之二》，第 1030 页。
⑧ ［清］王先谦撰；沈啸寰、王星贤点校：《荀子集解》，第 477 页。

过礼、乐两个维度来实现"政令行，风俗美"①"政令以定，风俗以一"②的礼乐文明之理想社会秩序。

以郭象为代表的魏晋玄学家们继承了先秦儒家经世致用与阐扬正道的人文精神，均以性善、行为的自然主义及道德与政治、礼文与礼质、"名教"与"自然"的合一为价值旨归，以打通"内圣"与"外王"的王道政治为最终追求，力图重建一套新礼教秩序，为当时人们的安身立命提供解决之法。同时，以王弼、郭象为代表的魏晋玄学家大体继承了汉儒列孔子为圣人的传统③，呈现出"尊孔"的趋向，尽管孔子这一形象经过了"自然化"的处理。

东汉末期名教异化现象日益严重，作为名教存在合理性依据的意志之"天"遭到瓦解，儒家经典在政治上的权威地位式微，官学荒废，五经学业不再受到重视。随着儒学一尊的地位动摇，经学的神异色彩迅速消退。师法家法也逐渐解除，世人摆脱了汉人实证的思维方式，治学方法也经历了从直观比附、章句烦琐到把握整体、统其大义的转变，思辨能力也得到了很大提升。

在魏晋时期，儒学虽说中衰，势力远不如汉代，但传统儒家思想早已深入社会人心。为通应时变，魏晋玄学家不得不给儒家思想以新的解释，在注经上渐趋向于以老庄释儒，思想内容与礼法制度上渐集中于求本责实。

因此，重新寻求名教存在的形上依据、建构一套为门阀士族阶级利

---

①　荀子"政令行，风俗美"的政治理想，其实就是"名定而实辨"的实现，他说："关市几而不征，质律禁止而不偏，如是，则商贾莫不敦悫而无诈矣。百工将时斩伐，佻其期日而利其巧任，如是，则百工莫不忠信而不楛矣。县鄙将轻田野之税，省刀布之敛，罕举力役，无夺农时，如是，则农夫莫不朴力而寡能矣。士大夫务节死制，然而兵劲。百吏畏法循绳，然后国常不乱。商贾敦悫无诈则商旅安，货通财，而国求给矣。百工忠信而不楛，则器用巧便而财不匮矣。农夫朴力而寡能，则上不失天时，下不失地利，中得人和，而百事不废。"（参见［清］王先谦撰；沈啸寰、王星贤点校《荀子集解·王霸篇》，第228～229页。）

②　［清］王先谦撰；沈啸寰、王星贤点校：《荀子集解》，第286页。

③　对于孔子地位的评价，汤用彤说："汉代儒家已称独尊。班固人表列孔子为圣人，与尧、舜、禹、汤、文、武相同。老子则仅在中人以上。庄子且在中人以下。圣人以儒家之理想为主，而老、庄乃不是圣人。此类品评，几为学术界之公论。及至汉末以后，中华学术渐变，祖尚老、庄。然王辅嗣仍言孔子圣而体无，老、庄未免于有……留儒家孔子圣人之位，而内容则充以老庄之说。"［参见汤用彤《向郭义之庄周与孔子》，《魏晋玄学论稿》（增订版），第109页。］

益服务的新价值观，成为当时玄学家们的迫切使命。为了弥补名教异化的弊端，玄学家们将目光转向了与"名教"对立的"自然"。因此，玄学家们的主要工作是对"自然"做出一种新的不同于汉人的解释，以使之与"名教"结合，最终会通儒道，恢复"名教"所真正代表的内在精神实质，重建一种可以安顿社会、人生的合理秩序。

正始时期，以何晏、王弼为代表的玄学家持"名教出于自然"的观点。《世说新语·文学》注引《文章叙录》曰："自儒者论以老子非圣人，绝礼弃学。晏说与圣人同，著论行于世也。"① 可见，何晏认为老子所否定的名教礼法是异化的名教礼法，其著论也是为了匡时济世，从这一点上看与孔子无异。另外，何晏在《无名论》中引夏侯玄语曰："天地以自然运，圣人以自然用。自然者，道也。道本无名，故老氏曰强为之名，仲尼称尧荡荡无能名焉。"② 这亦是体现他会通儒道所做努力的一句名言。所谓"天地以自然运"，意味着代表道家的"自然"是体；"圣人以自然用"意味着代表儒家之圣人而设立的"名教"是用，自然和名教的关系是体和用的关系。因此，何晏正是通过体用关系来论证孔老之同，主张用"名教合乎自然"的观点来根除汉末以来名教异化的弊端。何晏显然继承了夏侯玄的思想，这点在晋人袁宏《三国名臣颂》对夏侯玄的赞辞中可以得到印证。《三国名臣颂》赞夏侯玄曰："君亲自然，匪由名教。爱敬既同，情理兼到。"③ 故在夏侯玄看来，君臣父子等基本关系先是出于爱敬自然之情，然后才能合乎名教之理，做到情理兼顾。夏侯玄与何晏的观点表面上似在抬高自然，贬低名教，实则是以名教俘虏了自然，因为他们最终都是以自然作为论证名教存在的合理性依据，解除名教濒临枯竭的危机。

夏侯玄、何晏的这种思想发展到王弼则更为系统。王弼大致是用"举本统末"的观点来会通儒道，并为名教礼法的重建进一步"张本"。

王弼主张"以无为本"的本体论，他将老子道与物的母子式生成关系转变为本体与末用的关系。他注《老子》第四十章"天下万物生

---

① 余嘉锡笺疏：《世说新语笺疏》上册，《文学第四》，北京：中华书局，2007 年，第237 页。

② 杨伯峻撰：《列子集释》，北京：中华书局，1979 年，第 121 页。

③ ［唐］房玄龄等撰：《晋书·文苑·袁宏传》（卷九十二，列传第六十二），第 2396页。

于有，有生于无"曰："天下之物，皆以有为生。有之所始，以无为本。将欲全有，必反于无也。"① 这里，"无"于"有"就不是生成的关系，而只是"有"存在的依据。因此，我们知道王弼是"贵无"的，正如他在《老子指略》中所说："《老子》之书，其几乎可一言而蔽之。噫！崇本息末而已矣。"② 王弼"崇本息末"思想的提出，是为了批判当时社会名教失真的现象。他感叹道："夫敦朴之德不著，而名行之美显尚，则修其所尚而望其誉，修其所道而冀其利。望誉冀利以勤其行，名弥美而诚愈外，利弥重而心愈竞。父子兄弟，怀情失直，孝不任诚，慈不任实，盖显名行之所招也。患俗薄而名兴行、崇仁义，愈致斯伪，况术之贱此者乎？"③ 针对现实名教失真的这种现象，王弼认为必须依据圣人所设立的"名教"来移风易俗，使社会复归自然淳朴状态，即所谓"真散则百行出，殊类生……圣人因其分散，故为之立官长。以善为师，不善为资，移风易俗，复使归于一也"④。通过自然统率名教的方式，名教就能复归自然，实现"不私其子而君其臣。凶者自罚，善者自功、功成而不立其誉，罚加而不任其刑。百姓日用而不知所以然"⑤ 的自然合理秩序。在这种自然社会里，不是没有君臣父子之人伦关系及凶善赏罚之道德规范，而是凶者自罚、善者自功、功而无誉、罚而无刑的自然而治状态。因此，王弼在提出"崇本息末"时也提出"崇本举末"。王弼注《老子》第三十八章曰："用夫无名，故名以笃焉；用夫无形，故形以成焉。守母以存其子，崇本以举其末，则形名俱有而邪不生，大美配天而华不作。"⑥ 也就是说，本末是不即不离的，"贵无"是为了"全有"，"崇本息末"是为了"崇本举末"，最终使名教复归自然。此时，自然不再是名教之敌，而成为名教之母，成为论证名教存在的强大思想武器。从此以后，名教与自然之辨，便从两种社会力量之间的思想争论，变成了同一思想体系内部的地位安排问题。⑦ 由

---

① ［魏］王弼著；楼宇烈校释：《王弼集校释》，北京：中华书局，1980 年，第 110 页。

② ［魏］王弼著；楼宇烈校释：《王弼集校释》，第 198 页。

③ ［魏］王弼著；楼宇烈校释：《王弼集校释》，第 199 页。

④ ［魏］王弼著；楼宇烈校释：《王弼集校释》，第 75 页。

⑤ ［魏］王弼著；楼宇烈校释：《王弼集校释》，第 626 页。

⑥ ［魏］王弼著；楼宇烈校释：《王弼集校释》，第 95 页。

⑦ 庞朴：《名教与自然之辨的辩证进展》，载汤一介、胡仲平编《魏晋玄学研究》，武汉：湖北教育出版社，2008 年，第 363 页。

此可见，王弼最终还是以重建统一的礼教秩序为价值旨归。

在此基础上，王弼进一步将孔子"自然化"，呈现出"尊孔"的趋向，进而为孔子正名。《世说新语》记载了王弼评价孔老地位的一段话，其云："王辅嗣弱冠诣裴徽。徽问曰：'夫无者，诚万物之所资，圣人莫肯致言，而老子申之无已，何邪？'弼曰：'圣人体无，无又不可以训，故言必及有；老、庄未免于有，恒训其所不足。'"①圣人体无，但无不能致言，老庄于体无有所不足，乃申之无已，而发为狂言。足见，在王弼看来，孔子作为圣人是无言但体无的，而老庄申之无已，故老庄不及孔子。

正当王弼夺过"自然"这面反"名教"的旗子，使"自然"服务于"名教"时，司马氏集团则利用"名教"来诛除异己，篡夺曹氏集团之政权。因此，"名教"再次沦为政权统治的工具，异化为伪名教。

于是，就出现了竹林时期以嵇康和阮籍为代表的激烈批评名教的观点，他们提出了"越名教而任自然"的口号。嵇康、阮籍的思想在高平陵政变前后发生了巨大变化。在高平陵政变之前，嵇康的《答〈难养生论〉》《声无哀乐论》《明胆论》《释私论》和《难〈宅无吉凶摄生论〉》，阮籍的《通老论》《通易论》和《达庄论》等文章都可感受到他们力图调和儒道的时代气息。而高平陵政变之后则有明显的转向，嵇康《难〈自然好学论〉》《与山巨源绝交书》和阮籍《大人先生传》等文章都在强调儒道对立，激烈地批判以儒家名教礼法为标志的君主政治体制和现实社会。

嵇康《答〈难养生论〉》中，通过"圣人"的形象把名教与自然结合起来。他说："圣人不得已而临天下，以万物为心，在宥群生，由身以道，与天下同于自得。穆然以无事为业，坦尔以天下为公。虽居君位，飨万国，恬若素士接宾客也。虽建龙旗，服华衮，忽若布衣之在身。故君臣相忘于上，蒸民家足于下。岂劝百姓之尊己，割天下以自私，以富贵为崇高，心欲之而不已哉？"②"至人"虽在人世中"居君位，飨万国""建龙旗，服华衮"，但其精神却同于天道之自然，追求

---

① 余嘉锡笺疏：《世说新语笺疏》上册，《文学第四》，北京：中华书局，2007 年版，第 235 页。

② ［魏］嵇康著；戴明扬注：《答〈难养生论〉》，见《嵇康集校注》卷四，北京：中华书局，2014 年，第 297 页。

"以万物为心，在宥群生，由身以道，与天下同于自得，穆然以无事为业，坦尔以天下为公"的境界。另外，嵇康在《太师箴》中亦曾说："宗长归仁，自然之情。"① 可见，在司马氏集团未露出虚假面目之时，嵇康还曾按照王弼"名教本于自然"的理论对名教做过一些维护工作。

经历高平陵政变后，嵇康厌恶司马氏集团的虚假名教，于是对现实社会的纲常礼法进行了激烈批评。他在《与山巨源绝交书》中直言自己"每非汤、武而薄周、孔"②，坚称"老子庄周，吾之师也"③。他又在《难〈自然好学论〉》中激烈地批评儒家的六经，进而否定以儒家为代表的礼法名教及政治制度，他说："今若以（□）［明］堂为丙舍，以诵讽为鬼语，以《六经》为芜秽，以仁义为（髨）［臭］腐。"④ 紧接着，他又说："《六经》以抑引为主。"⑤ 嵇康认为六经倡导的仁义礼法是压抑人的本性的，故"仁义务于理伪"。此时，儒道的矛盾变得尖锐起来。

阮籍《达庄论》超越了汉魏思想界以"贵生""隐逸"来理解《庄子》的传统，将"齐物"视为《庄子》的理论主旨，以"元气"论解释了"齐物"思想的合理性，力图消除儒家"名教""入世"与《庄子》"自然""出世"之间的差异，从庄学的角度来论证儒道同的问题。⑥ 另外，他在《通老论》中亦说："圣人明于天人之理，达于自然之分，通于治乱之体，审于大慎之训。"⑦ 这里，"圣人"之形象既有自然、无为的一面，亦有睿智、有为的一面。

阮籍的《达庄论》和《大人先生传》两篇论文，在自然与名教的问题上观点大异，典型地反映了竹林名士中"越名教任自然"派在高平陵政变前后的思想变化。《达庄论》以"齐物"为核心，通过相对主义的方法论证儒道同的问题，承认天地之间的秩序和人类社会的纲常名教，认为《庄子》与《六经》本质相同。阮籍在《达庄论》中说，

---

① ［魏］嵇康著；戴明扬注：《太师箴》，见《嵇康集校注》卷十，第534页。
② ［魏］嵇康著；戴明扬注：《与山巨源绝交书》，见《嵇康集校注》卷二，第198页。
③ ［魏］嵇康著；戴明扬注：《与山巨源绝交书》，见《嵇康集校注》卷二，第196页。
④ ［魏］嵇康著；戴明扬注：《难〈自然好学论〉》，见《嵇康集校注》卷七，第448页。
⑤ ［魏］嵇康著；戴明扬注：《难〈自然好学论〉》，见《嵇康集校注》卷七，第447页。
⑥ 王晓毅：《郭象评传》，第96页。
⑦ ［魏］阮籍著；陈伯君校注：《通老论》，《阮籍集校注》卷上，北京：中华书局，1987年，第159页。

"彼六经之言，分处之教也，庄周之云，致意之辞也"①，"形神在我而道德成，忠信不离而上下平"②。而《大人先生传》则舍弃了"齐物"的方法，以傲慢的语气鄙视儒家礼法之士的虚伪，强调道家的自然大道与儒家的纲常名教之间的对立。任何哲学家都超不出他所处的时代，他总是怀着对现实世界的关怀，试图从理论上来解决现实问题。司马氏集团的虚伪狡诈及提倡假名教，迫使嵇康、阮籍的主张由会通儒道变成儒道对立，这些均是出于现实的无奈。透过这些，我们可以看出嵇康、阮籍所抨击的是现实生活中违反自然的名教，他们所坚持的正面理想仍然是一种合理的社会存在，即合乎自然的名教。所以，才会有嵇康谆谆以名教诫子（见《家诫》），阮籍不准侄子参加竹林之游（见《世说新语·任诞》）的事例。相较于何晏、王弼而言，嵇康、阮籍对现实社会名教异化现象的批判表现为态度更加坚定，言辞更加激烈，加深了对现实阻力的认识，认为名教异化的根源不能简单归结为统治者本身，而应归结为整个君主制度，因此他们提出了"无君论"。从这一点看，嵇康、阮籍对现实社会批判得越激烈，认识得越清醒，就越意味着他们对会通儒道、统合自然与名教的不懈努力和执着追求，所谓"以激进方式求渐进改良"大抵如此。

以嵇康、阮籍提倡的"越名教而任自然"之风渗透到社会各个阶层、角落，到元康时期，已演化为纵欲放任的"元康放达派"。元康名士藐视礼法，挑战社会道德底线，与竹林名士形同而神异，缺少竹林名士的忧患意识和批判精神。东晋戴逵说："若元康之人，可谓好遁迹而不求其本，故有捐本徇末之弊，舍实逐声之行，是犹美西施学其颦眉……然竹林之为放，有疾而为颦者也，元康之为放，无德而折巾者，可无察乎。"③ 因此，"元康放达派"并不能为解决现实社会问题提供新理论依据。相反，它的发展结果只会危及士族阶层自身赖以安身立命的名教。因此，高扬"自然"旗帜解放的可能是超越精神，也可能是低俗欲望，而士族阶级肯定不愿继续眼看着贵族子弟们在"自然"中毁灭。这就意味着重新统一名教与自然的理论工作亟待开始。

---

① ［魏］阮籍著；陈伯君校注：《达庄论》，见《阮籍集校注》卷上，第153页。
② ［魏］阮籍著；陈伯君校注：《达庄论》，见《阮籍集校注》卷上，第156页。
③ ［唐］房玄龄等撰：《晋书·戴逵传》（卷九十四，列传第六十四），第2457页。

当历史进至永康至永嘉之际，经历了"八王之乱"的激烈厮杀，玄学家们不得不重新对自然与名教的关系进行思考。郭象针对这种现状，提出了"名教乃自然之迹"的观点。一方面，他是为了试图解决"元康放达派"和"八王之乱"带来的社会秩序混乱问题，以免这种风气继续影响社会稳定而直接损害士族的利益；另一方面，他也不能继续纵长司马氏集团的虚假之风，避免名教对士族所向往自由的剥夺，因此他采取了调和折中的方法来会通儒道，让儒家之礼在符合自然情性的条件下得以继续生存与发展，以此重建社会秩序，安顿社会人心。

郭象"名教乃自然之迹"的观点是基于乐广"名教中自有乐地"这句话来展开的。它的提出是从理论层面讨论合理政治模式的一个缩影，反映了魏晋士人对社会规范与人的自然本性之间关系的看法。经过魏晋之际"自然"的充分宣泄之后，学术思想的发展，既要考虑向名教回归的社会形势的需要，又要尊重既有"自然"之辨提供的历史教益，使仁义名教既在其根源性，更在其现实性上能够与自然相合。① 针对这一问题，郭象在借鉴何晏、王弼、阮籍、嵇康、裴頠、向秀等人的成果基础上，摒弃了嵇、阮与裴頠各执自然与名教一端的做法，从会通儒道的角度来沟通名教与自然的关系。正如余敦康所说："玄学发展到了永嘉年间，必然要复归到自己的主题，像阮籍、嵇康那样排斥名教去谈自然，或者像裴頠那样排斥自然去谈名教，都不是出路，只有着眼于二者的辩证结合，找到一种合乎自然的名教或者合乎名教的自然，才能解决问题。"②

郭象将儒家之"名教"与道家之"自然人性"结合起来，将"名教"的实质内容纳入"自然人性"的范围内，将代表普遍道德规范之"名教"内化为主体"自性"的自觉，使其取得真正"自然"之形态。正如郭象所说，"夫仁义自是人之情性，但当任之耳。恐仁义非人情而忧之者，真可谓多忧也"③，"故知君臣上下，手足外内，乃天理自然"④，"凡所谓天，皆明不为而自然。言自然则自然矣，人安能故有此

---

① 向世陵：《中国学术通史》（魏晋南北朝卷），北京：人民出版社，2004 年，第 112 页。
② 余敦康：《魏晋玄学史》，北京：北京大学出版社，2004 年，第 352 页。
③ ［清］郭庆藩撰；王孝鱼点校：《庄子集释》，第 325 页。
④ ［清］郭庆藩撰；王孝鱼点校：《庄子集释》，第 63 页。

自然哉？自然耳，故曰性"①。这样，郭象就从"名教"必须符合"自然人性"的角度找到了二者融合的途径。郭象虽借助道家"自然"之形式建构起自性本体，却重在表达儒家"名教"之思想内容，这既符合当时重建社会秩序、安顿个人身心的现实需求，也是魏晋时期会通儒道发展进程中的理论必然。

在此基础上，郭象亦评价了庄子与孔子的地位问题，并进一步表明他的道德政治主张及重建新礼教秩序的价值旨归。他在《庄子序》中说："夫庄子者，可谓知本矣，故未始藏其狂言，言虽无会而独应者也。夫应而非会，则虽当无用；言非物事，则虽高不行；与夫寂然不动，不得已而后起者，固有间矣，斯可谓知无心者也。夫心无为，则随感而应，应随其时，言唯谨尔。故与化为体，流万代而冥物，岂曾设对独遘而游谈乎方外哉！此其所以不经而为百家之冠也。然庄生虽未体之，言则至矣。通天地之统，序万物之性，达死生之变，而明内圣外王之道，上知造物无物，下知有物之自造也。"② 在郭象看来，庄子仅知本而未体本，言高远离俗的无、无心、无为仍是有执于无，并未真正兼化，所谓"应而非会，则虽当无用""故有间矣"。郭象认为，真正圣人的无心无为是高不离俗、冥不离迹、随感而应、应随其时、与化为体，不会将方内与方外刻意区分，实现内圣外王之道。郭象指出，庄子仅知圣知本，而未体本体道，这是庄子的思想不能成为经而只能成为百家之首的原因。由此可知，庄子不及不言无但体无的圣人孔子。郭象以孔子高于庄子的评价恰恰表达了他对"内外相冥"理想圣人人格及"圣王合一"（内圣外王）道德政治的憧憬，试图通过正君主之心来正天下之心，这一点与儒家无异。③

从王弼到郭象，魏晋玄学家们为了会通儒道、融合名教与自然大体经历了正、反、合三个历史阶段。正始时期的何晏、王弼属于"正"的阶段，他们虽用本末体用来论证自然与名教的关系，但在理论上源于

---

① ［清］郭庆藩撰；王孝鱼点校：《庄子集释》，第 692 页。

② ［清］郭庆藩撰；王孝鱼点校：《庄子集释》，第 3 页。

③ 汤用彤说："孟子之对齐王，朱子之告宋帝，千古政论，奉此不坠。庄注所陈，亦非例外。虽其内圣之德不同，治国之术亦殊，然正陛下之心乃能正天下之心，其说与儒家不异也。夫论自然名教相同，乃晋代之通说；圣王合一，乃我国道德政治之原则。向、郭所论，亦此通说此原则之表现也。"［参见汤用彤《向郭义之庄周与孔子》，《魏晋玄学论稿》（增订版），第 107 页。］

本体论的建构，始终存在"本体"与"现象"分割的两条路向，即"崇本息末"与"崇本举末"，这也是造成后来嵇康、阮籍与裴𬱟各执一端的原因所在。同时，何晏、王弼虽有意将外在名教与内在普遍的道德本体相结合，但"贵无"的要求仍然蕴含着道德本体超验化的可能，这样就使得名教合乎自然的理想无法真正落实。

竹林时期的嵇康、阮籍属于"反"的阶段，他们将自然之性与个体主观意愿等同起来，提出"越名教而任自然"的口号，重在批判司马氏集团的虚伪名教，将自然从虚伪名教中解救出来。但这并无益于当时社会秩序的重建，反而演变成为后来"元康放达派"们"放诞虚妄"的借口，使得"任达"之风不断恶性膨胀与蔓延。

到了郭象，才真正完成名教与自然重新统一的工作，也即是会通儒道之"合"的阶段。既处于"合"的阶段，其会通儒道的技巧与方法自是要比前两个阶段更高明，而会通儒道的程度也比前两个阶段更深入、圆融。相形之下，郭象与何晏、王弼以本末体用不即不离的方式将名教内化为普遍道德本体来会通儒道不同，也与嵇康、阮籍以激进方式超越名教而将儒家之名教与道家之自然完全置于对立的境地不同，郭象以自生独化论作为逻辑起点，确立起万物的自性本体，其会通儒道的路径并不是指向普遍的道德本体，更不是指向超越名教而不符实际的自然情欲，而更多地落实于名教与个体自性的融合。郭象将礼乐不离自性作为任自然的前提，在进一步扬弃本体超验化的同时，又使得自然原则更趋具体化。[①] 同时，他以自然作为名教之形上依据，将名教所蕴含的精神实质收摄到人的内在自然情性中，使名教核心之"礼"重新获得了存在的合理性根据与生命力，并使有与无、有为与无为、名教与自然分别统合在其本体论、心性论、人生政治观的框架内，最终成功地会通了儒道两家。

综合而言，郭象以"自生"的性本论为体，将仁义内化为个体自性的内容，把其看成人之本性的自然流露，而不是外在礼法强制。郭象通过对儒家仁义之性的"中性化"及"自然化"处理，使儒家的义理当然之性与道家的自然无为之性结合起来，并使儒家的道德理性建立在自然为本的基础上，为先秦儒家性善论的合理化存在寻求到形上依据。

---

① 杨国荣：《论魏晋价值观的重建》，载汤一介、胡仲平编《魏晋玄学研究》，第586页。

同时，对先秦儒家"内圣学"之心性论的弘扬及"外王学"之礼论的倡导，是郭象玄学思想体系建构过程中的两大重心与价值旨归。郭象以"依性自为"的心性论统一儒家的"所当为"（有为）与道家的"所以为"（无为），把践行仁义礼智看作成就自然之性的"自为"过程，其实质是对先秦儒家"内圣学"之心性论的复归，亦是对先秦以来重视道德教化的儒家传统的内在继承。此外，郭象将"言"与"意"、"迹"与"所以迹"、"治之具"与"治之道"看成是显现和被显现的体用一如关系，并以此从本体论高度来整合作为外在道德形式规范的"礼文"与作为内在道德情感的"礼质"，以更为深在和凝重的方式阐发儒家之礼的治国理政功效，以此建立符合自然的新礼教秩序，这是对先秦儒家"外王学"之礼论的进一步拓展，亦是对先秦以来儒家之道德政治理想的保持与延续，在政治哲学层面实现了由道家之"无为"向儒家之"有为"的转化，展现出有与无、性与理、文与质、政与教、圣与王合一的"内儒外道"思想归属，进而为当时社会秩序的重建与个人身心的安顿提供了一套理论方案。整体而言，郭象"仁义自生"的性本论构成对先秦儒家人性论继承与发展的"一体"，"重教"的心性论与"重政"的礼论则是从内外两个向度构成对先秦儒家人生观及政治观进一步阐发的"两翼"。

第一章 孔孟仁义说的"自然"形上本体之建构："仁义自生"的性本论

魏晋玄学的主要任务是解决有与无、有为与无为、名教与自然三对基本矛盾，以此建构会通儒道的新价值观，为当时社会秩序的重建及个人身心的安顿提供坚实的理论基础和价值支撑。所以，魏晋玄学家们始终是围绕有与无、有为与无为、名教与自然的关系来展开论述的。正始时期的王弼试图通过确立"无"之本体来净化"末"之名教，主张"崇本息末"与"崇本举末"两说，以期建立合乎自然之名教，调节名教与自然之间的紧张关系，弥补当时名教严重异化的弊端。但他对于"无"之本体地位的强调，又内在地蕴含着本体之自然与末有之名教分离的倾向，由此而发展出之后嵇康、阮籍所提倡的"越名教而任自然"以及裴頠的"崇有"之说，两者各执一端，使得自然与名教的关系再次陷入对峙之中。

郭象作为西晋时期重要的哲学家，重新统合名教与自然的工作自是落到了他身上。就郭象身处的时代来说，经历了高平陵政变及八王之乱后，重建社会秩序与安顿个人身心的双重任务仍是当时的重点，因此，会通儒道自然就成了郭象亟须解决的问题。郭象在否定"有"与"无"造物的基础上确立了"有生于无"的自生独化本体，并将"礼"所蕴含的精神实质之"仁义"内化为个体自性的内容，认为包含仁义道德情感的"礼"是符合人之自然本性需要而"自生"的必然结果，是对天序的延伸及拓展。此外，郭象以"性分"论独化之"有"（名分）、以"性极"论独化之"无"（自然之性）的功用意义，意图从有无一体的性本论展开对礼之内外两个向度相统一的论证，进而实现"人伦即天序"的玄冥之境。可以说，郭象以仁义为个体自性的内容，实质是用道家自然无为之性对儒家义理当然之性的"中性化""自然化"处理，进而从"自生"的本体论，高度完成对孔孟仁义礼智之性善论的改造与发展。

第一节　否定有、无造物以确立"有生于无"的自生本体

　　有、无范畴是魏晋玄学家们建构其自身理论的重要内容，也是他们会通儒道的关键所在。正始时期的王弼建构了"以无为本"的本体论，他注《老子》第一章"无名天地之始，有名万物之母"曰："凡有皆始于无，故未形无名之时，则为万物之始。及其有形有名之时，则长之、育之、亭之、毒之，为其母也。言道以无形无名始成万物，［万物］以始以成而不知其所以［然］，玄之又玄也。"①"未形无名"即指"无"，由此王弼以"无"来诠释"道"，将"无"说成万物之"始"。此处"始"包含两层意思：一为"生"之意，保留了汉代宇宙生成论的残留痕迹；一为"成"之意，即万物存在的依据，实现了汉代宇宙论向魏晋本体论的过渡。但王弼的重点仍在第二层含义，他注《老子》第四十章"天下万物生于有，有生于无"曰："天下之物，皆以有为生。有之所始，以无为本。将欲全有，必反于无也。"② 在这里，"无"与"有"不是"本源"与"化生物"的关系，"无"只是"有"得以存在的根据。万物因为"有"而能生，通过对"有"的不断追溯而在逻辑上得出"有之所始，以无为本"的结论。故王弼注《老子》第四十二章"道生一，一生二，二生三"亦说："万物万形，其归一也。何由致一？由于无也。"③ 王弼将《老子》原文中的"生"变成"由"，就意味着他赋予了"无"的本体论意义，并使"无"成为宇宙万物存在的根据，摆脱了汉代宇宙论的窠臼。因此，"无"与"有"的关系根本上还是本体和末用的关系，二者不可偏废其一，以无为本。是谓"守母以存其子，崇本以举其末，则形名俱有而邪不生，大美配天而华不作"④。要"全有"，就必须"反无"；要"举末"，就必须"崇本"。同样，"反无"最终是为了"全有"，"崇本"最终是为了"举末"。王弼通过本末体用的说法在本体论层面将有、无统一起来，使儒家所贵之名

---

① ［魏］王弼著；楼宇烈校释：《王弼集校释》，第 1 页。
② ［魏］王弼著；楼宇烈校释：《王弼集校释》，第 110 页。
③ ［魏］王弼著；楼宇烈校释：《王弼集校释》，第 117 页。
④ ［魏］王弼著；楼宇烈校释：《王弼集校释》，第 95 页。

教与道家所尚之自然得以融合。但由于王弼仍保留了"无能生有"的宇宙生成论影子，使得他又无法真正将有、无完全统一，亦未能真正实现"无不可以无明，必因于有"的体用一如、本末不二的境地。

裴頠反对王弼"无能生有"的说法，提出万有自生的"崇有"说。《资治通鉴》记载了裴頠《崇有论》的内容，其中说：

> 夫万物之有形者，虽生于无，然生以有为已分（原注：物之未生，则有无未分；既生而有，则与无为已分矣），则无是有之所遗者也（原注：遗，弃也）。①

有形万物虽是从混沌未分的"无"中自己产生的，但它产生之后就以"有"为自己的性分，与"无"完全分离了，"无"对"有"来说就没有任何意义了。

故他又说：

> 夫至无者无以能生，故始生者自生也。自生而必体有，则有遗而生亏矣。故养既化之有，非无用之所能全也；理既有之众，非无为之所能循也。②

这里，裴頠将"无"看成"不存在"，是"有"之遗者，万物的产生皆是以其自身的实际存在为本体，自身的实际存在即是"有"。裴頠为了纠正"贵无"说所带来的对社会名教礼法完全否定的弊端，提出要"用天之道，分地之利，躬其力任，劳而后餐，居以仁顺，守以恭俭，率以忠信，行以敬让，志无盈求，事无过用"③，皆是为了论证"有"是事物存在的依据，礼法名教本身有其存在的合理性。裴頠为了建立他的"崇有"思想，首先虚设了一个"无"，然后又将它抛弃，使得"有"成为唯一真实的存在。但他对"有"的过分看重，又使得他沉迷于现象世界无法自拔，将"群有"本身看成是本源、本体。所谓"夫

---

① ［宋］司马光撰；［元］胡三省音注：《资治通鉴》（二）卷八十二，见《四库全书》史部编年类63，第305册，台北：台湾商务印书馆，1983年，第704页上栏。
② ［唐］房玄龄等撰：《晋书·裴頠传》（卷三十五，列传第五），1046页。
③ ［唐］房玄龄等撰：《晋书·裴頠传》（卷三十五，列传第五），1044页。

总混群本，宗极之道也。方以族异，庶类之品也。形象着分，有生之体也……是以生而可寻，所谓理也。理之所体，所谓有也"①，"济有者皆有也，虚无奚益于已有之群生哉"②。万有（抽象的有）"自生"，在"自生"之后就是"生生"了，即可由"抽象的有"生出"具体的有"。可见，裴頠的"崇有"之说完全把本体论问题现象化了，从本质上说，他并没有真正完成其形上本体的建构。

一、"无不生有"与"有不生有"

郭象会通儒道以释"有""无"为起点，并进而建构起"有""无"一体的自生独化论。为了否定一切外在造物主，郭象既反对王弼的"无能生有"说，又反对裴頠的"有（抽象的有）能生有（具体的有）"说。郭象道：

> 无既无矣，则不能生有；有之未生，又不能为生。然则生生者谁哉？块然而自生耳。自生耳，非我生也。我既不能生物，物亦不能生我，则我自然矣。自己而然，则谓之天然。天然耳，非为也，故以天言之。[以天言之] 所以明其自然也，岂苍苍之谓哉！③

又说：

> 夫造物者，有耶无耶？无也？则胡能造物哉？有也？则不足以物众形。故明众形之自物而后始可与言造物耳。是以涉有物之域，虽复罔两，未有不独化于玄冥者也。故造物者无主，而物各自造，物各自造而无所待焉，此天地之正也。故彼我相因，形景俱生，虽复玄合，而非待也。明斯理也，将使万物各反所宗于体中而不待乎外，外无所谢而内无所矜，是以诱然皆生而不知所以生，同焉皆得而不知所以得也。④

---

① ［唐］房玄龄等撰：《晋书·裴頠传》（卷三十五，列传第五），第1044页。
② ［唐］房玄龄等撰：《晋书·裴頠传》（卷三十五，列传第五），第1047页。
③ ［清］郭庆藩撰；王孝鱼点校：《庄子集释》，第55～56页。
④ ［清］郭庆藩撰；王孝鱼点校：《庄子集释》，第117～118页。

这两段话大致展现了郭象建构"有""无"一体的自生独化本体的三个步骤。第一个步骤是否定"无"作为造物主的地位。在郭象这里，"无"并不是"无形"的意思，而是"空无""虚无"之意，"无既无矣，则不能生有"说明"无"作为"虚无"，代表什么也没有，它不能主动地创生出"有"来，即所谓"无也？则胡能造物哉"。在其他地方郭象也表达了同样的观点。他注《庚桑楚》曰："若无能为有，何谓无乎！"① 又注《天地》曰："夫无不能生物，而云物得以生，乃所以明物生之自得。"② 又注《大宗师》曰："无也，岂能生神哉？不神鬼帝而鬼帝自神，斯乃不神之神也；不生天地而天地自生，斯乃不生之生也。"③ 可见，郭象所说的"无"并不是一个实体，而是"有"的缺失，作为任何无规定性或属性的"无"不可以给"万有"以规定性。

　　第二个步骤是否定"有"作为造物主的地位。"有之未生，又不能为生"说明作为有规定性或属性的"有"只能成为某一类物或某一物，它不足以"物众形"，它不能创生出多样的万物来，不能支配具有不同规定性或属性的所有事物。故郭象注《庚桑楚》说："夫有之未生，以何为生乎？故必自有耳，岂有之所能有乎！"④ 又说："此所以明有之不能为有而自有耳，非谓无能为有也。若无能为有，何谓无乎！"⑤

　　这样，郭象就从逻辑上明确否定了"有""无"作为外在造物主的可能。但有两点我们须注意：第一，这里郭象只是否定了"无能生有"，但并没有否定"有生于无"，也就是说"无"不能主动地生"有"，但"有"可能自己从"无"中产生出来；第二，"有之未生，又不能为生"就意味着在"有"之前仍存在一个"有之未生"的阶段。郭象注《天地》曰："一者，有之初，至妙者也，至妙，故未有物理之形耳。夫一之所起，起于至一，非起于无也。然庄子之所以屡称无于初者，何哉？初者，未生而得生，得生之难，而犹上不资于无，下不待于知，突然而自得此生矣，又何营生于已生以失其自生哉！"⑥ "夫一之所

---

① ［清］郭庆藩撰；王孝鱼点校：《庄子集释》，第797页。
② ［清］郭庆藩撰；王孝鱼点校：《庄子集释》，第430页。
③ ［清］郭庆藩撰；王孝鱼点校：《庄子集释》，第253页。
④ ［清］郭庆藩撰；王孝鱼点校：《庄子集释》，第796页。
⑤ ［清］郭庆藩撰；王孝鱼点校：《庄子集释》，第797页。
⑥ ［清］郭庆藩撰；王孝鱼点校：《庄子集释》，第430页。

起，起于至一，非起于无也"仍意在说明"无"不能生"有"，而"一者，有之初，至妙者也，至妙，故未有物理之形耳"说明"有"之前仍有一个"未有物理之形"的"至妙"阶段，即"初者，未生而得生"。

二、"有生于无"的自生本体

经过上面的分析我们可发现，郭象虽反对"无能生有"和"有能生有"，但并不反对"有生于无"，即"有"于"无"中"自生"。这点我们可从后面"块然而自生"等说法加以证实。因此，"万有"不是永恒存在的，它是从"无"中自己产生出来的。

所以，顺着这条思路向下推，郭象在第三个步骤中就提出"有一无"的自生独化本体。郭象注《知北游》曰："谁得先物乎哉？吾以阴阳为先物，而阴阳者即所谓物耳。谁又先阴阳者乎？吾以自然为先之，而自然即物之自尔耳。吾以至道为先之矣，而至道者乃至无也。既以无矣，又奚为先？然则先物者谁乎哉？而犹有物，无已，明物之自然，非有使然也。"[①] 这里，郭象首先否定"阴阳"作为造物主的地位。在他看来，"阴阳"亦属于"物"的范畴，因此它不能先于"物"存在，不是万物的生成者。其次，郭象又否定"自然"作为造物主的可能。他认为，自然不是一个实体，而是事物自然而然的状态。最后，郭象否认"至道"作为造物主的可能。他认为"至道"等于"至无"，"至无"代表什么也没有，因此"至道"也不是"有物"之前之外存在的生成者。通过层层辨析，郭象推翻了"无不能生有""有不能生有"的命题，最终得出"有"于"无"中自然而然"自生"的结论，即所谓"然则先物者谁乎哉？而犹有物，无已，明物之自然，非有使然也""自然即物之自尔"。在郭象看来，事物都是"自生""自有"的，"初未有而欻有，故游于物初，然后明有物之不为而自有也"[②]，"夫物事之近，或知其故，然寻其原以至乎极，则无故而自尔也"[③]，"一无有则遂

---

① ［清］郭庆藩撰；王孝鱼点校：《庄子集释》，第759页。
② ［清］郭庆藩撰；王孝鱼点校：《庄子集释》，第709页。
③ ［清］郭庆藩撰；王孝鱼点校：《庄子集释》，第499页。

无矣。无者遂无，则有欻生明矣。任其自生而不生生"①，"欻然自生，非有本"②，"欻然自死，非有根"③。万物的产生没有外在的造物主或动因，那么事物生成的动因就只能是自身了，且事物自生的过程不是有目的、有所作为的，而是自发、自动、无主宰、无意志、无目的、自然而然的过程，即"无故而自尔""自欻生明""任其自生而不生生""欻然自生""欻然自死"。郭象的"自生"说在《庄子注》其他地方也有体现，比如，他注《知北游》曰："既明物物者无物，又明物之不能自物，则为之者谁乎哉？皆忽然而自尔也。"④ 又注《天地》曰："夫无不能生物，而云物得以生，乃所以明物生之自得，任其自得，斯可谓德也。"⑤ 至此，郭象"自生"说已经基本确立——事物的产生不需依靠事物之外的任何力量，事物的产生既不是"有"，也不是"无"，也不是自己（"我"）故意，而是"有"自己于"无"之中产生，且这种产生是自发、自动、自有的，即所谓"故造物者无主，而物各自造，物各自造而无所待焉，此天地之正也"⑥，"明斯理也，将使万物各反所宗于体中而不待乎外，外无所谢而内无所矜，是以诱然皆生而不知所以生，同焉皆得而不知所以得也"⑦。

　　郭象"自生"说的确立，意味着事物产生、变化的一切动因皆在事物自身，事物的自然之性就是自身存在的依据，不需要再到事物之前或之外去寻找造物者或存在依据，即所谓"不知其然而自然者，非性如何"⑧，"言自然则自然矣，人安能故有此自然哉？自然耳，故曰性"⑨。因此，本性是无意识的自发的存在，对事物发生，自然而然地发挥着根本作用，可称为"本"。于是，事物自生之性本体就包含了两个方面内容：就事物自身存在而言，属于"有"的方面；就事物自生、自有的场域或条件、环境而言，它是于"无"中产生、变化的，这又

---

① ［清］郭庆藩撰；王孝鱼点校：《庄子集释》，第 797 页。
② ［清］郭庆藩撰；王孝鱼点校：《庄子集释》，第 795 页。
③ ［清］郭庆藩撰；王孝鱼点校：《庄子集释》，第 795 页。
④ ［清］郭庆藩撰；王孝鱼点校：《庄子集释》，第 749 页。
⑤ ［清］郭庆藩撰；王孝鱼点校：《庄子集释》，第 430 页。
⑥ ［清］郭庆藩撰；王孝鱼点校：《庄子集释》，第 118 页。
⑦ ［清］郭庆藩撰；王孝鱼点校：《庄子集释》，第 118 页。
⑧ ［清］郭庆藩撰；王孝鱼点校：《庄子集释》，第 873 页。
⑨ ［清］郭庆藩撰；王孝鱼点校：《庄子集释》，第 694 也。

属于"无"的方面。所以，郭象的自生性本体实质是"有""无"一体的结构。总的来说，郭象的"自生"说反对"无能生有""有能生有"，但蕴含着"有生于无"，① 即"有"自己能于"无"中自动地、自发地、无意识地、自然地产生出来。

三、孔孟普遍自在的"仁义善性"到郭象个体自生的"仁义自性"

在儒家看来，仁义礼智谓之"四德"，是人之所以为人的根本，也是人区别于动物最本质的特征。人若没有认识到这一特性，则无法"立己"，无法"诚意""正心"，更谈不上外在的齐家、治国、平天下。所以，孔子说："人而不仁，如礼何？人而不仁，如乐何？"② 孟子说："吾身不能居仁由义，谓之自弃也。仁，人之安宅也；义，人之正路也。旷安宅而弗居，舍正路而不由，哀哉！"③ 荀子说："礼者，所以正身也……无礼何以正身？"④ 在先秦儒家看来，人正是在遵循和践履仁义之本的过程中才能成其为人。这是从道德层面凸显人的主体性，认为这一下学上达的过程就是对人性的成就。孟子对儒家思想的贡献，就在于他抓住了这一点而以心善言性善，提出他的性本善学说。

在孟子看来，仁义礼智本就是根植于人性的内容。他说，"恻隐之心，仁之端也；羞恶之心，义之端也；辞让之心，礼之端也；是非之心，智之端也。人之有是四端也，犹其有四体也"⑤，"仁义礼智，非由外铄我也，我固有之也，弗思耳矣"⑥。这里，孟子以恻隐、羞恶、辞让、是非之"四心"来论仁义礼智之"四德"，认为仁义礼智的善端就是内在于人性人心之中的，而非外在塑造的结果，这就好比人生下来有四肢一样自然而然，行仁义礼智就是对人性的成全，而非人为外在规范的。因此，正如孟子所说："君子所性，仁义礼智根于心。其生色也，

---

① 陈来：《郭象哲学及其在魏晋玄学中的地位》，载汤一介、胡仲平编《魏晋玄学研究》，第 557 页。

② ［宋］朱熹撰：《四书章句集注·论语集注》，第 61 页。

③ ［宋］朱熹撰：《四书章句集注·孟子集注》，第 281 页。

④ ［清］王先谦撰；沈啸寰、王星贤点校：《荀子集解》，第 33 页。

⑤ ［宋］朱熹撰：《四书章句集注·孟子集注》，第 238 页。

⑥ ［宋］朱熹撰：《四书章句集注·孟子集注》，第 328 页。

睟然见于面，盎于背，施于四体，四体不言而喻。"① 仁义礼智是人心所向、人性所趋，如水之就下的本然。

尽管孔孟荀对人性的看法不一，但都一致认为，自身不断坚持仁义礼智的道德践履就可达到"自圣"②。正如孔子所说："为仁由己，而由人乎哉？"③ 孔子虽一直不敢以圣人自居，但从他"七十从心所欲不逾矩"的自述中可以看到，这实是达到圣人的境界了。孟子认为："理义之悦我心，犹刍豢之悦我口。"④ 理义使我的心快乐，就好比美食于我的口一样，这种自然无为的"自圣"境地真是无比自在与开心！荀子虽主性恶，强调人为的"化性起伪"，但荀子眼中的圣人依然是自然无为的。荀子认为，经过"积习""积虑"而成圣，那么圣人眼中的仁义礼智就不具有人为外在强制的色彩。他说："圣人纵其欲，兼其情，而制焉者理矣。夫何强，何忍，何危？故仁者之行道也，无为也；圣人之行道也，无强也。"⑤ 在荀子看来，圣人并不是依循外在道德规范的强制制约，而是不失万物之情地"顺其天政""制天命而用之"⑥，无所不循、无所不合。所谓"好善如好好色，恶恶如恶恶臭"，对善的喜爱就如同对美色的喜爱一样，对恶的厌恶就如同对臭味的讨厌一样，这就是"自圣"的境界。可见，儒家成圣之说重在凸显主体的道德意识及在俗世生活中经过自我修养的下学上达实现自我超越。

儒家大体是从义理当然的仁义来定义人性的基本内容，并认为个体对仁义礼智的道德践履即是对人性的成就，最终确立人之为人的道德主体，阐发本心本性之仁。这种观点对郭象提出"仁义乃自然之性"的"自生"说有很大的影响。

郭象以"仁义自生"的性本论为基础，直接将仁义看成自然之性

---

① ［宋］朱熹撰：《四书章句集注·孟子集注》，第 355 页。
② 在孔、孟、荀看来，人通过后天的修养功夫成圣后，不会把对仁义礼智的践行看成是强制人为的，而是自然而然的，即以自身践行仁义礼智成就人性自然，故言"自圣"。（具体参见吴重庆《儒道互补——中国人的心灵建构》，广州：广东人民出版社，1993 年，第11～17 页。）
③ ［宋］朱熹撰：《四书章句集注·论语集注》，第 131 页。
④ ［宋］朱熹撰：《四书章句集注·孟子集注》，第 330 页。
⑤ ［清］王先谦撰；沈啸寰、王星贤点校：《荀子集解》，第 404 页。
⑥ ［清］王先谦撰；沈啸寰、王星贤点校：《荀子集解》，第 317 页。

的内容，认为仁义也是自然而然自生①的结果，而非人为刻意制造的。他说，"夫仁义者，人之性也"②，"夫仁义自是人之情性，但当任之耳。恐仁义非人情而忧之者，真可谓多忧也"③，"凡所谓天，皆明不为而自然。言自然则自然矣，人安能故有此自然哉？自然耳，故曰性"④。这里，郭象以仁义为人之自然情性的内容，而人之自然情性又是自然而然的，故只能因任而已。从仁义的发端来看，是符合人之自然本性"自生"的结果，这就为仁义的发生找到了"自然"这一形上基础。相较于先秦儒家将义理当然的仁义视为人性的内容，郭象则把仁义进行"自然化""中性化"（自生）处理后，直接将儒家的义理当然之性与道家的自然无为之性混同，认为仁义即是人之自性。因此，郭象在建构性本论的过程中，继承了儒家将仁义视为人性内容的一面，同时也拓展了道家"自然本性"范围的一面，这实出于为儒家纲常名教寻求合理化存在依据之目的，其与《庄子》原文中将仁义看成是对自然人性之戕害的观点相去甚远。另外，在郭象看来，承载礼的精神实质的仁义既然是自性之内容，那么仁义呈现出来的礼之外在形式必然也是符合天理自然的。此时，郭象"仁义自性"之本体就融合了"有"（义理当然之性）与"无"（自然无为之性）、礼的外在表现形式与内在真实情性、人性与天理。

第二节　否定外在动因以确立独化本体

玄学家的本体论都不是探讨自然界或客观世界的问题，而是解决人的生命存在以及精神生活的问题，因此，本体问题同心灵境界问题是紧密联系在一起的。⑤ 郭象的独化说作为其整个理论体系的核心，其在本

---

① 唐代张君相《三十家老子注》（顾欢《道德真经注疏》）存郭象注"虚其心，实其腹"条曰："其恶改尽，诸善自生。怀道抱一，淳和内足，实其腹也。"具体内容载《道藏》第13册，《道德真经注疏》卷一，第131278页。）

② ［清］郭庆藩撰；王孝鱼点校：《庄子集释》，第521页。

③ ［清］郭庆藩撰；王孝鱼点校：《庄子集释》，第325页。

④ ［清］郭庆藩撰；王孝鱼点校：《庄子集释》，第692页。

⑤ 蒙培元：《论郭象的"玄冥之境"——一种心灵境界》，载汤一介、胡仲平编《魏晋玄学研究》，第460页。

体论问题上否定了王弼的"贵无论"和裴頠的"崇有论"，建立起包含"性分""性极"的自生自化性本论；同时，郭象的独化说在心灵境界问题上否定了嵇康、阮籍"越名教而任自然"和裴頠奉名教为至上的各执一端的价值追求，建立起"有""无"一体的"玄冥"境界论。因此，郭象独化说的最终目的是解决生命的存在和意义问题，实现"有"与"无"、"有为"与"无为"、"名教"与"自然"、"社会体制"与"个人自由"的统一，最终达至"独化于玄冥"的精神境界。总而言之，郭象的独化说主要由"有""无"以及"玄冥"三个方面的内容构成。

　　"独化"是郭象玄学的核心范畴，是其整个思想体系的重要组成部分。郭象最先是通过思考本源问题来引申出其本体论意义上的独化说的。他道：

　　　　夫造物者，有耶无耶？无也？则胡能造物哉？有也？则不足以物众形。故明众形之自物而后始可与言造物耳。是以涉有物之域，虽复罔两，未有不独化于玄冥者也。故造物者无主，而物各自造，物各自造而无所待焉，此天地之正也。①

这里，郭象认为"无"是"空无"，代表什么也没有。作为任何无规定性或属性的"无"不可以给"万有"以规定性，它不能主动地创生出"有"来，因此它不能作为造物主而存在；同样，作为有规定性或属性的"有"则只能成为某一类物或某一物，它不足以"物众形"，它不能创生出多样的万物来，不能支配具有不同规定性或属性的所有事物，因此它也不能作为造物主而存在。既然"有""无"皆不能充当造物者，那么万物就只能"自造"了。"自造"意味着事物皆以自身为存在依据，以自己的所是为所是，所然为所然。

　　郭象正是通过否定"有""无"的造物主地位来说明事物皆"自造"，认为事物存在、变化的动因就在事物自身的内在自然本性中，这就是"独化"。他说，"言天机自尔，坐起无待。无待而独得者，孰知其故，而责其所以哉？若责其所待而寻其所由，则寻责无极，（而）

————————————
　　① ［清］郭庆藩撰；王孝鱼点校：《庄子集释》，第117～118页。

[卒] 至于无待，而独化之理明矣"①，"夫物事之近，或知其故，然寻其原以至乎极，则无故而自尔也。自尔则无所稍问其故也，但当顺之"②。至此，郭象就用"独化"的概念来表示天地万物"不知其所以然而然"的"自尔"本性，并指出若按照因果链条不断地往上追究，只会让我们陷入无限循环中，这种因上有因的追溯没有任何意义。因此，郭象就抛弃了一切外在原因，退回到事物自身，认为事物自身就是决定事物存在与变化的内在动因。

郭象所说的"独化"与他说的"自生""自尔""自然""自性"等是有同类意义的概念，均指天地万物的存在是自然而然的。③ 他说，"生者亦独化而生"④，"既明物物者无物，又明物之不能自物，则为之者谁乎哉？皆忽然而自尔也"⑤，"言自然则自然矣，人安能故有此自然哉？自然耳，故曰性"⑥。由此可知，郭象所谓的"独化"就是"自生""自尔""自然"，没有什么外在的原因或根据"使之然"，每一物都是各自成为自己，而不是其他别的什么，每一物都有每一物的自性，每一物都按照其自然本性存在和变化。简单来说，"独化"就是事物按照其本性独立地、自然而然地生化。

一、以性分论独化之"有"（名分）的功用意义

"独化"之"独"是某物之所以是某物而非他物的内在规定性，这也是事物存在之"有"的一面。郭象说："非唯无不得化而为有也，有亦不得化而为无矣。是以（无）[夫] 有之为物，虽千变万化，而不得一为无也。不得一为无，故自古无未有之时而常存也。"⑦ 又说："一无有则遂无矣。无者遂无，则有自欻生明矣。"⑧ 这就表明：事物自己产

---

① [清] 郭庆藩撰；王孝鱼点校：《庄子集释》，第 117 页。
② [清] 郭庆藩撰；王孝鱼点校：《庄子集释》，第 499 页。
③ 康中乾：《从庄子到郭象——〈庄子〉与〈庄子注〉比较研究》，北京：人民出版社，2013 年，第 212 页。
④ [清] 郭庆藩撰；王孝鱼点校：《庄子集释》，第 759 页。
⑤ [清] 郭庆藩撰；王孝鱼点校：《庄子集释》，第 749 页。
⑥ [清] 郭庆藩撰；王孝鱼点校：《庄子集释》，第 692 页。
⑦ [清] 郭庆藩撰；王孝鱼点校：《庄子集释》，第 758 页。
⑧ [清] 郭庆藩撰；王孝鱼点校：《庄子集释》，第 797 页。

生之后就是"有"了，这一"有"虽千变万化，但也能保持自身，不会成为"空无"。同时，"有"也意味着每一具体事物是有限的、有规定性的存在，它不可能产生万物，所谓"有也，则不足以物众形"，"有"只能"自有"而已，即"夫有之未生，以何为生乎？故必自有耳，岂有之所能有乎！此所以明有之不能为有而自有耳，非谓无能为有也。若无能为有，何谓无乎！"①事物的"自有"是事物自身存在的内在原因和依据，有了"有"后，事物就存在了，就能表现出自己的"独"。在郭象这里，通常用"自任""自得""自用""自成""自为"等来表示。他说：

> 天下皆得自任，故似非明王之功。②
> 圣人无心，任世之自成。成之淳薄，皆非圣也。圣能任世之自得耳，岂能使世得圣哉！故皇王之迹，与世俱迁，而圣人之道未始不全也。③
> 圣人在上，非有为也，恣之使各自得而已耳。自得其为，则众务自适，群生自足，天下安得不各自忘我哉！④
> 我不知则彼知自用，彼知自用，则天下莫不皆知也。⑤
> 不为百行而百行自成者，圣人也。⑥
> 泰然无执，用天下之自为，斯大通之途也。⑦

郭象通过"自任""自得""自用""自成""自为"等概念，从肯定性方面揭示了事物"独化"之"有"的一面。

同时，郭象还通过"性分"概念来揭示"独化"之"有"。他说："是以涉有物之域，虽复罔两，未有不独化于玄冥者也。"⑧成玄英将

---

① ［清］郭庆藩撰；王孝鱼点校：《庄子集释》，第796～797页。
② ［清］郭庆藩撰；王孝鱼点校：《庄子集释》，第303页。
③ ［清］郭庆藩撰；王孝鱼点校：《庄子集释》，第552页。
④ ［清］郭庆藩撰；王孝鱼点校：《庄子集释》，第502～503页。
⑤ ［清］郭庆藩撰；王孝鱼点校：《庄子集释》，第867页。
⑥ ［清］郭庆藩撰；王孝鱼点校：《庄子集释》，第539页。
⑦ ［清］郭庆藩撰；王孝鱼点校：《庄子集释》，第677页。
⑧ ［清］郭庆藩撰；王孝鱼点校：《庄子集释》，第118页。

"域"解读为"分"。① "分"即"定分"或"性分"。可见，"独化"之"有"就是事物用以区分自身与他物的本质（内在规定性）差异或界限所在。这意味着事物"独化"必须在"有物之域"中实现，而"有物之域"的重点是强调表征现实事物"有"之"性分"。由于每个事物都具备有限定的"性分"，因此事物之间就好比"罔两"一样，虽有一种共济的相因关系，但并非"所待"的因果关系，即所谓"今罔两之因景，犹云俱生而非待也，则万物虽聚而共成乎天，而皆历然莫不独见矣"②，"卓者，独化之谓也。夫相因之功，莫若独化之至也"③。既然每个事物都各得其性，且各自是独立的、绝对的，那么它从本性上说就是"无待"的。但从另一个角度说，每个事物的"性"它又是有限的，固定的，不可改变的。所以，郭象说，"言性各有分，故知者守知以待终，而愚者抱愚以至死，岂有能中易其性者也"④，"天性所受，各有本分，不可逃，亦不可加"⑤。在郭象看来，现实中每个事物的尊卑、贵贱、寿夭、知愚等皆是天性所定，我们只能接受和顺任，每个事物也只有在"性分"的范围内才能实现有限的自由。大鹏之能高，斥鴳之能下，椿木之能长，朝菌之能短，皆出于"性分"所定，即所谓"小大之殊各有定分"⑥。这表明，事物的"性分"是其存在的原因和依据，即"独化"之"有"的一面。

二、以性极论独化之"无"（自然之性）的功用意义

"独化"之"化"是事物纯粹地按照其自然本性并通过"自为"的活动来完全呈现自身，这也是事物存在之"无"。在郭象看来，事物不能仅仅止于事实的"自有"，还应通过"无"的活动及作用来呈现出自身的价值。他说："言必有其具，乃能其事，今无至虚之宅，无由有

---

① ［清］郭庆藩撰；王孝鱼点校：《庄子集释》，第213页。
② ［清］郭庆藩撰；王孝鱼点校：《庄子集释》，第118页。
③ ［清］郭庆藩撰；王孝鱼点校：《庄子集释》，第246页。
④ ［清］郭庆藩撰；王孝鱼点校：《庄子集释》，第65页。
⑤ ［清］郭庆藩撰；王孝鱼点校：《庄子集释》，第134页。
⑥ ［清］郭庆藩撰；王孝鱼点校：《庄子集释》，第15页。

化物之实。"① 又说："夫视有若无，虚室者也。虚室而纯白独生矣。"②
这就是说，任何事物都要借助"虚室"之"无"的作用才能真正实现
"生"与"化"，从而保存自身。郭象通常用"自得之场"的比喻来表
达此观点。他说：

> 故大人荡然放物于自得之场，不苦人之能，不竭人之欢，故四
> 海之交可全矣。③
> 言皆放之自得之场，则不治而自治也。④

每一事物自身都是独立的，也是自由的，只要"物任其性"，就能
实现它的自由，但需要一定的场地、场合，即存在的环境。⑤ 这里，
"自得之场"的"场"就是事物"独化"的场地、场合及环境，也即
是"无"。因此，放物于"自得之场"就必须在"不苦人之能""不竭
人之欢""不治而治"等一系列"虚室"的场地、场合及环境下才能实
现，而作为场地、场合及环境之"无"的依据则在于"性极"。正如郭
象所说："所谓大者至足也，故秋毫无以累乎天地矣；所谓小者无余
也，故天地无以过乎秋毫矣；然后惑者有由而反，各知其极，物安其
分，逍遥者用其本步而游乎自得之场矣。"⑥ "性极"之"极"就是从
"独化"之"无"的方面出发，让事物在一定的场地、场合及环境中完
全按其本来面目活动变化，让事物完全呈现出自身，成为其自身，最终
"游乎自得之场"，实现"性分"范围内有限的自由，即所谓"亦云物
各有极，任之则条畅"⑦，"性各有极，苟足其极，则余天下之财也"⑧。
郭象认为若要做到这点，那么只有在"无"的作用下才能实现。所以

---

① ［清］郭庆藩撰；王孝鱼点校：《庄子集释》，第 156 页。
② ［清］郭庆藩撰；王孝鱼点校：《庄子集释》，第 156 页。
③ ［清］郭庆藩撰；王孝鱼点校：《庄子集释》，第 167 页。
④ ［清］郭庆藩撰；王孝鱼点校：《庄子集释》，第 300 页。
⑤ 蒙培元：《论郭象的"玄冥之境"——一种心灵境界》，载汤一介、胡仲平编《魏晋
玄学研究》，第 462 页。
⑥ ［清］郭庆藩撰；王孝鱼点校：《庄子集释》，第 565～566 页。
⑦ ［清］郭庆藩撰；王孝鱼点校：《庄子集释》，第 17 页。
⑧ ［清］郭庆藩撰；王孝鱼点校：《庄子集释》，第 28 页。

他说，"物各有性，性各有极，皆如年知，岂跂尚之所及哉"[1]，"故知之为名，生于失当而灭于冥极。冥极者，任其至分而无毫铢之加。是故虽负万钧，苟当其所能，则忽然不知重之在身；虽应万机，泯然不觉事之在己"[2]。因此，事物呈现自身本性的过程就是其冥合"性极"的过程，而这一过程必须通过"无"的作用才能实现，即"任其至分而无毫铢之加"。至此，郭象就通过"性极"的概念从否定性方面把事物"独化"之"无"的一面揭示出来。

三、孔孟的"由仁义行"到郭象"仁义即天性"的独化玄冥之境

孟子主性善论，认为仁义是内在于人心人性的，故人之道德践履是"由仁义行"，而非"行由仁义"，仁义之本是由内而外、自然而然地显现与发用的，是谓"人皆有不忍人之心者，今人乍见孺子将入于井，皆有怵惕恻隐之心。非所以内交于孺子之父母也，非所以要誉于乡党朋友也，非恶其声而然也。由是观之，无恻隐之心，非人也；无羞恶之心，非人也；无辞让之心，非人也；无是非之心，非人也"[3]。在孟子看来，只要是真正意义上的人，乍然看见一个小孩即将要掉进井里，肯定会毫不犹豫地马上将他救起来，这是出于人本然的怵惕恻隐之心。救这个小孩，既不是出于讨好这个小孩的父母，也不是为了得到乡亲朋友的赞誉，更不是因为厌恶这个小孩掉进井里的大哭声。因此，在孟子看来，救这个小孩完全是出于我们每个人内心深处都有的恻隐之心、羞恶之心、辞让之心、是非之心。本有的善心善性需要显现，如果你显现了，就可以被称为人，如果没有显现，就称不上是人。孟子正是将这一"几希"作为人与禽兽的本质区别。

既然人性本善，那现实社会中为什么还有人为恶呢？孟子认为这是因为外在物欲的蒙蔽而失了本心，他说："为宫室之美、妻妾之奉、所识穷乏者得我与？乡为身死而不受，今为宫室之美为之；乡为身死而不受，今为妻妾之奉为之；乡为身死而不受，今为所识穷乏者得我而为

---

① ［清］郭庆藩撰；王孝鱼点校：《庄子集释》，第13页。
② ［清］郭庆藩撰；王孝鱼点校：《庄子集释》，第121页。
③ ［宋］朱熹撰：《四书章句集注·孟子集注》，第237页。

之，是亦不可以已乎？此之谓失其本心。"① 若是因外在欲望行为而失
了本心，就必须求其放心，即所谓"求则得之，舍则失之"②。在孟子
看来，若自己家里的东西丢了，我们都会急着找回，那么，若我们的本
心丧失了，也应该找回来。若我们能够存此本心、养此善性，不断地向
外扩充，就好像星星之火可以燎原，千万江河汇聚成大海一样，内可以
修身，外可以齐家治国平天下。但若不能推扩此本心本性，就连侍奉父
母这种小事、家事都办不到。孟子正是以这种由内向外、由近及远、由
小到大的存心养性功夫来践行仁义礼智，而践行仁义礼智就是"尽
性"，就是与天地合德的"事天"，从而达至自然无为的"圣人"境界。
故他说，"凡有四端于我者，知皆扩而充之矣，若火之始然，泉之始
达。苟能充之，足以保四海；苟不充之，不足以事父母"③，"尽其心
者，知其性也。知其性，则知天矣。存其心，养其性，所以事天也。夭
寿不贰，修身以俟之，所以立命也"④。

由此可见，孟子的仁义善性是通过"由仁义行"自内而外不断扩
充的心性修养功夫来实现的，从而保持仁义之本与良知良能的发用，凸
显自我道德主体。从践履仁义礼智来说，儒家是"有我"的；但从
"自圣"之境界来说，又是"与天地参"及"立乎其大"的"无我"。
因此，儒家是以下学上达的过程与成就"性善"的最终理想来统一
"有"与"无"。

郭象继承了孟子将仁义看成人性内在的东西的观点，但同时也将义
理当然之性与自然之性等同，这就对"仁义"进行了自然与中性化的
处理。在郭象这里，仁义礼智既是人之"自性"，那么尽"自然"之极
则自然地显示分位。这就由仁义礼智的"人性"内容直接过渡到了表
达形式的"人伦"。"仁义"既是自然而然自生的，那么表达"仁义"
内容的形式之"人伦"当然也是自然而然产生的，具有天然合理性。
故郭象说："首自在上，足自处下，府藏居内，皮毛在外；外内上下，
尊卑贵贱，于其体中各任其极，而未有亲爱于其间也。然至仁足矣，故

---

① ［宋］朱熹撰：《四书章句集注·孟子集注》，第 333 页。
② ［宋］朱熹撰：《四书章句集注·孟子集注》，第 328 页。
③ ［宋］朱熹撰：《四书章句集注·孟子集注》，第 238 页。
④ ［宋］朱熹撰：《四书章句集注·孟子集注》，第 349 页。

五亲六族，贤愚远近，不失分于天下者，理自然也，又奚取于有亲哉！"① 经过"自然化""中性化"的仁义就如人的四体一样自然而然，各自表现出不同的功能属性与分工，就连标志人伦等级关系的"尊卑贵贱""五亲六族"都成为人参与天地万物变化的一种自然理则，更是与天地之统相通的自然秩序，也是"自然化""中性化"后自生自造的结果。因此，郭象才反复地说，至仁接近于无亲无爱，礼乐本就如恢复自身的天然功能属性一样，是对天理的发扬。

在郭象看来，表达仁义礼智的君臣、夫妇、上下等尊卑先后之序就如同天之自高、地之自厚一样自然，既是人伦，也是天序。因此，人伦即天序，礼序即天序的自然延伸。故个体只能以常静之心对待人伦天序，对人伦的遵循即是对自然之性的成就。郭象又把实现"人伦即天序"的理想境地称为"独化于玄冥之境"。如他说：

> 通天地之统，序万物之性，达死生之变，而明内圣外王之道，上知造物无物，下知有物之自造……至（人）[仁]极乎无亲，孝慈终于兼忘，礼乐复乎已能，忠信发乎天光。用其光则其朴自成，是以神器独化于玄冥之境而源流深长也。②
> 况乎卓尔独化，至于玄冥之境，又安得而不任之哉！③

"玄冥"作为一个词，形容的是幽深、冥远的状态。在郭象这里，"玄冥"主要表征着万有独化的状态④，这种状态具体表现为：无论是天地万物还是人间社会，都有条不紊地遵循着一定的规则秩序，这既是天理，也是自然人性使然。因此，仁义、孝慈、礼乐、忠信这些人伦道德都是发乎天然，所谓"至（人）[仁]极乎无亲，孝慈终于兼忘，礼乐复乎已能，忠信发乎天光"，在这个人伦天序一体的世界中，遵循人伦即是随应天序，万物之序在通达条畅的"玄冥之境"中，均可独化而自得，即"有"与"无"感通冥合、圆融无滞、统一的精神境界。

---

① ［清］郭庆藩撰；王孝鱼点校：《庄子集释》，第 501 页。
② ［清］郭庆藩撰；王孝鱼点校：《庄子集释》，第 3～4 页。
③ ［清］郭庆藩撰；王孝鱼点校：《庄子集释》，第 246 页。
④ 高晨阳：《玄冥》，载《中国哲学史研究》1989 年第 2 期。

很明显，"独化"是有"玄冥"性或境界性这层含义的①。郭象注《大宗师》曰："玄冥者，所以名无而非无也。"② 为什么说"玄冥"是"名无而非无"呢？事物纯粹地按其本性来活动，因而可名之为"无"；事物在"自为"中呈现出来的本质，这又并不是"空无"。同时，"玄冥"既是表征事物独化的一种状态、境界，那么从事物"独化"的"独"（性分）而言，事物的存在就必须是"有"（非无）；从事物"独化"的"化"（性极）而言，事物生化就必须要依赖一定的场合、场所及环境，这就是"无"（名无）。在郭象看来，以现实的逻辑展开来看，天地自然的运行（天序）是"名无"，俗世社会本然人性的呈现（人伦）则是"非无"，对性极（自然之性）的追求是"名无"，对性分（名分）的安任则是"非无"，最终"无心以顺有"③，"独化于玄冥之境"。至此，郭象以"人伦即天序"的独化玄冥之境统一了性分之"有"与性极之"无"。

由此可知，郭象"独化论"的提出有着重要的理论意义。一方面，它既否定了何晏与王弼的"无能生有"，又否定了裴頠的"有能生有"，实现了"有生于无"（有于无中自己产生）的有、无的统一，即人伦礼序（有）是从天然秩序（无）中自己产生的，人群秩序天成于自然秩序，这为儒家之"名教"提供了"自然"这一形上本体的支撑。另一方面，"自生"说彻底消除了由汉以来的"宇宙本源论"，否定了"君权神授"的思想，确立起了个体的主体性地位。从某种程度上看，尽管郭象对儒家的仁义与人伦进行了"中性化""自然化"的处理，但个体主体地位的确立最终仍要通过对人伦的遵循、纲常名教的维护及仁义道德的本然呈现来达到。

综合而言，孔孟荀与郭象皆处在社会失序与人心不安的时代，均希望从人自身出发，为理想道德与王道政治的实现提供人性论基础，进而安顿社会秩序与个体身心。孔孟以亲亲、尊尊的道德情感为起点，将仁义视为人之本性固有的内容，通过对仁义的道德践履来成就"仁心"，并进一步由"内圣"的"仁心"推扩出"外王"的"仁政"。郭象沿

---

① 康中乾：《郭象"独化"范畴释义》，载《哲学研究》2007 年第 11 期。
② ［清］郭庆藩撰；王孝鱼点校：《庄子集释》，第 262 页。
③ ［清］郭庆藩撰；王孝鱼点校：《庄子集释》，第 273 页。

袭了孔孟将仁义看成人之情性的内容，并在否定有、无造物的基础上建构起"仁义自生"的性本体，通过对孔孟"仁义之性"的"中性化"与"自然化"处理，调和了儒家的义理当然之性与道家的自然无为之性，并为先秦儒家的性善说寻求到"自然"这一形上基础，实现了由孔孟普遍道德"自圣"之"仁义善性"向其个体道德"自生"之"仁义自性"的本体论转向。另外，既然郭象将仁义视为个体自性的内容，那么向外呈现出来的"分位"则必然与自然之性相符，标志个体自由的"性极"之"无"与标志社会等级身份的"性分"之"有"统一于"独化""玄冥"之境。这种"独化""玄冥"之境实现了孔孟"由仁义行"凸显人的道德主体性向"人伦即天序"凸显人的自生主体性之过渡。

第二章　儒家重教的"内圣学"之改造：
"任性自为"的心性论

　　郭象通过"自生"说建构起有无一体的独化论，确立了"性"的本体论地位，用"自性"这一哲学范畴涵盖道家的自然无为之性与儒家的义理当然之性，用"玄冥"这一形上境界揭示了"性分"之"有"（名分）与"性极"之"无"（自然之性）的显现与被显现的关系，进而实现了有与无、礼的外在形式与内在情性及人伦与天序的统一。在此基础上，郭象通过对人性的类型、外在表现、认识途径、修养功夫及境界追求的进一步深入探讨，划分出圣、凡两重世界，并认为圣人在于因循万物本性而"无为"，凡人在于实现自身本性而"有为"，圣凡通过"自为"的"尽性显理"活动均能实现"自足逍遥"，这构成了郭象性分冥极的心性论哲学。总的来说，郭象"尽性显理"及"任性自为"的心性论是对先秦儒家"穷理尽性"与"知性当为"修养功夫的继承与发展，只是郭象摒弃了先秦儒家之"心"的认知性功能，将"性"与"理"看成是显现与被显现的关系，并进一步将先秦儒家"有心"的"当为"改造成"无心"的"自为"，在境界论上实现了从先秦儒家的"圣凡一涂"向性本论层面的"圣凡自足"之过渡。郭象"任性自为"的心性论与"圣凡自足"的境界论为每个个体在现实生活中通往道德超越的逍遥之路提供了可能性与解决方案，进而消除了入世与出世、有为与无为、方内与方外之间的隔阂及矛盾，这也体现了他在人生哲学及政治哲学的价值旨趣上受到了先秦儒家思想的深刻影响，并为他统合"名教"与"自然"、"礼文"与"礼质"找到了人性的结合点。

第一节　人性的类型与外在表现：性分与性理

　　"性分"是某一事物之所以为某一事物的内在规定性。"性理"则是每一事物由其"性分"所决定的必然性。因此，每个事物有每个事物的"性分"，每个事物有每个事物的"性理"，且前者决定后者。

一、性分：圣人心性与凡人心性

郭象认为，"性分"代表事物的内在限定性，不可逃避亦不可更改。他说，"天性所受，各有本分，不可逃，亦不可加"①，"言性各有分，故知者守知以待终，而愚者抱愚以至死，岂有能中易其性者也"②。因此，在郭象看来，人之愚智、贵贱、高下等均是由先天自然禀得的"性分"来决定的，不是人力所能逆转和改变的。所以，我们只能承认这种客观必然，保持无为顺任的态度即可。故郭象说：

> 既禀之自然，其理已足。则虽沈思以免难，或明戒以避祸，物无妄然，皆天地之会，至理所趣。必自思之，非我思也；必自不思，非我不思也。或思而免之，或思而不免，或不思而免之，或不思而不免。凡此皆非我也，又奚为哉？任之而自至也。③

这就是说，不管思或不思，免（难）或不免（难）皆不是我们人为能掌控的，我们只需顺应自然即可，这就是"无为"。但这种"无为"又并非无所作为，而是"任性自为"，即"无为者，非拱默之谓也，直各任其自为，则性命安矣"④。其实，从某种程度上说，"自为"亦是"有为"，但在郭象的意识中，只要是"任性"而为，哪怕有再大的行动，皆是自然"无为"，这就将"有为"与"无为"给统一起来。

"性分"作为一种先天的自然禀赋，是人们必须遵循的客观必然，因此，郭象劝诫世人不要妄图通过后天的人为努力来改变自己的"性分"，更无须羡慕其他人而去刻意效仿。他说：

> 故有情于为离旷而弗能也，然离旷以无情而聪明矣；有情于为

---

① ［清］郭庆藩撰；王孝鱼点校：《庄子集释》，第134页。
② ［清］郭庆藩撰；王孝鱼点校：《庄子集释》，第65页。
③ ［清］郭庆藩撰；王孝鱼点校：《庄子集释》，第224页。
④ ［清］郭庆藩撰；王孝鱼点校：《庄子集释》，第379页。

贤圣而弗能也，然贤圣以无情而贤圣矣。岂直贤圣绝远而离旷难慕哉？虽下愚聋瞽及鸡鸣狗吠，岂有情于为之，亦终不能也。不问远之与近，虽去己一分，颜孔之际，终莫之得也。是以关之万物，反取诸身，耳目不能以易任成功，手足不能以代司致业。故婴儿之始生也，不以目求乳，不以耳向明，不以足操物，不以手求行。岂百骸无定司，形貌无素主，而专由情以制之哉！①

这就是说，每一事物皆有自己的"性分"及各自的功能，无须羡慕其他的人或物，这就好比我们无法妄图通过效仿而达到钟离、师旷的听力视觉一样，无法通过学习而成为圣贤一样。纵使是颜回那样的贤人，只是与孔子的"性分"有一点点差别，都无法逾越圣、贤之鸿沟。因此，郭象主张人人应安于"性分"之内而无羡于外，这样就会"性全福至"。他说："知止其所不知，能止其所不能，用其自用，为其自为，恣其性内而无纤芥于分外，此无为之至易也。无为而性命不全者，未之有也；性命全而非福者，理未闻也。"②

在郭象看来，"性分"虽不是后天习得的，但有些潜在的因素亦需通过后天的学习才能显现出来。这就强调在遵循客观必然的基础上发挥人的主观能动性。故郭象说，"言物虽有性，亦须数习而后能耳"③，"习以成性，遂若自然"④，"天下之物，未必皆自成也。自然之理，亦有须冶锻而为器者耳"⑤。人之"性分"就好比自然界中的铁矿石，必须经过冶炼才能显现出来。因此，这种后天的学习与实践并非改变了事物原有之"性分"，仍在事物原有"性分"的范围内，只是作为潜在的因素暂时未能呈现。是谓"夫率性直往者，自然也；往而伤性，性伤而能改者，亦自然也"⑥。所以，就事物遵循、保持自己的"性分"来说，郭象主张"无为"；但就事物如何成为、呈现自身来说，郭象主张"有为"（"自为"），这就在一定程度上调和了"无为"与"有为"。

---

① ［清］郭庆藩撰；王孝鱼点校：《庄子集释》，第 226 页。
② ［清］郭庆藩撰；王孝鱼点校：《庄子集释》，第 190 页。
③ ［清］郭庆藩撰；王孝鱼点校：《庄子集释》，第 640 页。
④ ［清］郭庆藩撰；王孝鱼点校：《庄子集释》，第 640 页。
⑤ ［清］郭庆藩撰；王孝鱼点校：《庄子集释》，第 286 页。
⑥ ［清］郭庆藩撰；王孝鱼点校：《庄子集释》，第 286 页。

另外，郭象通过"性分"的概念还融合了道家之"自然"与儒家之"名教"。他注《庄子·秋水》"牛马四足，是谓天；落马首，穿牛鼻，是谓人"句说：

> 人之生也，可不服牛乘马乎？服牛乘马，可不穿落之乎？牛马不辞穿落者，天命之固当也。苟当乎天命，则虽寄之人事，而本在乎天也。①

在此，庄子本意是把牛马四足看成天然，而将落马首、穿牛鼻看成是人为。但郭象却作了相反的解释，他认为：牛穿鼻、马套笼皆是牛马自然"性分"使然，是"天命之固当"。牛马受人服乘是牛马的"性分"，而非"人为"，牛马供人服乘、受人役使恰恰是实现了牛马之性。以此推之，人之尊卑贵贱、高低上下亦是由"性分"决定，乃属天经地义。故他说：

> 夫时之所贤者为君，才不应世者为臣。若天之自高，地之自卑，首自在上，足自居下。②

又说：

> 臣妾之才，而不安臣妾之任，则失矣。故知君臣上下，手足外内，乃天理自然，岂真人之所为哉！③

可见，在郭象这里，他将"自然之性"的范围大大扩展了，他不仅将先天的能力、品质等视为"性分"的内容，同时也将后天的名教等级视为"性分"的内容。这虽在一定程度上融合了"自然"与"名教"，但也使得人类先天的自然属性与后天的社会属性混淆起来，使"性分"的内涵失去了清楚确切的边界。

---

① ［清］郭庆藩撰；王孝鱼点校：《庄子集释》，第589页。
② ［清］郭庆藩撰；王孝鱼点校：《庄子集释》，第64页。
③ ［清］郭庆藩撰；王孝鱼点校：《庄子集释》，第63页。

郭象认为，正是由于每个人所禀得的自然"性分"不同，因此才有圣、凡之别。

圣人乃禀自然之正气，自是境界深远高明、无往不适，故郭象说："夫松柏特禀自然之钟气，故能为众木之杰耳，非能为而得之也。言特受自然之正气者至希也，下首则唯有松柏，上首则唯有圣人，故凡不正者皆来求正耳。"① 圣人既禀得自然之正气，那圣人心性乃空灵如境、无将无迎、穷极万物，即"夫圣人之心，极两仪之至会，穷万物之妙数。故能体化合变，无往不可，旁礴万物，无物不然"②，"故圣人不显此以耀彼，不舍己而逐物，从而任之，各（宜）［冥］其所能，故曲成而不遗也……夫圣人无我者也。故滑疑之耀，则图而域之；恢恑憰怪，则通而一之；使群异各安其所安，众人不失其所是，则己不用于物，而万物之用用矣"③。圣人之所以为圣人，就在于他能顺任万物、体化合变、无知无欲、不偏一隅，使万物各安其所安，使众人不失其所是，是谓"夫去知任性，然后神明洞照，所以为贤圣也④，"唯圣人然后能去知与故，循天之理，故愚知处宜，贵贱当位"⑤，"圣人无爱若镜耳"⑥，"至人无情，与众号耳"⑦，"圣人无言，其所言者，百姓之言耳"⑧。因此，在郭象看来，圣人与凡人最大的区别就在于：圣人能因任万物，而凡人却因自身的限制不能做到这点，最多只能做到自安、自是、自用、自足而已。所以，郭象说："夫民物之所以卑而贱者，不能因任故也。是以任贱者贵，因卑者尊，此必然之符也。"⑨

凡人所禀之性各有偏颇，彼此之间千差万别，正如郭象所说，"物各有性，性各有极"⑩，"所禀之分各有极也"⑪。这就决定了凡人必须有待于某种条件才能满足其"性分"，才能成为其所是，最终使得自己

① ［清］郭庆藩撰；王孝鱼点校：《庄子集释》，第 200 页。
② ［清］郭庆藩撰；王孝鱼点校：《庄子集释》，第 36 页。
③ ［清］郭庆藩撰；王孝鱼点校：《庄子集释》，第 84 页。
④ ［清］郭庆藩撰；王孝鱼点校：《庄子集释》，第 1085 页。
⑤ ［清］郭庆藩撰；王孝鱼点校：《庄子集释》，第 1085 页。
⑥ ［清］郭庆藩撰；王孝鱼点校：《庄子集释》，第 875 页。
⑦ ［清］郭庆藩撰；王孝鱼点校：《庄子集释》，第 134 页。
⑧ ［清］郭庆藩撰；王孝鱼点校：《庄子集释》，第 844 页。
⑨ ［清］郭庆藩撰；王孝鱼点校：《庄子集释》，第 406 页。
⑩ ［清］郭庆藩撰；王孝鱼点校：《庄子集释》，第 13 页。
⑪ ［清］郭庆藩撰；王孝鱼点校：《庄子集释》，第 121 页。

的行为与自己的"性分"一致，达至"冥极"的状态。但正由于凡人所禀之性存在局限和片面性，因此他们就有所欲求，是谓"自非真人，未有能止其分者，故必外内受刑，但不问大小耳"①，"道亏则情有所偏而爱有所成，未能忘爱释私，玄同彼我也"②。所以，针对凡人的有所欲求，郭象主张"各然其所然，各可其所可"，从"足性"的层面实现"有待"的逍遥。故郭象说："夫庭横而楹纵，厉丑而西施好。所谓齐者，岂必齐形状，同规矩哉！故举纵横好丑，恑愤憰怪，各然其所然，各可其所可，则理虽万殊而性同得，故曰道通为一也。"③凡人心性虽千差万别，但从"足性"的层面来说并没有本质的区别。因此，凡人最重要的就是能安其性分而无羡于外，这样就能达至与天地万物一体、道通为一的境界。郭象说："夫以形相对，则大山大于秋毫也。若各据其性分，物冥其极，则形大未为有余，形小不为不足。[苟各足]于其性，则秋毫不独小其小而大山不独大其大矣。苟以性足为大，则天下之足未有过于秋毫也；（其）[若]性足者（为）[非]大，则虽大山亦可称小矣。故曰天下莫大于秋毫之末而大山为小。大山为小，则天下无大矣；秋毫为大，则天下无小也。无小无大，无寿无夭，是以蟪蛄不羡大椿而欣然自得，斥鴳不贵天池而荣愿以足。苟足于天然而安其性命，故虽天地未足为寿而与我并生，万物未足为异而与我同得。"④

　　总体而言，圣人心性空灵玄妙，凡人心性有欲有求，因此圣人要顺任万物、冥合万物才能实现"无待"逍遥；凡人则需各安其性、各冥其极才能达至"有待"逍遥，且圣人心性与凡人心性处在一个相互依存的结构中，即无心无欲的圣人需要使有心有欲的凡人皆实现了各自的本性才能获得自身"无待"的逍遥；而有心有欲的凡人则需要通过无心无欲的圣人的引导才能知道自己的"性分"所在，才能做到安性、足性，最终实现自己"有待"的逍遥。这样，郭象就将圣人之"无为"心性与凡人之"有为"心性统一起来。

---

①　[清] 郭庆藩撰；王孝鱼点校：《庄子集释》，第 1048 页。
②　[清] 郭庆藩撰；王孝鱼点校：《庄子集释》，第 81 页。
③　[清] 郭庆藩撰；王孝鱼点校：《庄子集释》，第 76 页。
④　[清] 郭庆藩撰；王孝鱼点校：《庄子集释》，第 87 页。

二、性理:圣人的"至理"与凡人的"理"

关于"性"与"理"的关系,东汉大儒郑玄指出了二者的同一性,即"理,犹性也"①。曹魏时期刘邵的《人物志》亦从品评人物的角度初步揭示了"性"与"理"的关系。他说:

> 夫理有四部,明有四家……若夫天地气化,盈虚损益,道之理也。法制正事,事之理也。礼教宜适,义之理也。人情枢机,情之理也。四理不同,其于才也,须明而章,明待质而行。是故质于理合,合而有明,明足见理,理足成家。是故质性平淡,思心玄微,能通自然,道理之家也;质性警彻,权略机捷,能理烦速,事理之家也;质性和平,能论礼教,辩其得失,义礼之家也;质性机解,推情原意,能适其变,情理之家也。②

这里,刘邵将"理"分为道理、事理、义理、情理四种,而道理主要指自然规律,是质性平淡的外在表现;事理指政治法律规律,是质性警彻的外在表现;义理指道德人伦规律,是质性和平的外在表现;情理指心理活动规律,是质性机解的外在表现。因此,一个人具备怎样的内在才性,才能拥有怎样的能力,识别相应的"理"。这就初步表明了"理"是"性"的外在表现,二者具有一致性。

嵇康也提出了与刘邵相似的观点,他认为"理"存在于"性"之中,需要借助直觉体悟来把握。他说:"推类辨物,当先求之自然之理。理已定,然后借古义以明之耳。"③ 在领悟明了"自然之理"后,就可以把握住"自然之性"。因此,嵇康将"性""理"并提,亦是表明二者相通。他说,"故古之仰准阴阳,俯协刚柔,中识性理,使三才

---

① [东汉]郑玄注:《礼记正义》卷三十七《乐记》,载[清]阮元:《十三经注疏》,北京:中华书局,1980年,第1527页。

② [魏]刘邵撰:《人物志》卷上,《材理第四》,《钦定四库全书》子部第10册,上海:上海古籍出版社,1987年,第772页。

③ [魏]嵇康著;戴明扬注:《声无哀乐论》,见《嵇康集校注》卷五,第349页。

相善，同会于大通，所以穷理而尽物宜也"①，"君子知其若此，故准性理之所宜，资妙物以养身"②。

在裴頠看来，"理"则是在事物之"性"的活动下，与外物发生联系所表现出来的必然规律。他说：

> 夫总混群本，宗极之道也。方以族异，庶类之品也。形象著分，有生之体也。化感错综，理迹之原也。夫品而为族，则所禀者偏。偏无自足，故凭乎外资。是以生而可寻，所谓理也。理之所体，所谓有也。有之所须，所谓资也。资有攸合，所谓宜也。择乎厥宜，所谓情也。识智既授，虽出处异业，默语殊途，所以宝生存宜，其情一也。众理并而无害，故贵贱形焉。③

裴頠认为，事物之理各不相同、千差万别，皆由于所禀之"性"偏无自足，因此他们需要借助外资才能存在。所以，事物按照其本性活动必然会与相应的外在事物发生联系，这种联系的内在规律就是"理"。简单来说，"理"就是"性"所表现出来的外在属性或规律。

郭象虽没有明确提出"性"与"理"之关系，但通过具体分析，我们亦可知其与裴頠的观点基本相同。郭象注《庄子·齐物论》说：

> 夫六合之外，谓万物性分之表耳。夫物之性表，虽有理存焉，而非性分之内，则未尝以感圣人也，故圣人未尝论之。[若论之]，则是引万物使学其所不能也。故不论其外，而八畛同于自得也。④

这里，郭象提出"理"乃"性分之表"，而非"性分之内"，这就表明：作为内在的"性"是不能自行显现的，需要通过外在的"理"来表现，但"理"又不等同于"性"本身，"理"可以用辨析的方法把握，但"性"却只能存而不论，只能靠直觉体悟（"尽性穷理"）的

---

① ［魏］嵇康著；戴明扬注：《答〈释难宅无吉凶摄生论〉》，见《嵇康集校注》卷九，第513页。

② ［魏］嵇康著；戴明扬注：《答〈难养生论〉》，见《嵇康集校注》卷四，第301页。

③ ［唐］房玄龄等撰：《晋书·裴頠传》，第1044页。

④ ［清］郭庆藩撰；王孝鱼点校：《庄子集释》，第91页。

方式来把握。所以，在郭象看来，"理"产生于"性"，由"性"来决定，顺应本性的活动就必然与"理"相符。他说：

> 任其天性而动，则人理亦自全矣。①
> 患去而性得者，达理也。②
> 以性言之，则性之本也。夫物各有足，足于本也。付群德之自循，斯与有足者至于本也，本至而理尽矣。③

可见，顺应"自然之性"就是遵循"自然之理"，"得性"必然"达理"，但我们却不能反过来说，不能将"性"（本性）与"理"（规律）简单等同，二者是决定和被决定、内与外、本和末的相对关系。所以郭象说："以其知分，故可与言理也。"④ 这就意味着，只有了解了作为每个事物之本的"性"，才能讨论每个事物的"理"，此意在表明：规定此事物为此事物的是"性"而不是"理"，我们只能说此事物有此事物之"理"，彼事物有彼事物之"理"，即"物物有理，事事有宜"⑤。

郭象通常喜欢将"理"与"自然""天""命"等连用，大体而言，针对客体的不同，郭象将"理"划分为物理、事理和命理三类。

所谓"物理"，是自然规律，是宇宙大道运动的客观必然趋势。郭象说，"自然之理，有寄物而通也"⑥，"夫物有自然，理有至极"⑦。这就是说，自然界中，任何一物都要遵从宇宙自然规律，并受宇宙自然规律所支配。故他注《知北游》说："万物虽以形相生，亦皆自然耳，故胎卵不能易种而生。"⑧ 又注《逍遥游》曰："非冥海不足以运其身，非九万里不足以负其翼。此岂好奇哉？直以大物必自生于大处，大处亦

---

① ［清］郭庆藩撰；王孝鱼点校：《庄子集释》，第 637 页。
② ［清］郭庆藩撰；王孝鱼点校：《庄子集释》，第 653 页。
③ ［清］郭庆藩撰；王孝鱼点校：《庄子集释》，第 244 页。
④ ［清］郭庆藩撰；王孝鱼点校：《庄子集释》，第 565 页。
⑤ ［清］郭庆藩撰；王孝鱼点校：《庄子集释》，第 90 页。
⑥ ［清］郭庆藩撰；王孝鱼点校：《庄子集释》，第 934 页。
⑦ ［清］郭庆藩撰；王孝鱼点校：《庄子集释》，第 105 页。
⑧ ［清］郭庆藩撰；王孝鱼点校：《庄子集释》，第 738 页。

必自生此大物，理固自然。"①

所谓"事理"，是指人类社会的规律。郭象说："而首自在上，足自处下，府藏居内，皮毛在外；外内上下，尊卑贵贱，于其体中各任其极，而未有亲爱于其间也。然至仁足矣，故五亲六族，贤愚远近，不失分于天下者，理自然也，又奚取于有亲哉!"② 又说："夫工人无为于刻木而有为于用斧，主上无为于亲事而有为于用臣。臣能亲事，主能用臣；斧能刻木而工能用斧；各当其能，则天理自然，非有为也。"③ 这里，"理"具有了社会伦理次序的意义，意味着等级身份是标志人类社会中人事关系的一种必然规律。同时，郭象还用此"事理"来解释圣人的行为与名声之间的关系。他说：

> 今仲尼非不冥也。顾自然之理，行则影从，言则响随。夫顺物则名迹斯立，而顺物者非为名也。非为名则至矣，而终不免乎名，则孰能解之哉！故名者影响也，影响者形声之桎梏也。明斯理也，则名迹可遗；名迹可遗，则尚彼可绝；尚彼可绝，则性命可全矣。④

这就是说，像孔子一样的圣人并非为了名声而行动，但其行迹又势必会受到世人的尊崇而给其冠以圣人的名号。因此，在圣人的行为与名声之间就具备了某种联系。但圣人之名只是圣人言行的反映，而非圣人"真性"本身，这代表了一"事理"。明白了这一"事理"，则可抛弃圣人外在的"名迹"而关注圣人内在的"真性"，这样，崇尚名迹的弊端就会自然消除，天下就能达至各安性命的结果。

而"命理"涉及的范围极广，大至自然社会，小至群体个人等，万事万物皆在"命理"的范围内。凡是不可知、不可为、不可控、不可改变者皆可称为"命理"。作为动物之牛马受"命理"的支配，郭象说："人之生也，可不服牛乘马乎？服牛乘马，可不穿落之乎？牛马不辞穿落者，天命之固当也。苟当乎天命，则虽寄之人事，而本在乎天

---

① ［清］郭庆藩撰；王孝鱼点校：《庄子集释》，第 4 页。
② ［清］郭庆藩撰；王孝鱼点校：《庄子集释》，第 501 页。
③ ［清］郭庆藩撰；王孝鱼点校：《庄子集释》，第 470 页。
④ ［清］郭庆藩撰；王孝鱼点校：《庄子集释》，第 211 页。

也。穿落之可也，若乃走作过分，驱步失节，则天理灭矣。"① 因此，牛马的"命理"是供人驱使，受人乘骑，这是不能抗拒、无可奈何的必然，是谓"理必自终，不由于知，非命如何？不知其所以然而然，谓之命，似若有意也，故又遣命之名以明其自尔，而后命理全也"②。同样，国家的治乱成败、个人的贤愚寿夭、死生穷达亦是由此"命理"来决定。如郭象所说："天也者，自然者也；人皆自然，则治乱成败，遇与不遇，非人为也，皆自然耳。"③ 又说，"夫我之生也，非我之所生也，则一生之内，百年之中，其坐起行止，动静趣舍，情性知能，凡所有者，凡所无者，凡所为者，凡所遇者，皆非我也，理自尔耳。而横生休戚乎其中，斯又逆自然而失者也"④，"其理固当，不可逃也。故人之生也，非误生也；生之所有，非妄有也。天地虽大，万物虽多，然吾之所遇适在于是，则虽天地神明，国家圣贤，绝力至知而弗能违也。故凡所不遇，弗能遇也，其所遇，弗能不遇也；〔凡〕所不为，弗能为也，其所为，弗能不为也；故付之而自当矣……苟知性命之固当，则虽死生穷达，千变万化，淡然自若而和理在身矣"⑤。

另外，针对主体的不同，郭象还将"理"划分为圣人的"至理"和凡人的"理"。在郭象看来，圣人空灵玄妙的"性"向外表现出来就是普遍的"至理"，即圣人顺应宇宙大道及万事万物的规律；凡人片面局限的"性"向外表现出来就是具体的"理"，即每个个体顺应自身之性的规律。

正因圣人之性向外表现为普遍的"至理"，故圣人能顺应一切，直道而行，齐一万物，无为无功，自然无迹。郭象说，"至理之来，自然无迹"⑥，"夫忘年故玄同死生，忘义故弥贯是非。是非死生荡而为一，斯至理也。至理畅于无极，故寄之者不得有穷也"⑦，"夫理有至极，外内相冥，未有极游外之致而不冥于内者也，未有能冥于内而不游于外者也。故圣人常游外以（宏）〔冥〕内，无心以顺有，故虽终日（挥）

① 〔清〕郭庆藩撰；王孝鱼点校：《庄子集释》，第589～590页。
② 〔清〕郭庆藩撰；王孝鱼点校：《庄子集释》，第950页。
③ 〔清〕郭庆藩撰；王孝鱼点校：《庄子集释》，第231页。
④ 〔清〕郭庆藩撰；王孝鱼点校：《庄子集释》，第205页。
⑤ 〔清〕郭庆藩撰；王孝鱼点校：《庄子集释》，第218～219页。
⑥ 〔清〕郭庆藩撰；王孝鱼点校：《庄子集释》，第94页。
⑦ 〔清〕郭庆藩撰；王孝鱼点校：《庄子集释》，第116页。

［见］形而神气无变，俯仰万机而淡然自若。夫见形而不及神者，天下之常累也。是故睹其与群物并行，则莫能谓之遗物而离人矣；睹其体化而应务，则莫能谓之坐忘而自得矣。岂直谓圣人不然哉？乃必谓至理之无此"①，"夫物未尝有谢生于自然者，而必欣赖于针石，故理至则迹灭矣。今顺而不助，与至理为一，故无功"②。无心的圣人遵循"至理"而无情无欲、无知无为、顺任自然，冥合内外，最终是为了使万事万物都实现各自的本性，即所谓"性分各自为者，皆在至理中来，故不可免也，是以善养生者，从而任之"③，"其言通至理，正当万物之性命"④。因此，圣人普遍之"至理"的实现就是各个具体事物之"理"皆已自足的状态。

每一凡人之性必然向外表现为每一具体之"理"，即所谓"一物不具，则生者无由得生；一理不至，则天年无缘得终"⑤。因此，每一凡人只需遵循自身本性之"理"即可。郭象说，"以性言之，则性之本也。夫物各有足，足于本也。付群德之自循，斯与有足者至于本也，本至而理尽矣"⑥，"夫物有自然，理有至极。循而直往，则冥然自合，非所言也"⑦。这就是说，凡人通过遵循"理"使自己与自身本性相一致，就可实现"冥然自合"。可见，凡人达自身具体之"理"与圣人达普遍之"至理"从境界上说没有任何本质区别，皆能实现"逍遥"。正如郭象所说，"故理有至分，物有定极，各足称事，其济一也"⑧，"夫小大之物，苟失其极，则利害之理均；用得其所，则物皆逍遥也"⑨。

犹如郭象"性分"学说中圣人心性与凡人心性的依存关系一样，其"性理"学说，同样由圣人的"至理"与凡人的"理"互补构成：圣人的"至理"通过凡人的"理"来实现，而凡人的"理"则需要圣人的"至理"来引导，二者相互联系、不可分割。

---

① ［清］郭庆藩撰；王孝鱼点校：《庄子集释》，第 273 页。
② ［清］郭庆藩撰；王孝鱼点校：《庄子集释》，第 25 页。
③ ［清］郭庆藩撰；王孝鱼点校：《庄子集释》，第 630 页。
④ ［清］郭庆藩撰；王孝鱼点校：《庄子集释》，第 1093 页。
⑤ ［清］郭庆藩撰；王孝鱼点校：《庄子集释》，第 230 页。
⑥ ［清］郭庆藩撰；王孝鱼点校：《庄子集释》，第 244 页。
⑦ ［清］郭庆藩撰；王孝鱼点校：《庄子集释》，第 105 页。
⑧ ［清］郭庆藩撰；王孝鱼点校：《庄子集释》，第 8 页。
⑨ ［清］郭庆藩撰；王孝鱼点校：《庄子集释》，第 47 页。

三、先秦儒家的"穷理尽性"到郭象的"尽性显理"

儒家以仁义为本，通过道德主体的"心"来连接"理"（天理）与"性"（人性），进而用穷理尽性的内在修养功夫下学而上达，呈现仁义本性，实现人道与天道的统一。孔子有言："回也，其心三月不违仁，其余则日月至焉而已矣。"[1] 朱熹注此句曰："三月，言其久。仁者，心之德。心不违仁者，无私欲而有其德也。日月至焉，或日一至焉，或月一至焉，能造其域而不能久也。"朱熹以心之德为仁，认为颜回能持久地以心为正，心不存任何私欲则不违背仁；而其他人最多只能坚持一日或一月，心不能持久地坚守仁义道德而导致仁有所断，少有私欲于其间，这是圣凡之根本区别。可见，心是主宰人能否坚守道德及实现仁义之本的官能，这一点可从《大学》中得到印证。《大学》中格物、致知、诚意、正心、修身、齐家、治国、平天下"八条目"是通达明明德、亲民、止于至善"三纲领"的必修之路，其中以格物、致知的"识理"为起点，以诚意、正心、修身的"体理"为中轴，以齐家、治国、平天下的"推理"为目标，最终实现内圣外王的理想。在这个过程中，"正心"是修身之本。故《大学》言："所谓修身在正其心者，身有所忿懥，则不得其正；有所恐惧，则不得其正；有所好乐，则不得其正；有所忧患，则不得其正。心不在焉，视而不见，听而不闻，食而不知其味。"[2] 忿懥、恐惧、好乐、忧患是人之常情，但有了这四者之后，若作为人之主宰者的心不能及时察觉并端正，就会欲动情胜，导致心有不存，即"心不在焉"。所以，要时刻存其心以检其身，才不会失了主宰而六神无主。由此可见，"心"既是人"识理""体理""推理"的主宰者，又是将格物致知的"天理"落实为"人性"之诚意、正心、修身、齐家、治国、平天下的根本法门。

孟子继承了《大学》的这一思想理路，注重通过阐发"心"来连接"性"与"理"。孟子曰："耳目之官不思，而蔽于物，物交物，则引之而已矣。心之官则思，思则得之，不思则不得也。此天之所与我

---

① ［宋］朱熹撰：《四书章句集注·论语集注》，第86页。
② ［宋］朱熹撰：《四书章句集注·大学章句》，第8页。

者，先立乎其大者，则其小者弗能夺也。此为大人而已矣。"① 孟子以心善（人内在固有的恻隐、羞恶、辞让、是非之心）言性善，认为耳目之官是小体，容易受到外在物欲的蒙蔽，但心这一器官则不一样，是人之大体，具有思的功能，可以识得理义，故不受外在物欲蒙蔽。耳、目与心这三个官能都是人天生就具备的，但心为最大，若人能以仁义道德之心主宰周身，则可识得万事万物之理义，那么耳目之欲就不能夺取仁义道德之心的主宰地位，人就可以立乎其大，成为大人君子。朱熹注此句亦曰："心则能思，而以思为职。凡事物之来，心得其职，则得其理，而物不能蔽；失其职，则不得其理，而物来蔽之。此三者，皆天之所以与我者，而心为大。若能有以立之，则事无不思，而耳目之欲不能夺之矣，此所以为大人也。"②

由此可见，孟子将心看成是人之仁义道德善性的主宰，又是认知、体察与运用理义的基本官能。如他说："口之于味也，有同耆焉；耳之于声也，有同听焉；目之于色也，有同美焉。至于心，独无所同然乎？心之所同然者何也？谓理也，义也。圣人先得我心之所同然耳。故理义之悦我心，犹刍豢之悦我口。"③ 程子注此语曰："在物为理，处物为义，体用之谓也。孟子言人心无不悦理义者，但圣人则先知先觉乎此耳，非有以异于人也。"在程子看来，实体之心必须先体察穷尽天地万物之理，才能运用与推扩此理，落实到人性则表现为义。因此，理义对我的心来说是如此快乐的，就好比美食满足我的口一样。可见，对孟子来说，正心是修身的根本，也是打通"理"与"性"的关键，是谓"是故诚者，天之道也；思诚者，人之道也"④。不过，相比宋明理学家而言，孟子是将"性"之"所以然"与"理"之"所当然"看成是一体的，代表人性的"仁"与代表天理的"义"都根植于人的本心，所谓"尽其心者，知其性也。知其性，则知天矣。存其心，养其性，所以事天也"⑤，"仁，人心也；义，人路也"⑥，"君子所性，仁义礼智根

---

① ［宋］朱熹撰：《四书章句集注·孟子集注》，第335页。
② ［宋］朱熹撰：《四书章句集注·孟子集注》，第335页。
③ ［宋］朱熹撰：《四书章句集注·孟子集注》，第330页。
④ ［宋］朱熹撰：《四书章句集注·孟子集注》，第282页。
⑤ ［宋］朱熹撰：《四书章句集注·孟子集注》，第349页。
⑥ ［宋］朱熹撰：《四书章句集注·孟子集注》，第333页。

于心"①，而宋明理学家则在孟子性善论的基础上区分了"性"之"所以然"与"理"之"所当然"，将理与性看成是体用的关系，这就为"所以然"的人之善"性"找到了更为坚实的"所当然"之"理"（本体）这一形上基础。

郭象继承了儒家将仁义内化为人性之内容的观点，并对儒家"穷理尽性"的修养功夫进行了改造，将"性"与"理"看成是呈现与被呈现、内与外、本与末的关系，认为"理"是每个事物由其性分所决定的必然性②，安性即是循理。如他说：

> 理必自终，不由于知，非命如何？不知其所以然而然，谓之命，似若有意也，故又谴命之名以明其自尔，而后命理全也。理必有应，若有神灵以致之也。理自相应，相应不由于故也，则虽相应而无灵也。运动自尔，无所稍问。自尔，故不知所以。影似形而非形。推而极之，则今之（所谓）有待者（率）［卒］（至）于无待，则独化之理彰（矣）。③

> 夫我之生也，非我之所生也，则一生之内，百年之中，其坐起行止，动静趣舍，情性知能，凡所有者，凡所无者，凡所为者，凡所遇者，皆非我也，理自尔耳。而横生休戚乎其中，斯又逆自然而失者也。④

郭象认为，事物自然而然地生生化化，不受任何外在造物者的支配，我们可以把这种自然而然的状态称为"命"或"理"，"命""理"是事物之"性"的"自尔"的表现，是此事物之为此事物表现出来的必然性，个体只要守"性分"，事物之理就会自然显现出来。这里，郭象又似乎将"命"与"理"等同，没有将必然性与偶然性区分开来。如他说，"其理固当，不可逃也……苟知性命之固当，则虽死生穷达，

---

① ［宋］朱熹撰：《四书章句集注·孟子集注》，第355页。
② 汤一介：《郭象与魏晋玄学》（第三版），北京：北京大学出版社，2009年，第286页。
③ ［清］郭庆藩撰；王孝鱼点校：《庄子集释》，第950～953页。
④ ［清］郭庆藩撰；王孝鱼点校：《庄子集释》，第205页。

千变万化，淡然自若而和理在身矣"①，"以其知分，故可与言理"②。在郭象看来，只有了解并安于"性分"，才可以谈论与表现事物之理。足见，郭象认为，是"性分"规定此事物之为此事物，而不是"理"规定此事物之为此事物，"理"只是"性"的外在表现。

与儒家通过"心"的认知功能来发挥"理"的作用（即通过识理、体理、推理的过程实现"穷理尽性"）不一样，郭象认为，"理"发挥作用并不依赖于人的认知，因为"理"本就产生于"性"，所以顺应自己的本性活动，自然会与"理"相符。在郭象看来，对人类来说，在没有人为作用的干扰情况下，五脏六腑自然会依据其"理"默契配合，眼耳鼻舌身自然会依据其"理"协调活动，是谓"司察之官废，纵心而（顺）理〔顺〕"③，"一无为而群理都举"④。"纵心""无为"才能纯粹完全地呈现万事万物之本性，顺应本性就可自然表现出万事万物必然之"理"。因此，"无心"才是"穷理尽性"的必备功夫。可见，郭象虽认同儒家"穷理尽性"这一目标追求，但实现过程并非通过儒家所说之"心"的认知功能与"存心养性"的内在修养来达成，而是通过安顺本性的"无心"的功夫来达成。

第二节　认识途径与修养功夫：齐性与任性

郭象"齐物"的认识途径与修养功夫均是立足于"性"而言的，他承认万物之差异，但他认为万物本性从自足性来讲是均等、齐一的。因此，郭象实际上是通过"齐性"以言"齐物"，通过"任性"以达"逍遥"。

一、齐性：顺是非、一生死、知性分

郭象从"性分自足"的方面来"齐性"进而"齐物"，这从本质

---

① ［清］郭庆藩撰；王孝鱼点校：《庄子集释》，第218～219页。
② ［清］郭庆藩撰；王孝鱼点校：《庄子集释》，第565页。
③ ［清］郭庆藩撰；王孝鱼点校：《庄子集释》，第126页。
④ ［清］郭庆藩撰；王孝鱼点校：《庄子集释》，第413页。

上讲并非对是非、死生、彼我、内外等的否定，而是对是非、死生、彼我、内外等的顺任。同时，"齐性"也只是一齐平之假相，因为"物有本性，不可齐也。所可齐者，特物论耳"①，所以郭象仅是从自足其性上来齐同是非之论，以"无心""任性"的态度来实现"天地万物各当其分，同于自得，而无是无非"②"物任其性，事称其能，各当其分，逍遥一也"③的境界。正如林聪舜所说："然推向郭之意，由其以'自是而非彼，美己而恶人'为'物莫不皆然'之普遍现象，则知向郭乃以此为万物之'性分'也。故向郭此种由论辩双方之态度以言齐平是非之论证方式，若溯其源，仍不脱其'性分自足'之观点也。"因此，万物各执其是，各自得其性，就是各自性分的自足，就是"齐性"与"齐物"。④

（一）顺是非

郭象通过相因与相明来说明其对是非的态度。郭象说："调调（刁刁）［刀刀］，动摇貌也。言物声既异，而形之动摇亦又不同也。动虽不同，其得齐一耳，岂调调独是而（刁刁）［刀刀］独非乎！"⑤"岂调调独是而（刁刁）［刀刀］独非乎"意味着任何一事物都不是仅有单独的"是"或单独的"非"，"是"与"非"皆相对而在，即所谓"物皆自是，故无非是；物皆相彼，故无非彼。无非彼，则天下无是矣；无非是，则天下无彼矣。无彼无是，所以玄同也。夫物之所偏也，皆不见彼之所见，而独自知其所知。自知其所知，则自以为是。自以为是，则以彼为非矣。故曰彼出于是，是亦因彼，彼是相因而生者也。"⑥每一事物皆以此为是，以彼为非，就物皆自是的层面来看，天下万物皆为是；就物皆非彼的层面来看，天下万物皆为非。如果没有彼的存在，那么天下就没有是了，如果没有此的存在，那么天下就没有非了。因此，彼我、是非皆是相因而生的。以彼我不同立场来看，既是相因，那么每一

---

① 严复：《庄子评语·齐物论第二》，见《严复集》第四册，北京：中华书局，1986年，第1105页。

② ［清］郭庆藩撰；王孝鱼点校：《庄子集释》，第75页。

③ ［清］郭庆藩撰；王孝鱼点校：《庄子集释》，第1页。

④ 林聪舜：《向郭庄学之研究》，台北：文史哲出版社，1981年，第139页。

⑤ ［清］郭庆藩撰；王孝鱼点校：《庄子集释》，第54页。

⑥ ［清］郭庆藩撰；王孝鱼点校：《庄子集释》，第72页。

事物就都具备了一是一非。故郭象说："我亦为彼所彼。彼亦自以为是。此亦自是而非彼，彼亦自是而非此，此与彼各有一是一非于体中也。"①

郭象认为，既然每一事物体中各有一是一非，通过反复相明后就成无是无非了。他说，"夫有是有非者，儒墨之所是也；无是无非者，儒墨之所非也。今欲是儒墨之所非而非儒墨之所是者，乃欲明无是无非也。欲明无是无非，则莫若还以儒墨反复相明。反复相明，则所是者非是而所非者非非矣。非非则无非，非是则无是"②，"夫是非反复，相寻无穷，故谓之环。环中，空矣；今以是非为环而得其中者，无是无非也。无是无非，故能应夫是非。是非无穷，故应亦无穷"③。站在此物的角度言，此物为是而彼物为非；而站在彼物的角度言，此物之是就成了非，彼物之非就成了是。反复相明，彼与此同于自是而天下无非；同样，彼与此又均于相非而天下无是，最后就成无是无非而万物玄同。为了印证这点，郭象还用"以指喻指"的例子来进行说明。他说：

夫自是而非彼，彼我之常情也。故以我指喻彼指，则彼指于我指独为非指矣。此以指喻指之非指也。若复以彼指还喻我指，则我指于彼指复为非指矣。此（亦）［以］非指喻指之非指也。将明无是无非，莫若反复相喻。反复相喻，则彼之与我，既同于自是，又均于相非。均于相非，则天下无是；同于自是，则天下无非。何以明其然邪？是若果是，则天下不得（彼）［复］有非之者也。非若果非，［则天下］亦不得复有是之者也。今是非无主，纷然淆乱，明此区区者各信其偏见而同于一致耳。仰观俯察，莫不皆然。是以至人知天地一指也，万物一马也，故浩然大宁，而天地万物各当其分，同于自得，而无是无非也。④

这就是说，自是而非彼是万物之常情，也是世间的普遍现象，所谓是非仅仅是来自人的自是而相非的一己之偏见。若以我指喻彼指，则彼

---

① ［清］郭庆藩撰；王孝鱼点校：《庄子集释》，第73页。
② ［清］郭庆藩撰；王孝鱼点校：《庄子集释》，第70～71页。
③ ［清］郭庆藩撰；王孝鱼点校：《庄子集释》，第74页。
④ ［清］郭庆藩撰；王孝鱼点校：《庄子集释》，第74～75页。

指对我指来说就是非指；若以彼指喻我指，则我指对彼指来说就是非
指。同样，既然彼此皆以己为是，那么天下就没有非了；既然彼此都以
对方为非，那么天下就没有是了。郭象正是通过反复相喻来齐是非。但
郭象齐是非并不是否定主体所执之是非，而恰恰是承认是非，这一点可
通过其"忘知""无心""顺任"和"无辩"的态度来体现。他说：

> 今日适越，昨日何由至哉？未成乎心，是非何由生哉？明夫是
> 非者，群品之所不能无，故至人两顺之。①
> 今以言无是非，则不知其与言有者类乎不类乎？欲谓之类，则
> 我以无为是，而彼以无为非，斯不类矣。然此虽是非不同，亦固未
> 免于有是非也，则与彼类矣。故曰类与不类又相与为类，则与彼无
> 以异也。然则将大不类，莫若无心，既遣是非，又遣其遣。遣之又
> 遣之以至于无遣，然后无遣无不遣而是非自去矣。②
> 此都忘其知也，尔乃俄然始了无耳。了无，则天地万物，彼我
> 是非，豁然确斯也。③
> 夫利于彼者或害于此，而天下之彼我无穷，则是非之竟无常。
> 故唯莫之辩而任其自是，然后荡然俱得。④
> 故夫是非者，生于好辩而休乎天均，付之两行而息乎自正也。
> 各自正耳。待彼不足以正此，则天下莫能相正也，故付之自正而
> 至矣。⑤

在郭象看来，现实万物总是不可能免于是非的，都是各自是于一
方，即所谓"明夫是非者，群品之所不能无""然此虽是非不同，亦固
未免于有是非也"，因此，我们只有通过"忘知"及"无心"的功夫来
齐一是非，而"忘知""无心"就要求我们"顺任"和"无辩"，所谓
"因天下之是非而自无是非也"⑥，"任天下之是非"⑦，"是非然否，彼

---

① ［清］郭庆藩撰；王孝鱼点校：《庄子集释》，第67页。
② ［清］郭庆藩撰；王孝鱼点校：《庄子集释》，第85页。
③ ［清］郭庆藩撰；王孝鱼点校：《庄子集释》，第86页。
④ ［清］郭庆藩撰；王孝鱼点校：《庄子集释》，第101页。
⑤ ［清］郭庆藩撰；王孝鱼点校：《庄子集释》，第114页。
⑥ ［清］郭庆藩撰；王孝鱼点校：《庄子集释》，第73页。
⑦ ［清］郭庆藩撰；王孝鱼点校：《庄子集释》，第80页。

我更对，故无辩。无辩，故和之以天倪，安其自然之分而已，不待彼以正之"①，这样万物才能自正、自得以至足性，这从境界上说就是"无是无非"了。正如暴庆刚所说："'同于自得'即是各执是非以自得，即是主体性分得实现与满足。"② 若执是以辩非而不能两顺是非者就是"逆计之徒"③，"逆计之徒"皆是"以彼正我"，最后导致彼我两失。因此，郭象认为"齐物"的根本在于顺任是非，顺任是非就能玄同彼我、齐一生死以至各足其性。

（二）一生死

在齐生死的问题上，郭象依旧立足于"性"，认为生死就是事物依照其本性独化的不同状态而已。他通过生死自然、生死独化、生死皆我来齐一生死，进而齐同万物。

首先，郭象将生死看成是一种不可抗拒的自然现象。他说，"其有昼夜之常，天之道也。故知死生者命之极，非妄然也，若夜旦耳，奚所系哉"④，"简择死生而不得其异，若春秋冬夏四时行耳"⑤，"天不能无昼夜，我安能无死生而恶之哉"⑥。在郭象看来，生死就如昼夜交替、四时变化一样自然而然，不可违逆。相较于古今之变而言，生死只是一小变，因此郭象劝诫人们不要以生死系累于心，只需与时俱化即可。故他说，"方言死生变化之不可逃，故先举无逃之极，然后明之以必变之符，将任化而无系也"⑦，"夫系生故有死，恶死故有生。是以无系无恶，然后能无死无生"⑧，"忘其生，则无不忘矣，故能随变任化，俱无所穷竟"⑨，"以变化为形之骇动，故不以死生损累其心"⑩。

其次，郭象通过梦觉的比喻来说明生死独化、互不相知。他说，

---

① ［清］郭庆藩撰；王孝鱼点校：《庄子集释》，第 115 页。
② 暴庆刚：《反思与重构：郭象〈庄子注〉研究》，南京：南京大学出版社，2013 年，第 134 页。
③ ［清］郭庆藩撰；王孝鱼点校：《庄子集释》，第 106 页。
④ ［清］郭庆藩撰；王孝鱼点校：《庄子集释》，第 246 页。
⑤ ［清］郭庆藩撰；王孝鱼点校：《庄子集释》，第 280 页。
⑥ ［清］郭庆藩撰；王孝鱼点校：《庄子集释》，第 266 页。
⑦ ［清］郭庆藩撰；王孝鱼点校：《庄子集释》，第 249 页。
⑧ ［清］郭庆藩撰；王孝鱼点校：《庄子集释》，第 259 页。
⑨ ［清］郭庆藩撰；王孝鱼点校：《庄子集释》，第 270 页。
⑩ ［清］郭庆藩撰；王孝鱼点校：《庄子集释》，第 282 页。

"夫死生犹觉梦耳，今梦自以为觉，则无以明觉之非梦也；苟无以明觉之非梦，则亦无以明生之非死矣。死生觉梦，未知所在，当其所遇，无不自得，何为在此而忧彼哉"①，"梦之时自以为觉，则焉知今者之非梦耶，亦焉知其非觉耶？觉梦之化，无往而不可，则死生之变，无时而足惜也"②，"已化而生，焉知未生之时哉！未化而死，焉知已死之后哉！故无所避就，而与化俱往也"③。这里，郭象指出，死生就犹如人的清醒和做梦一样，在梦里我们自以为是醒着的，此时我们就无法明辨醒着与做梦，把梦当成醒了。既然人在梦里能将梦视为醒，那么也能在死时将死视为生。死生变化自然而然，生时不知死后，死后不知生时，就像觉时不知梦，梦时不知觉一样。这样，死生就是各自独化，各当所遇，互不相知。因此，郭象总结道，"夫死者独化而死耳，非夫生者生此死也。生者亦独化而生耳。独化而足。死与生各自成体"④，"一生之内，情变若此。当此之日，则不知彼，况夫死生之变，恶能相知哉"⑤，"当死之时，亦不知其死而自适其志也"⑥。死生既是各适其志，皆由定分，我们就不应方生忧死、乐生恶死，即"夫觉梦之分，无异于死生之辩也。今所以自喻适志，由其分定，非由无分也。夫时不暂停，而今不遂存，故昨日之梦，于今化矣。死生之变，岂异于此，而劳心于其间哉！方为此则不知彼，梦为胡蝶是也。取之于人，则一生之中，今不知彼，丽姬是也。而愚者窃窃然自以为知生之可乐，死之可苦，未闻物化之谓也"⑦。

最后，郭象将生死视为我之不同存在状态。他说，"夫形生老死，皆我也。故形为我载，生为我劳，老为我佚，死为我息，四者虽变，未始非我，我奚惜哉"⑧，"夫死生变化，吾皆吾之。既皆是吾，吾何失哉！未始失吾，吾何忧哉！无逆，故人哭亦哭；无忧，故哭而不哀"⑨。

① ［清］郭庆藩撰；王孝鱼点校：《庄子集释》，第281页。
② ［清］郭庆藩撰；王孝鱼点校：《庄子集释》，第283页。
③ ［清］郭庆藩撰；王孝鱼点校：《庄子集释》，第281页。
④ ［清］郭庆藩撰；王孝鱼点校：《庄子集释》，第759页。
⑤ ［清］郭庆藩撰；王孝鱼点校：《庄子集释》，第110页。
⑥ ［清］郭庆藩撰；王孝鱼点校：《庄子集释》，第111页。
⑦ ［清］郭庆藩撰；王孝鱼点校：《庄子集释》，第119～120页。
⑧ ［清］郭庆藩撰；王孝鱼点校：《庄子集释》，第248页。
⑨ ［清］郭庆藩撰；王孝鱼点校：《庄子集释》，第282页。

郭象认为，形、生、老、死皆是我的不同状态，形是我的载体，生是我的活动，老是我的安佚，死是我的停息，这四者虽变化不止，但都是我这一主体，我这一主体自始至终是没有任何损失的，因此，生死变化于我而言是没什么好悲伤的。另外，郭象还以气之聚散来形容生死，以此说明生死皆我的道理。他说，"若身是汝有者，则美恶死生，当制之由汝。今气聚而生，汝不能禁也；气散而死，汝不能止也"①，"体夫极数之妙心，故能无物而不同，无物而不同，则死生变化，无往而非我矣。故生为我时，死为我顺；时为我聚，顺为我散。聚散虽异，而我皆我之，则生故我耳，未始有得；死亦我也，未始有丧。夫死生之变，犹以为一，既睹其一，则蜕然无系，玄同彼我，以死生为寤寐，以形骸为逆旅，去生如脱屣，断足如遗土，吾未见足以缨绋其心也"②。在郭象看来，气聚为生，气散为死，这是不能禁止的自然现象。由此观之，死生皆是我之气聚散的不同状态而已。所以，生也是我，我不会因生而感到有得；死亦是我，我不会因死而感到有失。至此，郭象就将生死齐一、彼我玄同了。

郭象通过生死自然、生死独化、生死皆我来齐一生死，他的根本目的还是"齐性"。他说："夫死生之变，犹春秋冬夏四时行耳。故死生之状虽异，其于各安所遇，一也。今生者方自谓生为生，而死者方自谓生为死，则无生矣。生者方自谓死为死，而死者方自谓死为生，则无死矣。无生无死，无可无不可，故儒墨之辨，吾所不能同也；至于各冥其分，吾所不能异也。"③他认为，死生虽是人的不同存在状态，但从"各安所遇"的角度来说它们是齐一的。生者以生为生，而死者却以生为死，这样就没有所谓固定和绝对的生了；生者以死为死，而死者却以死为生，这样就没有所谓固定和绝对的死了。从各足其性的角度来说生死是没有本质差别的。因此，"死生一也，而独说生，欲与变化相背，故未知其非惑也。少而失其故居，名为弱丧。夫弱丧者，遂安于所在而不知归于故乡。焉知生之非夫弱丧，焉知死之非夫还归而恶之哉"④，"此寤寐之事变也。事苟变，情亦异，则死生之愿不得同矣。故生时乐

①　[清]郭庆藩撰；王孝鱼点校：《庄子集释》，第736页。
②　[清]郭庆藩撰；王孝鱼点校：《庄子集释》，第198页。
③　[清]郭庆藩撰；王孝鱼点校：《庄子集释》，第72页。
④　[清]郭庆藩撰；王孝鱼点校：《庄子集释》，第109页。

生，则死时乐死矣，死生虽异，其于各得所愿一也，则何系哉"①。既然死生一也，我们就应"生时乐生，死时乐死"，死生形态虽异，但最终目的都是"各得其性"。

（三）知性分

郭象以"齐性"言"齐物"（齐是非、齐彼我、齐生死），目的并不是否定、消除万物之差异，而恰恰是对万物差异的一种肯定、承认，他是从"足性"的角度来说明万物在境界上玄同、齐一。万物既有各种差异（包括形体、精神、志趣、地位等等），那么它们各有其性，因此，一个人必须知其性分所在，才能在其性分范围内实现有限的自由。所以在郭象看来，"齐性"的前提是"知性"。他注《齐物论》曰：

> 以此明彼，彼此俱失矣。不能及其自分。物无常爱，而常爱必不周。皦然廉清，贪名者耳，非真廉也。忮逆之勇，天下共疾之，无敢举足之地也。此五者，皆以有为伤当者也，不能止乎本性，而求外无已。夫外不可求而求之，譬犹以圆学方，以鱼慕鸟耳。虽希翼鸾凤，拟规日月，此愈近，彼愈远，实学弥得，而性弥失。故齐物而偏尚之累去矣。所不知者，皆性分之外也。故止于所知之内而至也。②

这里，郭象指出"以此明彼""不能及其自分""常爱""皦然廉清""忮逆之勇"这五者皆不能止于性分之内，皆以有为伤性。故郭象认为，性分之外是不可求的，若求于性分之外就好比以圆学方，以鱼慕鸟，只会导致离本性越来越远。因此，"齐物"的根本在于"齐性"，即万物各安其分、各足其性，这样就能去除偏尚之累。

由此可知，"齐性"的关键在于"知性"，是谓"知其性分非所断续而任之，则无所去忧而忧自去也"③。而"知性"则意味着知止于自己的性分，而不妄图去知道或希求自己性分之外的东西，是谓"言物

---

① 〔清〕郭庆藩撰；王孝鱼点校：《庄子集释》，第 111 页。
② 〔清〕郭庆藩撰；王孝鱼点校：《庄子集释》，第 93～94 页。
③ 〔清〕郭庆藩撰；王孝鱼点校：《庄子集释》，第 325 页。

无贵贱，未有不由心知耳目以自通者也。故世之所谓知者，岂欲知而知哉？所谓见者，岂为见而见哉？若夫知见可以欲（而）为［而］得者，则欲贤可以得贤，为圣可以得圣乎？固不可矣。而世不知知之自知，因欲为知以知之；不见见之自见，因欲为见以见之；不知生之自生，又将为生以生之。故见目而求离朱之明，见耳而责师旷之聪，故心神奔驰于内，耳目竭丧于外，处身不适而与物不冥矣。不冥矣，而能合乎人间之变，应乎世世之节者，未之有也”①。在郭象看来，耳目之自通就是让耳目“自见”，并非“为见而见”。“为见而见”就是有心知造作，有心知造作，耳目就不能内通，会“竭丧于外”。心知之知就是“自知”，并非“为知以知之”。“为知以知之”就是以心知造作而“使之知”，“使之知”则心知不能自通而追逐于知外，此即所谓“心神奔驰于内”。同样，人之生也是“自生”，并非“为生以生之”，“为生以生之”亦是心知造作，一切皆不自然，最终会“处身不适”。由此可知，万物在其性分范围内各自做到止于其所知、所见、所闻、所能等，就可自正、自得、自足、自一。故郭象说：

> 足能行而放之，手能执而任之，听耳之所闻，视目之所见，知止其所不知，能止其所不能，用其自用，为其自为，恣其性内而无纤芥于分外，此无为之至易也。无为而性命不全者，未之有也；性命全而非福者，理未闻也。故夫福者，即向之所谓全耳，非假物也，岂有寄鸿毛之重哉！率性而动，动不过分，天下之至易者也；举其自举，载其自载，天下之至轻者也。然知以无涯伤性，心以欲恶荡真，故乃释此无为之至易而行彼有为之至难，弃夫自举之至轻而取夫载彼之至重，此世之常患也。举其性内，则虽负万钧而不觉其重也；外物寄之，虽重不盈锱铢，有不胜任者矣。为内，福也，故福至轻；为外，祸也，故祸至重。祸至重而莫之知避，此世之大迷也。②

任足之“自行其行”，任手之“自执其执”，任耳之“自听其听”，

---

① ［清］郭庆藩撰；王孝鱼点校：《庄子集释》，第 157 页。
② ［清］郭庆藩撰；王孝鱼点校：《庄子集释》，第 190 页。

64

任目之"自视其视"，任知之"自知其知"，任能之"自能其能"，"用其自用""为其自为"就意味着每一物皆按其性分所能来行为，这样就可恣意于性分之内而无求于性分之外。万物皆能各安其分、各足其性就是无为全性的要义，就是天下至易的道理。万物按照其性分所能而"自举""自载"，那么"虽负万钧而不觉其重也"，万物若超出其性分之外，那么"虽重不盈锱铢，有不胜任者矣"。因此，"行其自行"则行全，"视其自视"则视全，"行全"无行相，"视全"无视相，此即谓"以无翼飞""以无知知"。① "知其自知"则无不知，"为其自为"则无不为，如此，则知与不知、为与不为皆齐一。

所以，在郭象看来，我们齐是非、彼我、死生的关键就是两顺是非、彼我、死生。郭象认为，万物虽异，但从其足性的角度来说是齐一的，他们皆"同于自得"，即所谓"物各自然，不知所以然而然，则形虽弥异，其然弥同也"②，"凡此上事，皆不知其所以然而然，故曰芒也。今未知者皆不知所以知而自知矣，生者［皆］不知所以生而自生矣。万物虽异，至于生不由知，则未有不同者也，故天下莫不芒也"③，"万物万形，同于自得，其得一也。已自一矣，理无所言"④。万物各有性分，每一物皆不要以己之所知、所能去衡量他物，更不要以此效彼，只需各安其分、各足其性，就能在境界上玄同彼我，齐一是非与生死。总的来说，郭象是以"足性"言"齐性"，以"齐性"言"齐物"。

二、任性：圣人的无为与凡人的有为

在郭象划分的圣、凡二重世界中，圣人禀有空灵无分的心性，故圣人能动出无心，因任万物之性，无为而无不为；凡人禀有片面有分的心性，故凡人能按照各自性分来自为，冥合性极，有为而无为。圣、凡二者都是依照自身性分所定来实现"逍遥"的。因此，郭象心性论的本质就是"任性"。故郭象说："物各任性，乃正正也。"⑤ 圣人"任性"

---

① 牟宗三：《才性与玄理》，长春：吉林出版集团有限责任公司，2010年，第186页。
② ［清］郭庆藩撰；王孝鱼点校：《庄子集释》，第60页。
③ ［清］郭庆藩撰；王孝鱼点校：《庄子集释》，第66页。
④ ［清］郭庆藩撰；王孝鱼点校：《庄子集释》，第88页。
⑤ ［清］郭庆藩撰；王孝鱼点校：《庄子集释》，第324页。

就是因任万物之性，凡人"任性"就是因任自身之性。即"夫去知任性，然后神明洞照，所以为贤圣也"①，"提挈万物，使复归自动之性，即无为之至也"②，"夫民物之所以卑而贱者，不能因任故也。是以任贱者贵，因卑者尊，此必然之符也"③。由此可知，圣人"任性"依赖于万物"各任其性"的实现，万物"各任其性"则须有圣人"无心""无为"的引导。正所谓"然乘万物御群材之所为，使群材各自得，万物各自为，则天下莫不逍遥矣，此乃圣人所以为大胜也"④，"故所贵圣王者，非贵其能治也，贵其无为而任物之自为也"⑤，"夫明王皆就足物性，故人人皆云我自尔，而莫知恃赖于明王"⑥。

"无为"与"有为"本是一对相对的概念，含义各不相同。郭象也说"无为"与"有为"是两个不同含义的概念，但在他的思想体系中，这两个概念被重新定义后，就成为并非对立的，而是相合的。郭象将"无为"与"有为"统一起来是通过"自为"这一概念来实现的。

在郭象这里，"自为"乃"率性而为"，即所谓"用其自用，为其自为，恣其性内而无纤芥于分外，此无为之至易也"⑦。因此，"自为"就是"为其自为"，就是根据"性分"所允许的"为"，就是丝毫不超出"性分"范围内的"为"。在郭象看来，这种"为"就等同于"无为"。他说：

> 夫为为者不能为，而为自为耳；为知者不能知，而知自知耳。自知耳，不知也，不知也则知出于不知矣；自为耳，不为也，不为也则为出于不为矣。为出于不为，故以不为为主；知出于不知，故以不知为宗。是故真人遗知而知，不为而为，自然而生，坐忘而得，故知称绝而为名去也。⑧

---

① ［清］郭庆藩撰；王孝鱼点校：《庄子集释》，第 1085 页。
② ［清］郭庆藩撰；王孝鱼点校：《庄子集释》，第 404 页。
③ ［清］郭庆藩撰；王孝鱼点校：《庄子集释》，第 406 页。
④ ［清］郭庆藩撰；王孝鱼点校：《庄子集释》，第 593 页。
⑤ ［清］郭庆藩撰；王孝鱼点校：《庄子集释》，第 374 页。
⑥ ［清］郭庆藩撰；王孝鱼点校：《庄子集释》，第 303 页。
⑦ ［清］郭庆藩撰；王孝鱼点校：《庄子集释》，第 190 页。
⑧ ［清］郭庆藩撰；王孝鱼点校：《庄子集释》，第 229～230 页。

这就是说，"为为"者不在于"为"，而在于"自为"，"为知"者不在于"知"，而在于"自知"。"自知"乃"不知"，"知"出于"不知"，"自为"乃"不为"，"为"出于"不为"。因此，真人实际上是"遗知而知""不为而为"，最后达至"无知而无不知""无为而无不为"的境地。正如郭象所说，"凡自为者，皆无事之业也"①，"率性而动，故谓之无为也"②。在郭象看来，"自为"是一种"无为"，"无为"是一种"率性而动"的"为"，所以"无为"并不是什么都不做，它本身也就成了一种特殊的"为"③。故郭象说：

> 无为者，非拱默之谓也，直各任其自为，则性命安矣。不得已者，非迫于威刑也，直抱道怀朴，任乎必然之极，而天下自宾也。④
>
> 所谓无为之业，非拱默而已；所谓尘垢之外，非伏于山林也。⑤
>
> 故无为者，因其自生，任其自成，万物各得自为。蜘蛛犹能结网，则人人自有所能矣，无贵于工倕也。⑥

这里郭象主要是从统治者的角度来说"无为"的。照郭象看来，真正的圣人是懂得"无为"的，是以"不治治之"，是以"无心顺有"。圣人的"治"实是"不治"，其"为"实是"无为"，故郭象曰，"夫能令天下治，不治天下者也。故尧以不治治之，非治之而治者也……夫治之由乎不治，为之出乎无为也"⑦，"百姓百品，万国殊风，以不治治之，乃得其极"⑧。郭象认为，圣人之"无为"就是任臣民之

---

① ［清］郭庆藩撰；王孝鱼点校：《庄子集释》，第 662 页。

② ［清］郭庆藩撰；王孝鱼点校：《庄子集释》，第 470 页。

③ 汤一介：《郭象与魏晋玄学》，第 291 页。

④ ［清］郭庆藩撰；王孝鱼点校：《庄子集释》，第 379～380 页。

⑤ ［清］郭庆藩撰；王孝鱼点校：《庄子集释》，第 276 页。

⑥ ［清］郭庆藩撰；王孝鱼点校：《庄子集释》，第 1090 页。

⑦ ［清］郭庆藩撰；王孝鱼点校：《庄子集释》，第 27 页。

⑧ ［清］马国翰辑：《玉函山房辑佚书·经编论语类》，载《续修四库全书》（子部杂家类，第 1203 册，清光绪九年娜嬛馆刻本），上海：上海古籍出版社，2002 年，第 47 页。

"自为",即"所贵圣王者,非贵其能治也,贵其无为而任物之自为也"①,"夫无为也,则群才万品,各任其事而自当其责矣"②,最终使"天下自宾",实现人人各司其职、各当其能、各安其性。由此可知,郭象把"无为"规定为"止乎本性"的"自为",而这种"率性而动"的"自为"又是一种特定的"为",这样,"自为"就既是"无为"又是"有为",于是"无为"和"有为"就可以统一起来,它们的相对意义就可以消除,而"差别性"可以通向"无差别性"③。因此,郭象说:

> 各当其分,则无为位上,有为位下也。④
> 夫工人无为于刻木而有为于用斧,主上无为于亲事而有为于用臣。臣能亲事,主能用臣;斧能刻木而工能用斧;各当其能,则天理自然,非有为也。若乃主代臣事,则非主矣;臣秉主用,则非臣矣。故各司其任,则上下咸得而无为之理至矣。无为之言,不可不察也。夫用天下者,亦有用之为耳。然自得此为,率性而动,故谓之无为也。今之为天下用者,亦自得耳。但居下者亲事,故虽舜禹为臣,犹称有为。故对上下,则君静而臣动;比古今,则尧舜无为而汤武有事。然各用其性而天机玄发,则古今上下无为,谁有为也!⑤
> 夫在上者,患于不能无为而代人臣之所司。使咎由不得行其明断,后稷不得施其播殖,则群才失其任而主上困于役矣。故冕旒垂目而付之天下,天下皆得其自为,斯乃无为而无不为者也,故上下皆无为矣。但上之无为则用下,下之无为则自用也。⑥

这里,就圣人与臣民各自不同的性分与职责而言,在上位的圣人是"无为",在下位的臣民是"有为",因此在国家政权结构中,君臣上下

---

① [清] 郭庆藩撰;王孝鱼点校:《庄子集释》,第 374 页。
② [清] 郭庆藩撰;王孝鱼点校:《庄子集释》,第 465 页。
③ 汤一介:《郭象与魏晋玄学》,第 292 页。
④ [清] 郭庆藩撰;王孝鱼点校:《庄子集释》,第 411 页。
⑤ [清] 郭庆藩撰;王孝鱼点校:《庄子集释》,第 470 页。
⑥ [清] 郭庆藩撰;王孝鱼点校:《庄子集释》,第 471 页。

就构成"无为"与"有为"的统一；同时，就圣人而言，他"无为于亲事而有为于用臣"，这也是"无为"与"有为"的统一；就臣民而言，他"无为自用而有为亲事"，这也是"无为"与"有为"的统一；就圣人与臣民"各用其性"而言，上下皆是"自为"，即"无为而无不为"，这也是"无为"与"有为"的统一。

三、《大学》《中庸》的"知性当为"到郭象的"依性自为"

《大学》《中庸》在天人同序的基础上均主张天道与人道合一。但《大学》是从理顺天序到促进人序；而《中庸》则是从理顺人序到促进天地万物之化育①。二者顺序恰好相反，但二者的共同目的都是通过"知性当为"的心性修养功夫下学上达，以天理与人性的相互印证达至"人与天地参"的形上之境。

《大学》开头言："大学之道，在明明德，在亲民，在止于至善。"②朱熹注曰："明德者，人之所得乎天，而虚灵不昧，以具众理而应万事者也。但为气禀所拘，人欲所蔽，则有时而昏；然其本体之明，则有未尝息者。故学者当因其所发而遂明之，以复其初也。新者，革其旧之谓也，言既自明其明德，又当推以及人，使之亦有以去其旧染之污也。止者，必至於是而不迁之意。至善，则事理当然之极也。言明明德、新民，皆当至於至善之地而不迁。盖必其有以尽夫天理之极，而无一毫人欲之私也。"③在朱熹看来，明德是人承禀于天的，天降生民并赋予人以仁义礼智之性。但因人所得之气禀不一，有时受到外在物欲蒙蔽，所以大学之道就是要教人复归天理之性。因此，明明德在于明天性，新民在于通过成己成人的推己及人功夫来明人性，止于至善在于以人之善性的呈现来印证天理自然，实现天序与人序合一。明明德、新民、止于至善是初学入德之门的三纲领，坚守此三纲领就是以人事当然之极尽天理自然之极，最终达到天人合德，成为大人君子。而实现三纲领的具体方法路径则是"八条目"，即"古之欲明明德于天下者，先治

---

① 吴重庆：《儒道互补——中国人的心灵建构》，广州：广东人民出版社，1993年，第75页。

② [宋] 朱熹撰：《四书章句集注·大学章句》，第3页。

③ [宋] 朱熹撰：《四书章句集注·大学章句》，第3页。

其国；欲治其国者，先齐其家；欲齐其家者，先修其身；欲修其身者，先正其心；欲正其心者，先诚其意；欲诚其意者，先致其知；致知在格物。物格而后知至，知至而后意诚，意诚而后心正，心正而后身修，身修而后家齐，家齐而后国治，国治而后天下平"①。格物、致知、诚意、正心、修身、齐家、治国、平天下这八条目是循序渐进的，最开始的起点便是"格物""致知"，此为人修身之第一要方。格物、致知就是洞察和认知天地万物自然之理序，然后进一步落实为道德主体内在的"诚意""正心""修身"，最后推扩开来即可实现外在人群社会有序的"齐家""治国""平天下"。足见，只有识得此理，才能体认此理；只有体认此理，才能推扩此理，最终贯通为一。从"识理"到"体理"再到"扩理"的"明明德"过程就是实现人与天地万物一体之形上境界的过程。

《中庸》的思路恰好与《大学》相反，《中庸》是从理顺人序开始而促进天地万物之化育的。《中庸》言："唯天下至诚，为能尽其性；能尽其性，则能尽人之性；能尽人之性，则能尽物之性；能尽物之性，则可以赞天地之化育；可以赞天地之化育，则可以与天地参矣。"② 宇宙世界中的天地万物与人都拥有着"诚"这一自然本性，"诚"也是天道与人道共同遵循的理则，即所谓"诚者，天之道也；诚之者，人之道也"③。《中庸》以人这一主动性、自觉性的"诚之者"为起点，阐述人是如何尽己性、尽人性、尽物性，最终与天地参的过程。简单来讲，就是人如何成己—成人—成物。而具体达人道以至天道的路径是怎样的呢？《中庸》又说："天下之达道五，所以行之者三：曰君臣也，父子也，夫妇也，昆弟也，朋友之交也：五者天下之达道也。知、仁、勇三者，天下之达德也，所以行之者一也。"④《中庸》认为，人需要先在社会领域理顺君臣、父子、夫妇、兄弟、朋友这五伦，通过人伦，教以仁、智、勇三达德，以"成己"呈现人道。己成而自然及物，透过人之序进一步了解促进天之序，以"成物"呈现天道，最终实现"人与天地参"的人道与天道合一。故《中庸》说："诚者非自成己而已

① ［宋］朱熹撰：《四书章句集注·大学章句》，第 3～4 页。
② ［宋］朱熹撰：《四书章句集注·中庸章句》，第 32 页。
③ ［宋］朱熹撰：《四书章句集注·中庸章句》，第 31 页。
④ ［宋］朱熹撰：《四书章句集注·中庸章句》，第 28～29 页。

也,所以成物也。成己,仁也;成物,知也。性之德也,合外内之道也,故时措之宜也。"① 在这里,人的存在不仅仅是社会伦理的存在,而且也是宇宙天地的存在,这实是对先秦儒家思想的突破性发展。

不管是《大学》的由天之序而到人之序,还是《中庸》的以人之序促进天之序,都是将天地万物与人群社会放在了同一宇宙系统中,并认为二者存在着一种可以共同依循的准则。② 在天人同序的宇宙大系统中,道贯通为一,在天而为天理,在人而为人性,天生万物之德性落实到人则为仁义善性,认知自然天理与彰显人之善性是相互印证的过程。同时,人的仁义礼智之性既是禀承天命而来,人必须要识得此理此性,才知如何当为。在这一宇宙大系统中,人既不是"无为",也不是"有为",而是"当为"——为其所当为,人作为与天地相参的"三材"之一,必须要有所为才能参与天地之变化。在《大学》《中庸》的思想世界里,践行仁义礼智就是对天理自然的成全,就是与天地相参的当为之事。因此,"知性当为"是统一天理之本然与人事之当然的必备修养功夫。

《大学》《中庸》中的实现天道与人道合一的"知性当为"修养功夫对郭象"依性自为"思想的形成产生了很大的影响。郭象在万物自生的基础上建构起性本论,同时将儒家的仁义纳入自然之性的范围,仁义经过"自然化""中性化"的处理后,仁义之礼则变成人随应天地变化的一种自然自生的行为准则,是天然秩序的延伸。因此,在郭象看来,个体对礼序(礼的外在规范)的遵循恰恰是人随应天地变化的自为之事,亦是对自然之性与天然秩序的成就。但他也强调个体对礼的外在规范的遵循不是无条件的,应"依乎本性",随顺自然,强调物之"自为"与"自正"。他说:

> 夫为为者不能为,而为自为耳;为知者不能知,而知自知耳。自知耳,不知也,不知也则知出于不知矣;自为耳,不为也,不为也则为出于不为矣。③

---

① [宋] 朱熹撰:《四书章句集注·中庸章句》,第34页。
② 吴重庆:《儒道互补——中国人的心灵建构》,第77页。
③ [清] 郭庆藩撰;王孝鱼点校:《庄子集释》,第229页。

用其自用，为其自为，恣其性内而无纤芥于分外，此无为之至易也。①

郭象认为，"为为"者不在于"为"，而在于"自为"，"为知"者不在于"知"，而在于"自知"；"为"出于"不为"，"自为"乃"不为"；"知"出于"不知"，"自知"乃"不知"。在郭象看来，根据性分所允许的"为"即是"自为"，"自为"并不是什么都不干，而是"依性""顺性"与"安性"的一种特殊的"为"，这种特殊的"为"就等同于"无为"，以此实现"无为而无不为"的境地，这就将"无为"与"有为"统一了起来。正如郭象所说，"凡自为者，皆无事之业也"②，"率性而动，故谓之无为也"③。可见，郭象的"依性而为即自为"重在凸显"性分"之"无"的功能意义，"无"不是"空无"，只是让事物完全地、毫无隐蔽地按其"性分"自然生成与变化，不受外在事物干扰地按照本来面目存在而不被异变。故个体对礼之外在道德规范的遵循也是如此，更应注重对礼之真实道德情感的回归，只有这样才能避免礼发生异变。正如郭象所说，"质全而仁义著"④，"仁者，兼爱之名耳；无爱，故无所称仁"⑤。

综合而言，在郭象"人伦即天序"的思想世界中，"依性自为"的所有行为都属于"无为"，旨在揭示性本之"无"的功用意义，从齐性的角度来实现天道与人道合一。对比《大学》《中庸》"知性当为"的修养功夫，郭象缺少了"知"与"教"这一向上求达的环节，因为他一开始就将仁义安置到了人之自性的内部，大大拓展了"自然之性"的范围，无论是外在社会的道德规范还是内在的自然情性，都是自然而然自生的，人群秩序即是天成于自然秩序。仁义礼智既是人之自然本性，那么个体只需要"依性自为"就可实现齐性逍遥，促成天然秩序。此外，郭象的"自为"实则是对《大学》《中庸》之"当为"的另类表达，二者都以自身本性为行为依据，并自然而然地呈现这一本性。但

---

① ［清］郭庆藩撰；王孝鱼点校：《庄子集释》，第190页。
② ［清］郭庆藩撰；王孝鱼点校：《庄子集释》，第662页。
③ ［清］郭庆藩撰；王孝鱼点校：《庄子集释》，第470页。
④ ［清］郭庆藩撰；王孝鱼点校：《庄子集释》，第525页。
⑤ ［清］郭庆藩撰；王孝鱼点校：《庄子集释》，第467页。

《大学》《中庸》的"当为"更侧重凸显人自觉自知的道德主体积极性，而郭象的"自为"则侧重凸显人因循、安顺自生秩序的自然性（尽管他的自生秩序亦包括儒家的纲常名教，但至少从表面看不到积极有为的成分）。

第三节　境界追求：足性安命即逍遥

郭象在认识途径上以"足性"来"齐物"，在修养功夫上以"任性"来"冥极"，最终目的是使所有人都实现自身的逍遥，使整个共同体达到稳定的秩序与和谐。

一、足性：圣人的无待与凡人的有待

"有待""无待"是郭象哲学里的重要范畴。针对圣、凡的不同，郭象将圣人的逍遥称为"无待"的逍遥，而将凡人的逍遥称为"有待"的逍遥。正如刘笑敢所说："《庄子》内篇或杂篇都没有将'有待''无待'作为哲学概念来运用和讨论。'有待''无待'其实是郭象从《庄子》原文中进一步推出的哲学概念"，"这样说来，郭象的逍遥有两种，一种是普通人的个体的逍遥，就此来说，一切个体都可以自足其性而逍遥；另一种是圣人的逍遥，即能实现万物之逍遥的逍遥"。[1] 总之，不管是圣人的"无待"，还是凡人的"有待"，郭象皆是就足性这一点来谈逍遥的境界。因此，从足性的角度来说，圣、凡皆可实现逍遥的境界，并且没有本质区别。正如冯友兰所说："这些无待的人的这种做法，也是顺他们的性。就顺性这一点说，有待的人和无待的人都是一样，都没有什么特别之处。"[2]

关于凡人的"有待"逍遥，郭象论述道：

---

① 刘笑敢：《诠释与定向——中国哲学研究方法之探究》，北京：商务印书馆，2009 年，第 188 页。

② 冯友兰：《中国哲学史新编》（第四册），北京：人民出版社，1983 年，第 167 页。

> 故游于无小无大者，无穷者也；冥乎不死不生者，无极者也。若夫逍遥而系于有方，则虽放之使游而有所穷矣，未能无待也。①
>
> 苟有待焉，则虽列子之轻妙，犹不能以无风而行，故必得其所待，然后逍遥耳，而况大鹏乎!②

这就是说，凡人能做到自足于其性，对自己性分之外的东西不去羡欲，就可实现"有待"的逍遥。但凡人的逍遥是"系于有方"且"有所穷"，也即不能"玄同万物"，不能"齐一生死"，只是在此能"自足"，而在彼不能"自足"。因此，凡人的逍遥是有限的，有对待的。那么凡人"所待"的究竟是什么呢？从本质上说，凡人"所待"的就是其必得之而后可以自足者。

"有待"之凡人必得其"所待"，然后可以逍遥，故其逍遥即为其"所待"所限制，失其"所待"，即不自足，"无待"之圣人则不然，郭象注《逍遥游》曰：

> 然后统以无待之人，遗彼忘我，冥此群异，异方同得而我无功名。③
>
> 故乘天地之正者，即是顺万物之性也；御六气之辩者，即是游变化之涂也；如斯以往，则何往而有穷哉！所遇斯乘，又将恶乎待哉！此乃至德之人玄同彼我者之逍遥也。苟有待焉，则虽列子之轻妙，犹不能以无风而行，故必得其所待，然后逍遥耳，而况大鹏乎！夫唯与物冥而循大变者，为能无待而常通，岂〔独〕自通而已哉！又顺有待者，使不失其所待，所待不失，则同于大通矣。④

在郭象看来，"无待"者能"遗彼忘我""冥此群异"，能"顺万物之性""游变化之涂"，简单地说，就是没有特定的"待"，即"与物冥而循大变""无待而常通"，是使万物之逍遥的逍遥，绝非仅仅是"自通"而已。真正的"无待"者能顺任一切"有待"者之"所待"，

---

① 〔清〕郭庆藩撰；王孝鱼点校：《庄子集释》，第13页。
② 〔清〕郭庆藩撰；王孝鱼点校：《庄子集释》，第23页。
③ 〔清〕郭庆藩撰；王孝鱼点校：《庄子集释》，第13页。
④ 〔清〕郭庆藩撰；王孝鱼点校：《庄子集释》，第23页。

做到无往而不通,这就是"圣人"。在《庄子》中,圣人的"无待"是指"无所待",而郭象则将"无待"解读成"无所不待"。

郭象认为,无论是圣人的"无待"逍遥还是凡人的"有待"逍遥均是从自足其性这一点来谈的,二者在逍遥的境界上没有任何本质的差别,故郭象说:"故有待无待,吾所不能齐也;至于各安其性,天机自张,受而不知,则吾所不能殊也。夫无待犹不足以殊有待,况有待者之巨细乎!"[①]

郭象"有待"逍遥思想的提出,是有其明确的政治哲学指向的。[②]他注《至乐》"且吾与子观化而化及我,我又何恶焉"曰:"斯皆先示有情,然后寻至理以遣之。若云我本无情,故能无忧,则夫有情者,遂自绝于远旷之域,而迷困于忧乐之竟矣。"[③] 这里,郭象认为若直接讲圣人"无情"的话,"有情"的凡人会直接放弃对逍遥境界的追求,只会深陷"忧乐之境"而不能自拔,因此他要为凡人由"有情"向"无情"复归提供一种可能。同样,凡人之性总是有局限、有限制的,不能做到圣人的"无待",因此他们必须通过"有待"才能实现自身性分范围内的逍遥。由此,郭象就为普罗大众之安身立命提供了一条出路。在他看来,纵使草野莽夫、担夫走卒,只要安于本性,也能在蓬艾间寻得其心灵的慰藉和精神的自由。郭象认为,从各足其性的角度来说,凡人的"有待"逍遥与圣人的"无待"逍遥没有本质区别。

同时,郭象将圣人的"无待"逍遥与凡人的"有待"逍遥置于一个相互依存、不可分割、紧密相连的结构中,认为圣人的逍遥要依赖于所有凡人逍遥的实现,而凡人的逍遥则要取决于是否有圣人来治理天下,其最终目的是实现"无为而治"的理想社会与和谐秩序。在郭象这里,"无为而治"的实现是"无待"的圣人(君主)顺任"有待"的凡人(臣民)自为的结果。从这个意义上说,他期待的是在圣人(君主)的无为之治下,天下所有人都能实现自身的本性,从而建构一种和谐、稳定的社会秩序。正如郭象所说:"庖人尸祝,各安其所司;鸟兽万物,各足于所受;帝尧许由,各静其所遇;此乃天下之至实也。

---

① [清] 郭庆藩撰;王孝鱼点校:《庄子集释》,第 23 页。
② 杨立华:《郭象〈庄子注〉研究》,北京:北京大学出版社,2010 年,第 140 页。
③ [清] 郭庆藩撰;王孝鱼点校:《庄子集释》,第 616 页。

各得其实，又何所为乎哉？自得而已矣。故尧许之行虽异，其于逍遥一也。"① 从这点可以看出，郭象对理想的社会政治图景始终抱有一种期盼。另外，他注《在宥》"不闻治天下也"云："宥使自在则治，治之则乱也。人之生也直，莫之荡，则性命不过，欲恶不爽。在上者不能无为，上之所为而民皆赴之，故有诱慕好欲而民性淫矣。"② 郭象认为，民众本性就是"欲恶不爽"的质朴状态，若君主不能无为而妄自干扰，就会导致民性变成有为有欲的争端混乱状态。因此，民性质朴是圣人因顺万物的无为之治成为可能的前提依据，而圣人的无为之治则是民众实现自身本性的必要条件。"事实上，郭象思想中对人性的积极的理解，与他对'有待逍遥'的肯定，在政治哲学上的思想宗旨是一致的。"③

由此可知，郭象的"逍遥"说到底就是其人生及政治层面价值追求的表现。他将"逍遥"的依据交给了个体性命本身，这似乎是对个体的极大解放和提升，即所谓"夫小大虽殊，而放于自得之场，则物任其性，事称其能，各当其分，逍遥一也，岂容胜负于其间哉"④，"若乃物畅其性，各安其所安，无远迩幽深，付之自若，皆得其极，则彼无不当而我无不怡也"⑤。但他又将"足性"与"安命"等同，认为"安命"即"逍遥"，这又给个体本性增添了"宿命论"的色彩，是对个体的一种束缚。所谓"以有与者命也，故知独者亦非我也。是以达生之情者不务生之所无以为，达命之情者不务命之所无奈何也，全其自然而已"⑥，"夫物皆先有其命，故来事可知也。是以凡所为者，不得不为；凡所不为者，不可得为；而愚者以为之在己，不亦妄乎"⑦，"命非己制，故无所用其心也。夫安于命者，无往而非逍遥矣"⑧，这些都是在强调"安命"即"逍遥"，"安命"就是"无所用其心"，而"无所用其心"则是因为"命非己制"，个体性命的掌控完全不在自身，个体面对性命只能无可奈何，受之安之。

---

① ［清］郭庆藩撰；王孝鱼点校：《庄子集释》，第 29 页。
② ［清］郭庆藩撰；王孝鱼点校：《庄子集释》，第 374 页。
③ 杨立华：《郭象〈庄子注〉研究》，第 142 页。
④ ［清］郭庆藩撰；王孝鱼点校：《庄子集释》，第 1 页。
⑤ ［清］郭庆藩撰；王孝鱼点校：《庄子集释》，第 95～96 页。
⑥ ［清］郭庆藩撰；王孝鱼点校：《庄子集释》，第 131 页。
⑦ ［清］郭庆藩撰；王孝鱼点校：《庄子集释》，第 900 页。
⑧ ［清］郭庆藩撰；王孝鱼点校：《庄子集释》，第 596 页。

郭象足性安命之"性""命"本身内在具备了自然和社会两种属性。就自然属性而言，每一个体都是自为自足的，只以他自己为"是"，故他们各为一独立的"自我"，只要"各尽其性""各安其命"就能自得逍遥，这是确认和肯定个体自由的一面；就社会属性而言，每一个体的身份等级都是天然合理且不可改变的，这是束缚和奴役个体意识的一面。郭象曰：

> 苟足于其性，则虽大鹏无以自贵于小鸟，小鸟无羡于天池，而荣愿有余矣。故小大虽殊，逍遥一也。[1]
>
> 臣妾之才，而不安臣妾之任，则失矣。故知君臣上下，手足外内，乃天理自然，岂真人之所为哉！夫臣妾但各当其分耳，未为不足以相治也。相治者，若手足耳目，四肢百体，各有所司而更相御用也……凡得真性，用其自为者，虽复皂隶，犹不顾毁誉而自安其业。故知与不知，皆自若也……言性各有分，故知者守知以待终，而愚者抱愚以至死，岂有能中易其性者也！[2]

这里，我们需要注意两点：一是从每个个体自足的角度说，每个个体都是独立、自为、平等的，只要能"苟足于其性"，不论大小、贫富、高低、贵贱，均能"逍遥一也"；二是从社会等级秩序与礼法规范的角度说，这些现实等级身份都是性分之中不可改变的"命"，每个个体只能各当其分，不应有任何非分之想，即所谓"君臣上下，手足外内，乃天理自然""性各有分，故知者守知以待终，而愚者抱愚以至死，岂有能中易其性者也"。正如刘笑敢所说："如果说性分侧重的是个体的自然本性和本能，那么不能'中易其性'就有肯定和保护个性的意义。如果性分侧重于社会身份，那么不能'中易其性'就否定了社会各阶层的升迁和流动。"[3] 从表面上看，郭象足性安命的逍遥理论具备矛盾的两面，即既有确定社会等级身份的一面，亦有确认"自我"之自足性的一面。但我们若结合当时社会时代背景，就可以进一步理解

---

① ［清］郭庆藩撰；王孝鱼点校：《庄子集释》，第10页。
② ［清］郭庆藩撰；王孝鱼点校：《庄子集释》，第63～65页。
③ 刘笑敢：《诠释与定向——中国哲学研究方法之探究》，第191页。

郭象足性逍遥的理论其实并无矛盾之处，它反而是以承认现实社会等级秩序来追求个体相对的自由，在超越与现实之间保持一种动态的平衡，这正是郭象足性逍遥理论的积极意义所在。因为中国古代严格的等级制度决定了个体价值的实现必须以承认现实等级身份为前提，"足性"就是充分利用自己的特定性分——社会角色所允许的范围来实现个体的价值，这样，社会中每个成员就都能各司其位，各尽其责，各安其业。同时，我们也要看到郭象足性安命即逍遥这种理论的局限所在，即他似乎并没有考虑社会中是否允许个体地位、身份因为充分尽职尽责而带来的升迁变化，以及在每个个体各足其性过程中可能造成的人与人之间的矛盾。

二、冥极：圣人的"反冥物极"与凡人的"反冥我极"

郭象的"冥极"学说与其"性分"学说紧密相关，"冥极"之"极"就是"性极"之"极"，表示事物没有任何隐蔽地按其"性分"的本来面目生成变化，最终以混沌之心与自身的本性冥合。正如郭象所说，"故知之为名，生于失当而灭于冥极。冥极者，任其至分而无毫铢之加。是故虽负万钧，苟当其所能，则忽然不知重之在身；虽应万机，泯然不觉事之在己"①，"夫物有自然，理有至极。循而直往，则冥然自合"②。这里，郭象论"冥极"时已转换了视角，他不再关注事物如何成为自身的根据问题，而是关心事物何以纯粹地、完全地展示性分的问题③，即"任其至分而无毫铢之加"。因此，"冥极"问题说到底就是功夫境界的问题。

郭象言"知之为名，生于失当而灭于冥极"，这里的"知"意味着离其自在具足之性分而陷于无限的欲望追逐中，声、色、仁、利、义、圣、智皆是"名"，皆是生命之纷驰、意念之造作、意见之搅扰、知识之葛藤，此皆谓离其自性之"失当"。因此，我们唯有在"心"上作致虚守静的功夫，消除一切无限之"知"的追逐与"有为"，而按照自己

---

① ［清］郭庆藩撰；王孝鱼点校：《庄子集释》，第121～122页。
② ［清］郭庆藩撰；王孝鱼点校：《庄子集释》，第105页。
③ 王铭：《魏晋才性之辨研究——兼论玄学性本体论的建构》，中山大学博士学位论文，2005年，第117页。

本性的"自为"来活动,最终完全呈现自己的自足本性,就能"冥极"。所以,"冥极"说到底就是一虚静浑化之功夫境界,表示灭除一切性分之外的追逐依待而内通玄冥于性分之极。在郭象看来,每个个体所禀之分虽各有极(有限),但通过此"冥极"之功夫,亦可无待具足,自尔独化(无限),虽有涯而无涯,虽有为而无为。至此,郭象就通过"冥极"一词说明了每个个体若能足性安命就可在有限生命中求得无限的意义,就可在无为中实现无不为,从而将"无限"与"有限"、"无为"与"有为"统一起来。郭象认为,"循而直往,冥然自合"正是由冥极而灭失当,消除个体向性分之外去无限追逐的种种倾向,而回归自在足性之境,此是由极深之虚静功夫而至者①。但个体若不通过虚静冥合的"自为"功夫而直接陷入"知"的欲望追逐中,就会失其本性而不能全理尽极。

在郭象这里,由于存在圣人与凡人两种人性,所以"冥极"亦分为圣人的"反冥物极"与凡人的"反冥我极"。

在郭象看来,凡人心性片面有分,因此便有各自的"性极",所谓"物各有性,性各有极"②,凡人要达到对自身性分的认识不是通过理性认识来实现的,而是要完全放弃自身的声、色、仁、利、义、智等意念的有为造作,处于无知无欲的状态,最终使自己的行为活动与自身本性完全"冥合",纯粹地呈现出自身的自足本性,即"夫使耳目闭而自然得者,心知之用外矣。故将任性直通,无往不冥,尚无幽昧之责,而况人间之累乎"③,"知之为名,生于失当而灭于冥极。冥极者,任其至分而无毫铢之加"④。凡人在"反冥我极"的过程中必须固守自己的性分并按照自己的性分来进行"自为"活动,这样自然就能达到本性的极限,实现"有待"之逍遥,故郭象曰:"约之以至其分,故冥也,夫唯极乎无形而不可围者为然。各自足也。"⑤

同时,郭象指出,凡人在与自身本性契合的"反冥我极"过程中若去效仿他人,将自身性分之外的东西误认为是自己的本性,盲目追求

---

① 牟宗三:《才性与玄理》,长春:吉林出版集团有限责任公司,2010 年,第 180 页。
② [清] 郭庆藩撰;王孝鱼点校:《庄子集释》,第 13 页。
③ [清] 郭庆藩撰;王孝鱼点校:《庄子集释》,第 157 页。
④ [清] 郭庆藩撰;王孝鱼点校:《庄子集释》,第 121 页。
⑤ [清] 郭庆藩撰;王孝鱼点校:《庄子集释》,第 575~576 页。

外物，这样就会陷入无穷的痛苦状态，这是人生的悲剧所在。他说：

> 守其分也。无揽乎其生之外也。目与目，耳与耳，心与心，其
> 形相似而所能不同，苟有不同，则不可强相法效也……夫全形抱
> 生，莫若忘其心术，遗其耳目。若乃声色轞于外，则心术塞于内；
> 欲恶轞于内，则耳目丧于外；固必无得无失而后为通也。偏轞
> （由）［犹］不可，况外内俱轞乎！将耳目眩惑于外，而心术流荡
> 于内，虽繁手以执之，绸缪以持之，弗能止也……无追故迹。全我
> 而不效彼。无停迹也。无节碍也。任声之自出，不由于喜怒。任手
> 之自握，非独得也。任目之自见，非系于色也。任足之自行，无所
> 趣。纵体而自任也。①

> 天下皆以不残为善，今均于残生，则虽所殉不同，不足复计
> 也。夫生奚为残，性奚为易哉？皆由乎尚无为之迹也。若知迹之由
> 乎无为而成，则绝尚去甚而反冥我极矣。尧桀将均于自得，君子小
> 人奚（辩）［辨］哉！以此系彼为属。属性于仁，殉仁者耳，故不
> 善也。率性通味乃善。不付之于我而属之于彼，则虽通之如彼，而
> 我已丧矣。故各任其耳目之用，而不系于离旷，乃聪明也。②

这就是说，一个人不能以自己的耳、目、心之所能去效仿他人的
耳、目、心之所能，因为每个个体的性分所能是不一样的，即所谓
"其形相似而所能不同"。因此，一个人最好能够"忘其心术，遗其耳
目"，这样就能止于性分之内而不羡欲于外，做到"任声之自出""任
手之自握""任目之自见""任足之自行"。郭象认为，当今之凡人就是
妄图超出自己的性分能力范围去效法圣人之迹，此属"以此系彼""残
生丧己"，殊不知本性不可易，圣人之迹不可尚。因此，郭象主张"全
我而不效彼""纵体而自任"，认为唯有这样才能使每个个体"反冥我
极"。郭象"反冥我极"的思想意味着他承认每个个体都具备"本体"
的意义，都是无待而自足、绝对而无限的，这表明了他对个体价值的强
烈的自我认同性。

---

① ［清］郭庆藩撰；王孝鱼点校：《庄子集释》，第773～784页。
② ［清］郭庆藩撰；王孝鱼点校：《庄子集释》，第334～335页。

凡人的"反冥我极"自然需要圣人的引领,圣人的"反冥物极"就是使凡人都返归到各自的性分之内。郭象认为,圣人心性空灵无分,无知无欲,故圣人始终能无心顺有、随时应物、玄同众生,因此圣人心性是无极限的,即"诚〔能〕应不以心而理自玄符,与变化升降而以世为量,然后足为物主而顺时无极"①。圣人实现自己本性过程的"冥",不可能像凡人那样仅仅是自己"反冥我极",而是以空灵无极之心性使天下事物"各冥其极"。在郭象这里,圣人之"冥"称为"反冥物极"。郭象说:

> 彼是相对,而圣人两顺之。故无心者与物冥,而未尝有对于天下也。〔枢,要也。〕此居其枢要而会其玄极,以应夫无方也。②
> 夫圣人者,诚能绝圣弃知而反冥物极,物极各冥,则其迹利物之迹也。③
> 神人无用于物,而物各得自用,归功名于群才,与物冥而无迹,故免人间之害,处常美之实,此支离其德者也。④
> 夫与物冥者,故群物之所不能离也。⑤

在郭象看来,"神人"与"圣人""圣王"等同。郭象认为,圣人以无心无为治世,使万物"各得自用""各冥其极",实现自我的本性。因此,圣人的"反冥物极"从根本上来说就是让万物按照其本性来活动,自然"冥极"。但问题在于:现实的统治者不是理想的圣人,往往不能"绝圣弃知""无用于物",而是有为地创造出种种治国之术,如道德教化、刑名法术,用名、权、利来诱使众人背离本性而追逐外物,结果造成了社会的动乱。⑥ 因此,郭象在政治上还是主张圣人治国,他认为圣人治国,自然能与时俱变,能制定出符合众人意志的政策,使天下万物本性皆得以实现。故他说:

① 〔清〕郭庆藩撰;王孝鱼点校:《庄子集释》,第306页。
② 〔清〕郭庆藩撰;王孝鱼点校:《庄子集释》,第73页。
③ 〔清〕郭庆藩撰;王孝鱼点校:《庄子集释》,第363页。
④ 〔清〕郭庆藩撰;王孝鱼点校:《庄子集释》,第188页。
⑤ 〔清〕郭庆藩撰;王孝鱼点校:《庄子集释》,第28页。
⑥ 王晓毅:《郭象评传》,第294页。

夫唯与物冥而循大变者，为能无待而常通，岂［独］自通而已哉！①

不瞻前顾后，而尽当今之会，冥然与时世为一，而后妙当可全，刑名可免。②

知天人之所为者，皆自然也；则内放其身而外冥于物，与众玄同，任之而无不至者也。③

这里，郭象指出，圣人按照自身本性活动而"反冥物极"的过程就是使每一凡人各任其性而"反冥我极"的过程，即所谓"内放其身而外冥于物，与众玄同，任之而无不至者也"。圣人正是通过与时俱变、"与众玄同"而"反冥物极"，最终实现"无待而常通"的逍遥境界。圣人治世的关键在于能够顺任万物，让万物皆自得而各冥其极，最终实现"有待而自通"的逍遥境界。因此，圣人的"无为"政治、"无待"逍遥与凡人的"有为"政治、"有待"逍遥是相互依存、不可分割的。

在郭象看来，圣人与凡人各自按照自己的本性"冥极"，但同时又相互依存，构成了理想的人类社会。圣人通过"反冥物极"实现"无待"之逍遥，凡人通过"反冥我极"实现"有待"之逍遥。而圣人的"反冥物极"与"无待"逍遥只有通过凡人的"反冥我极"与"有待"逍遥才能得以实现，凡人的"反冥我极"与"有待"逍遥也只有在圣人的"反冥物极"与"无待"逍遥中才能得以实现。

综合而言，郭象圣凡之"性分"说、"性理"说与"冥极"说分别从人性论、规律论与认识论角度为其政治与人生哲学主题提供理论支持④，并将圣人的"无为"政治、"无待"逍遥与凡人的"有为"政治、"有待"逍遥通过"自为""冥极"的概念统一起来。

---

① ［清］郭庆藩撰；王孝鱼点校：《庄子集释》，第23页。
② ［清］郭庆藩撰；王孝鱼点校：《庄子集释》，第189页。
③ ［清］郭庆藩撰；王孝鱼点校：《庄子集释》，第229页。
④ 王晓毅：《郭象评传》，第295页。

三、先秦儒家克己复礼的"圣凡一涂"到郭象安性守分的"圣凡自足"

孔子以"仁"为核心，主张个体以后天自身的"克己复礼"修养功夫来实现"成仁成圣"的最终目标。《论语·颜渊》篇记载颜渊问仁，孔子回答说："克己复礼为仁。一日克己复礼，天下归仁焉。为人由己，而由人乎哉？"① 颜渊进一步问行动的要点，孔子说："非礼勿视，非礼勿听，非礼勿言，非礼勿动。"② 这里，孔子强调人之道德自律，认为个体需要通过自身内在持续地克制私欲才能复归于礼，显现仁之美德。若以违反礼来换取功名利禄与富贵显达，是不符合君子的行为，更是不符合仁道的行为。在孔子看来，为仁道而牺牲自我则是"克己"的更高层次的要求。如孔子说："志士仁人，无求生以害仁，有杀身以成仁。"③ 为了实现仁道，君子不会贪生怕死，甚至必要时还能勇敢献身以成就仁。可见，孔子这一"求仁而得仁，又何怨"的道德要求，是强调从个体自身内在的"克己复礼"做起，然后通过推己及人来达到的，而"成仁"的最终目标是"成圣"。故他说："何事于仁，必也圣乎！"④

在孔子的基础上，孟子进一步指出，人人（包括圣人与凡人）皆有仁义善性，每个人都可通过后天反求诸己的"存心养性"功夫达到圣人的境界。《孟子·告子下》载："曹交问曰：'人皆可以为尧舜。有诸？'孟子曰：'然。'"⑤在孟子看来，只要人肯努力地去践行仁义，人人都可以成为尧舜这样的大圣人。因此，他说："岂人所不能哉？所不为也。"⑥ 这也就是说，不是人不能成为尧舜，而是人不去行为，因为圣人与凡人都有相同的善性，二者并没有本质的区别。

荀子虽以自然本能为人性的内容，不把仁义视为人性所先天固有

---

① ［宋］朱熹撰：《四书章句集注·论语集注》，第 131 页。
② ［宋］朱熹撰：《四书章句集注·论语集注》，第 132 页。
③ ［宋］朱熹撰：《四书章句集注·论语集注》，第 163 页。
④ ［宋］朱熹撰：《四书章句集注·论语集注》，第 91 页。
⑤ ［宋］朱熹撰：《四书章句集注·孟子集注》，第 339 页。
⑥ ［宋］朱熹撰：《四书章句集注·孟子集注》，第 339 页。

的，而认为仁义是后天圣人化性起伪的结果，但在人人皆可为尧舜这一点上与孟子是相同的。他说："凡人有所一同：饥而欲食，寒而欲暖，劳而欲息，好利而恶害，是人之所生而有也，是无待而然者也，是禹、桀之所同也。"① 人一生下来就具有相同的地方：饿了就要吃饭，冷了就要保暖，累了就要休息，趋利避害是人的自然本能，这没有什么不对，大禹、夏桀都是如此，从这点来看圣人与凡人没有本质的区别。故荀子亦言："涂之人可以为禹。"② 既然圣人与凡人本性一样，为什么在现实生活中多数人成为凡人而只有少数人能成为圣人呢？孟子认为这是"求不求"与"为不为"的问题，而荀子则认为这是"可以而不可使"的问题。荀子说："圣人积思虑，习伪故，以生礼义而起法度，然则礼义法度者，是生于圣人之伪，非故生于人之性也……故圣人之所以同于众，其不异于众者，性也；所以异而过众者，伪也"③，"故小人可以为君子而不肯为君子，君子可以为小人而不肯为小人。小人、君子者，未尝不可以相为也，然而不相为者，可以而不可使也。故涂之人可以为禹则然，涂之人能为禹，未必然也"④。在荀子看来，圣人与凡人皆有相同人性，而圣人与凡人最根本的区别在于后天能否在认知上"积习""积虑"以及修养上能否"化性起伪"。同时，荀子又进一步补充说明多数人在现实生活中"积习"不起来、成不了圣人的原因。在荀子看来，理论的逻辑与现实的逻辑有时并不一致，"涂之人可以为禹"只是一种理论的必然性，"涂之人能不能为禹"则是一种实际的可能性。尽管实际中不可能人人都成为圣人，但这并不妨碍理论的必然性，更不会影响我们都以成圣为理想的目标。

这里，荀子明确提出圣人化性于礼义，制定礼义来制约人们的欲望及规范人们的行为，从而达到整体的平衡，这是化性起伪的过程，即所谓"人生而有欲，欲而不得，则不能无求；求而无度量分界，则不能不争；其乱也，故制礼义以分之，以养人之欲，给人之求，使欲必不穷乎物，物必不屈于欲，两者相持而长，是礼之所起也"⑤。相较于孔孟

① ［清］王先谦撰；沈啸寰、王星贤点校：《荀子集解》，第 63 页。
② ［清］王先谦撰；沈啸寰、王星贤点校：《荀子集解》，第 442 页。
③ ［清］王先谦撰；沈啸寰、王星贤点校：《荀子集解》，第 437～438 页。
④ ［清］王先谦撰；沈啸寰、王星贤点校：《荀子集解》，第 443～444 页。
⑤ ［清］王先谦撰；沈啸寰、王星贤点校：《荀子集解》，第 346 页。

将"克己复礼"看成内在道德自律的信条不同，荀子将礼看成圣人后天"积习""起伪"的结果，更侧重礼的外在制约作用。但从某种程度来说，这也是对孔子以"克己复礼"达至圣人境界的另类表达。

郭象以性本论为基础，认为每个个体只要通过安性守分的功夫即可实现逍遥，且凡人的"有待"逍遥与圣人的"无待"逍遥没有本质区别，这就为普罗大众通往成圣的道路提供了可能性与现实性。可见，郭象从境界上论"圣凡自足"的"齐性"观与儒家从人性上论"圣凡一涂"的"复（善）性"观有某种契合，二者均为凡人成圣提供了可能性，也为普通大众如何在失道的乱世中求得心灵的慰藉提供了安身立命之法。不过，郭象侧重从圣凡均可"自足其性"的形上境界来谈圣凡的平等性，而儒家则侧重从圣凡共有的人性基础来谈圣凡的同质性。如郭象言：

> 故乘天地之正者，即是顺万物之性也；御六气之辩者，即是游变化之涂也；如斯以往，则何往而有穷哉！所遇斯乘，又将恶乎待哉！此乃至德之人玄同彼我者之逍遥也。苟有待焉，则虽列子之轻妙，犹不能以无风而行，故必得其所待，然后逍遥耳，而况大鹏乎！夫唯与物冥而循大变者，为能无待而常通，岂［独］自通而已哉！又顺有待者，使不失其所待，所待不失，则同于大通矣。故有待无待，吾所不能齐也；至于各安其性，天机自张，受而不知，则吾所不能殊也。夫无待犹不足以殊有待，况有待者之巨细乎！①

在郭象这里，无论是"乘风而行"的大鹏，还是"顺万物之性""游变化之涂""所遇斯乘"的神人；无论是"有待自通"的凡人，还是"无待常通"的圣人，都可通过"各安其性"来实现逍遥的境界，只不过圣人所安守的是万物之性，而凡人所安守的是自身之性而已，但从能达至逍遥这一形上境界来说，二者并没有本质区别，即所谓"至于各安其性，天机自张，受而不知，则吾所不能殊也。夫无待犹不足以殊有待，况有待者之巨细乎"。因此，郭象说，"言特受自然之正气者至希也，下首则唯有松柏，上首则唯有圣人，故凡不正者皆来求正耳。

---

① ［清］郭庆藩撰；王孝鱼点校：《庄子集释》，第22～23页。

若物皆有青全，则无贵于松柏；人各自正，则无羡于大圣而趣之"①，"夫小大虽殊，而放于自得之场，则物任其性，事称其能，各当其分，逍遥一也"②，"故知君臣上下，手足外内，乃天理自然，岂真人之所为哉！夫臣妾但各当其分耳，未为不足以相治也。相治者，若手足耳目，四肢百体，各有所司而更相御用也……凡得真性，用其自为者，虽复皂隶，犹不顾毁誉而自安其业。故知与不知，皆自若也"③。郭象认为，无论圣凡、大小、上下、尊卑、智愚都是天然不可改变，个体只有"各任其性""各称其能""各当其分""各安其业""各司其职"才能"各得其正"与"足性逍遥"，无须去羡慕性分之外的东西。足见，郭象的"性分"内涵中已经包含了礼法伦常等级的外在社会规范。因此，郭象的"性分"既有确立个体自由的一面，又有维护社会礼法规范的一面。

由此可知，儒家确立人的主体性地位是通过个体内在持久道德修养的"克己复礼"功夫来实现的，打通圣凡之隔则是以发扬共有的人性善来实现的；郭象确立人的主体性地位是通过个体自为的"安性守分"功夫来实现的，打通圣凡之隔则是以顺应各自独立自主的"自性"来实现的。二者的相同之处在于：通过内在修养以成就人性，并进一步发挥礼之教化治国的功效（内圣外王），最终在现实的礼序世界中达至形上境界的"超凡入圣"及实现圣王治国的理想道德政治。

综合而言，无论是孔子的"克己复礼"，还是孟子的"存心养性"，抑或是荀子的"化性起伪"，均将"内圣"的道德修养功夫视为圣凡之别及成就善性的关键。先秦儒家主张通过践履仁义礼智的下学上达功夫来确立人之为人的道德主体性，在此过程中强调道德之"心"的"知性当为"功能，以"心"的"除欲去弊"实现识理—体理—扩理的"穷理尽性"，进而由人道上溯天道，在圣凡共有的人性论基础上通过圣人的道德教化作用达至"圣凡一涂"的境地。郭象采用了先秦儒家重教的"内圣学"路径来实现理想道德与王道政治。他先从性分、性理、冥极的角度将圣凡划分为两重世界，把性与理视为呈现与被呈现的

---

① ［清］郭庆藩撰；王孝鱼点校：《庄子集释》，第200页。
② ［清］郭庆藩撰；王孝鱼点校：《庄子集释》，第1页。
③ ［清］郭庆藩撰；王孝鱼点校：《庄子集释》，第63～64页。

体用一如关系，通过"无心"的安性、任性的修养功夫以"尽性显理"，通过"依性自为"的心性论统一儒家之"有为"与道家之"无为"，从个体"自足其性"的境界论言齐性与齐物，以此打通圣凡之隔。郭象以性本论为基础，从道德理想上继承了先秦儒家"内圣"的价值旨归，摒弃了先秦儒家之"心"在道德实践中的认知功能，将其修养功夫的"知性当为"改造成"依性自为"，将其人性论上的"圣凡一涂"（圣人可学可至）转变成境界论上的"圣凡自足"（圣人不可学可至）。

第三章 儒家重政的"外王学"之延续：
"迹"与"所以迹"统一的礼论

汉末以降，礼逐渐流于外在形式化与虚伪化，加之皇权的衰落，作为维护封建统治阶级的儒家纲常名教陷入危机。汉魏之际动荡的时局更是导致社会失序与人心不安。为了重整社会秩序及安顿个人身心，魏晋玄学家们试图以道家之"自然"来解救儒家之"名教"存在的危机，以此建构一种合乎"自然"的新礼教秩序。作为魏晋玄学集大成者的郭象，看重儒家之礼教化治国的实用功效，将礼内化为个体自性的内容，强调对真实道德情感的"礼意"的回归，认为礼是源于人们自然本性之"时俗"的需要而自生的，用性本论为礼的合理化存在寻求形上依据，同时把个体的"各安其性""各守其分"视为对天然秩序的遵循，把君主的"圣王合一""游外冥内""因俗时变"视为对天然秩序的践行，从而建构起其独具礼学特质的玄学思想体系，以此统合礼质与礼文，期图实现"治之具"（迹）和"治之道"（所以迹）相统一的政治理想。

第一节 郭象玄学的礼学特质

郭象玄学的重点与旨归最终体现在其礼学特质上，这与他所处的动荡时代及政治抱负①息息相关。当时获得短暂稳定的西晋王朝为实现

---

① 《晋书·郭象传》载郭象"少有才理，好《老》《庄》，能清言。太尉王衍每云：'听象语，如悬河泻水，注而不竭。'州郡辟召，不就。常闲居，以文论自娱。后辟司徒掾，稍至黄门侍郎。东海王越引为太傅主簿，甚见亲委，遂任职当权，熏灼内外，由是素论去之。永嘉末病卒，著碑论十二篇"。〔具体参见［唐］房玄龄等撰《晋书·郭象传》（卷五十，列传第二十），第1396～1397页。〕由此可见，郭象作为司马越的幕僚，先是被辟为司空掾，后被用升至黄门侍郎，最后成为司马越集团身居要职的人物之一——太傅主簿。

"守天下"的局面，极为看重礼之教化与治国的实用功效，并急于为建立一种重整社会秩序及安顿个人身心的新礼教寻求理论支撑。于是，郭象尝试重建一种符合自然的新礼学，以此纠正汉末以来礼的虚伪化弊端及让人们重拾对礼教的信心，并为维护统治阶级封建纲常名教提供一套理论方案。郭象玄学的礼学特质主要表现在他对礼之起源、实质、原则及作用的系统阐释上，其礼学思想是对以荀子为主的先秦儒家礼学思想的继承与发展。

一、礼的起源：荀子的"约定俗成"到郭象的"因俗自生"

以荀子为主的先秦儒家建构了系统的礼学思想体系，并将儒家传统的"外王学"发扬光大。在荀子之前的儒家学者大都将"外王学"的正当性诉诸不可名状与不可把控甚至神秘莫测的"天道"与"天命"，荀子则从经验知识的社会现实立场出发，明确指出礼是人们为自身社会有序良好地发展而"明分制欲"的结果，更是人们在长期生活过程中依据累积的经验习俗"约定俗成"并通过圣王淬炼提升的结果，期图为即将到来的大一统社会提供理论支撑。

荀子注意到人类与动物的根本区别在于人能"群分"，人类是以群体分工的方式生存与发展的，即所谓"农分田而耕，贾分货而贩，百工分事而劝，士大夫分职而听，建国诸侯之君分土而守，三公总方而议，则天子共己而已"①。这里，"分"既指社会分工也指等级分别。在荀子看来，人为了自身生存与发展必然要结合成一个群体，而结合成的群体内部又不可能是杂乱无章的，否则无法维系。所以，它必须是以"分"的方式组合成一定良性有序的社会结构，唯有这样才能长久有序和谐地运行下去。正如他所说："离居不相待则穷，群而无分则争。穷者患也，争者祸也。救患除祸，则莫若明分使群矣。"② 而"分"说到底就是靠"礼"来维系的，是谓"分莫大于礼"③。故荀子言，"礼起于何也？曰：人生而有欲，欲而不得，则不能无求；求而无度量分界，

---

① ［清］王先谦撰；沈啸寰、王星贤点校：《荀子集解》，第214页。
② ［清］王先谦撰；沈啸寰、王星贤点校：《荀子集解》，第176页。
③ ［清］王先谦撰；沈啸寰、王星贤点校：《荀子集解》，第79页。

则不能不争；争则乱，乱则穷。先王恶其乱也，故制礼义以分之，以养人之欲，给人之求。使欲必不穷乎物，物必不屈于欲，两者相持而长，是礼之所起也"①，"故圣人化性而起伪，伪起而生礼义，礼义生而制法度"②。荀子认为，礼的产生是圣王为了"明分制欲"而"化性起伪"的结果，即圣王为消除人与人之间争端祸患及保证个人欲求得到合理表达，"化性起伪"以制定礼义法度，目的是使人的欲望与外在的物质保持平衡，保证社会上下亲疏等级分明。

在此基础上，荀子进一步指出圣人"化性起伪"的依据则是人们在认识和实践的过程中不断"积习""积虑"约定俗成的共同生活习惯及共通情感表达，这种约定俗成落实到现实生活中，经过圣人的淬炼提升，即是群体共同遵循的礼义规则、分工职能与等级秩序。正如荀子所说：

> 圣人积思虑，习伪故，以生礼义而起法度，然则礼义法度者，是生于圣人之伪，非故生于人之性也。③
>
> 注错习俗，所以化性也；并一而不二，所以成积也。习俗移志，安久移质，一而不二则通于神明，参于天地矣。④
>
> 可以为尧、禹，可以为桀、跖，可以为工匠，可以为农贾，在势注错习俗之所积耳，是又人之所生而有也，是无待而然者也，是禹、桀之所同也。⑤

在荀子看来，"积习""积虑"的本质就是"积俗"，即所谓"注错习俗之所积耳"。"注错习俗，所以化性"意味着个体经过反复实践、认识及对待、处理当时习俗的过程即是化性起伪的过程。而有的人成为尧禹，有的人成为桀跖，有的人成为工匠，有的人成为农贾的根本原因在于处理习俗的方式不同。比如，君子之所以能够得当地处理习俗，在于君子能够去除自身的恶性，并清楚自身的道德责任和义务，不断地积

---

① ［清］王先谦撰；沈啸寰、王星贤点校：《荀子集解》，第 346 页。
② ［清］王先谦撰；沈啸寰、王星贤点校：《荀子集解》，第 438 页。
③ ［清］王先谦撰；沈啸寰、王星贤点校：《荀子集解》，第 437 页。
④ ［清］王先谦撰；沈啸寰、王星贤点校：《荀子集解》，第 144 页。
⑤ ［清］王先谦撰；沈啸寰、王星贤点校：《荀子集解》，第 63 页。

累善行；而小人之所以过分地处理习俗，在于小人任由自身的情欲掌控，不清楚自身的身份和职分，无法通过积累自己的人为努力获得物质和精神上的财富。所以，荀子认为人们处理习俗，要学会合理控制自己膨胀的欲望和人性，将自己正确安放在属于自己的社会关系和外界环境中。正如荀子说，"夫不知其与己无以异也，则君子注错之当，而小人注错之过也"①，"是非知能材性然也，是注错习俗之节异也"②。

至此，荀子将群体共有认同、长期累积的风俗习惯与共同遵守的社会约定看成是礼的来源，也是圣人"制礼作乐"的基本素材，更是君主治理好国家需要注重的"民心""民意"，这就使得礼的产生具备了经验性原则与实证性色彩。

郭象继承了荀子"礼源于俗"的思想，亦认为这些"约定俗成"的生活习惯与社会约定需通过"名分"（包括名称、等级、职分）来划分和表达，但与荀子不同的是：荀子将每个人的"名分"看成是后天长期认识和反复实践过程中"化性起伪"形成的，而郭象则将每个人的"名分"看成是内在于个体自性的内容。所以，郭象认为礼因众人"性分不一"而产生，"性分不一"决定所适宜的"名分不一"，而风俗习惯从某种程度上来说就是由于要安置、调解人们"名分不一"而长期形成的一种共同社会约定与规则秩序。如他说：

> 臣妾之才，而不安臣妾之任，则失矣。故知君臣上下，手足外内，乃天理自然，岂真人之所为哉！夫臣妾但各当其分耳，未为不足以相治也。相治者，若手足耳目，四肢百体，各有所司而更相御用也。夫时之所贤者为君，才不应世者为臣。若天之自高，地之自卑，首自在上，足自居下，岂有递哉！虽无错于当而必自当也……言性各有分，故知者守知以待终，而愚者抱愚以至死，岂有能中易其性者也！③
>
> 众之所宜者不一，故官事立也。④

---

① ［清］王先谦撰；沈啸寰、王星贤点校：《荀子集解》，第61～62页。
② ［清］王先谦撰；沈啸寰、王星贤点校：《荀子集解》，第62页。
③ ［清］郭庆藩撰；王孝鱼点校：《庄子集释》，第63～65页。
④ ［清］郭庆藩撰；王孝鱼点校：《庄子集释》，第935页。

直是陈久之人耳，而俗便共信之，此俗之所以为安故而习常也。①

时变则俗情亦变，乘物以游心者，岂异于俗哉！②

在这里，郭象将社会中君臣、夫妇的不同位分等级与职能看成是如手足耳目、四肢百体的不同分工一样自然而然，社会外在的伦常规范皆属"性分"的内容。在"性各有分"且不能改变的情况下，为了让每个个体在社会中找到各自适宜的位置，于是自然形成共同的风俗习惯来划分与表达，这就是郭象所说的"众之所宜不一，故官事立也"，"而俗便共信之，此俗之所以为安故而习常也"。但郭象指出，这种"俗"不是一成不变的，需要跟随时势的变化而变化。所以，郭象认为，礼不是圣人人为制作的结果（陈迹），而是顺应时俗人情、民心民意并取法自然之道的结果。因此，郭象说：

言此先后虽是人事，然皆在至理中来，非圣人之所作也。明夫尊卑先后之序，固有物之所不能无也。言非但人伦所尚也。所以取道，为［其］有序［也］。③

言俗不为尊严于君亲而从俗，俗不谓之谄，明尊严不足以服物，则服物者更在于从俗也。是以圣人未尝独异于世，必与时消息，故在皇为皇，在王为王，岂有背俗而用我哉！④

夫圣人统百姓之大情而因为之制，故百姓寄情于所统而自忘其好恶，故与一世而得淡漠焉。乱则反之，人恣其近好，家用典法，故国异政，家殊俗。⑤

这就意味着，表征尊卑先后的礼法名教皆是从自然"至理"中来，而不是圣人自己制定出来的。圣人为了满足人们自身本性的需求，使社会秩序不至于产生混乱而取法自然"至理"（先后尊卑之序）之道用

① ［清］郭庆藩撰；王孝鱼点校：《庄子集释》，第941页。
② ［清］郭庆藩撰；王孝鱼点校：《庄子集释》，第944页。
③ ［清］郭庆藩撰；王孝鱼点校：《庄子集释》，第474～475页。
④ ［清］郭庆藩撰；王孝鱼点校：《庄子集释》，第453页。
⑤ ［清］郭庆藩撰；王孝鱼点校：《庄子集释》，第1064页。

之，这种"至理"是物作为物本身所必不可少的，更是人类社会得以存在所必不可少的，而"至理"在人则表现为各自的"性分"，各自"性分"所适宜的东西不一样，所以才形成了群体共同遵循与约定的"俗"来调节，圣人只是在"因俗""顺俗""从俗"的基础上进一步制定为"统百姓之大情"的"礼"。要是没有形成一致认同与约定的"俗"，只会各行其是、各自为政，陷入大乱，即所谓"国异政，家殊俗"。此外，郭象还进一步指出，为了自身长远稳定的发展，人本性中就有除乱思治的内在需求，群体共同"约定俗成"的社会习惯与风俗就是满足人类自然本性需要的必然结果，人伦之"礼"亦是在"俗"的基础上自然而然产生（"自生"）的社会法则与秩序。故他说："厉，恶人也。言天下皆不愿为恶，及其为恶，或迫于苛役，或迷而失性耳。然迷者自思复，而厉者自思善。"①

综上可知，荀子将礼的产生归结于群体为实现有序良好发展而"约定俗成"与"明分制欲"。郭象继承了荀子的这种观点，亦认为"礼"源于调节众人"性分不一"及表达众人共同意愿的"风俗""习惯"（符合众人之性）。但与荀子不同的是：荀子将礼看成是圣人后天"化性起伪"（"人为"）的结果，而郭象则将礼看成是因循风俗习惯、满足众人自然本性需要而"自生"（"自为"）的结果。

二、礼的实质：儒家的"名副其实"与郭象的"各当其性"

先秦儒家常用名实关系来探讨礼的内在情感与外在规范之间的关系，郭象受汉魏之际针对名教弊端兴起讨论产生的"形名学"②的影响发展出寄言出意、辨名析理、"迹"与"所以迹"的哲学方法，以此建构起其玄学体系及阐发其礼学主张。郭象与先秦儒家一样，用名实关系探讨"礼质"（"礼意"）与"礼文"的关系，在二者统一的基础上凸显"礼质"的重要性。只是以荀子为代表的先秦儒家从经验论的立场出发，更侧重从礼的作用阐发其存在的正当合理性；而郭象则从性本论的立场出发，强调礼意是"自性"（"性分"）的内容，是与自然之性

---

① ［清］郭庆藩撰；王孝鱼点校：《庄子集释》，第457页。
② 王晓毅：《论魏晋名理学》，载《文史哲》1986年第6期。

相符合的天然表现，礼序即是天成秩序的延伸，更侧重从形上本体来阐发礼存在的正当合理性。

春秋战国时代，诸侯混战，逾礼越制，"世衰道微，邪说暴行有作，臣弑其君者有之，子弑其父者有之"；在学术界，百家争鸣的现象也是"或是或非，或治或乱"。以孔子为代表的先秦儒家均期图通过"正名""责实"和确立等级名分来重整礼教秩序，以"名副其实"的原则来统一礼质与礼文，挽救即将走向衰落的纲常名教。孔子有言，"名不正，则言不顺；言不顺，则事不成；事不成，则礼乐不兴；礼乐不兴，则刑罚不中；刑罚不中，则民无所措手足"①，主张"必也正名乎"②，用"正名"的方式使得礼之名与礼之实相符合。在此基础上，孔子更强调礼之内在真实情感（"礼质"）的重要性。如他说，"人而不仁，如礼何？人而不仁，如乐何"③，"礼云礼云，玉帛云乎哉？乐云乐云，钟鼓云乎哉"④。足见，孔子是在批判当时人们僭越礼制及徒有礼之形表的行为，劝说百姓及君主在日常生活实践中既要遵循礼之外在规范，又要体现礼之真情实意。但大部分先儒劝说的依据，皆落在了仁义礼智的道德教化上，认为人人通过内在仁义礼智的道德修养就可以实现"齐家、治国、平天下"的道德政治。荀子亦十分注重通过"以名举实"的方法来确立等级、名分和秩序，但他的立足点却是实证性的、经验性的。

如前所论，荀子从认识论的角度说明礼来源于人们的"约定俗成"。但"约定俗成"究竟是什么以及通过什么样的方式来确立，这就需要结合他对名实关系的探讨来理解。他说：

> 名无固宜，约之以命。约定俗成谓之宜，异于约则谓之不宜。名无固实，约之以命实，约定俗成谓之实名。名有固善，径易而不拂，谓之善名。⑤

---

① ［清］程树德撰；程俊英、蒋见元点校：《论语集释》（第三册），北京：中华书局，1990 年，第 892 页。

② ［清］程树德撰；程俊英、蒋见元点校：《论语集释》（第三册），第 886 页。

③ ［清］程树德撰；程俊英、蒋见元点校：《论语集释》（第一册），第 142 页。

④ ［清］程树德撰；程俊英、蒋见元点校：《论语集释》（第四册），第 1216 页。

⑤ ［清］王先谦撰；沈啸寰、王星贤点校：《荀子集解》，第 420 页。

在荀子看来,"名"并非本来就合宜,而是人们相约给某个事物命名,约定俗成了就可以说它是合宜的,和约定的名称不同就叫作不合宜。"名"也没有固有的表示对象,而是人们相约给实际事物命名,约定俗成了就用它代表某一个实际事物。就"名"来说,也有本来就起得好的,"善名"之"善"在于它表述直接简易而不违背事理。在荀子眼中,"名"之适宜与否关键在于它是否与人们约定俗成的相符,好的"名"是不违背社会伦理、风俗习惯和自然规律的。从表面上看,荀子是在论述名实关系,"名"的意义在于能够"命实",直接准确地表示某种现实事物;"善名"的意义在于能够"不拂",不违背事理。实际上,荀子所说的"名",并不只是指"名称",还指"名分",名分是指基于亲疏、贵贱、尊卑等级划分而产生的身份定位,也即是"礼"。故荀子说,"异形离心交喻,异物名实玄纽,贵贱不明,同异不别,如是则志必有不喻之患,而事必有因废之祸。故知者为之分别,制名以指实,上以明贵贱,下以辨同异。贵贱明,同异别,如是则志无不喻之患,事无困废之祸,此所为有名也"①,"辨莫大于分,分莫大于礼"②。荀子认为,"贵贱不明,同异不别"的原因在于名称混乱、名实不符,只有智者能清晰区分且做到"名副其实",让万事万物各得其名、各有其分、各司其职、各安其位,最终实现"贵贱明,同异别"的良好有序社会,而确立"名分"或"正名"的东西就是"礼"。足见,荀子以"俗"为"正名"的依据,以"礼"为维系"名分"的规则,以"礼俗合一"为"名副其实"的标准。

郭象与先秦儒家一样,亦用名实关系来论述"礼意"与"礼文"的关系,强调"名实相符"。他说,"善为士者,遗名而自得,故名当其实而福应其身"③,"名当其实,故由名而实不滥也"④"名当其实,则高明也"⑤。这里,郭象反复强调"名当其实",那么他所谓的"名"与"实"究竟是指什么呢?如他说:

①　[清]王先谦撰;沈啸寰、王星贤点校:《荀子集解》,第415页。
②　王先谦在"辨莫大于分,分莫大于礼"处亦言:"有上下亲疏之分也,分生于有礼也。"([清]王先谦撰;沈啸寰、王星贤点校:《荀子集解》,第79页。)
③　[清]郭庆藩撰;王孝鱼点校:《庄子集释》,第238页。
④　[清]郭庆藩撰;王孝鱼点校:《庄子集释》,第477页。
⑤　[清]郭庆藩撰;王孝鱼点校:《庄子集释》,第508页。

尧舜者，世事之名耳；为名者，非名也。故夫尧舜者，岂直尧舜而已哉？必有神人之实焉。①

庖人尸祝，各安其所司；鸟兽万物，各足于所受；帝尧许由，各静其所遇；此乃天下之至实也。各得其实，又何所为乎哉？②

放心自得之场，当于实而止。③

不能止乎本性，而求外无已。④

夫仁义者，人之性也。人性有变，古今不同也。故游寄而过去则冥，若滞而系于一方则见。见则伪生，伪生而责多矣。随时而变，无常迹也。有为则非仁义。⑤

夫圣迹既彰，则仁义不真而礼乐离性，徒得形表而已矣。有圣人即有斯弊，吾若是何哉！⑥

在郭象看来，"名"不仅仅指"名称"或"称谓"，还包括外在的"名分"，"庖人尸祝""帝尧许由"都是由等级、职能、分工的不同而不同，只要人人各安其所司、足于所受、静其所遇就可"各得其实"。人人只要"止于实而止"，就可实现"贤愚袭情而贵贱履位，君臣上下，莫匪尔极，而天下无患"⑦，"物任其性，事称其能，各当其分，逍遥一也"⑧ 的局面。这里，"止于实"即是"止乎本性"，足见，郭象所说的"实"即是指"自性"（性分），而此"自性"则内在地包含了仁义之情，即所谓"夫仁义者，人之性也""仁义不真而礼乐离性"。所以，郭象认为，礼的实质就是得性体情，得性体情又具体表现为"各安其性""各守其分"，进而实现礼之名与实的统一。故他说：

德者，得其性也；礼者，体其情也。情有可（所）耻而性有所本。得其性，则本至；体其情，则知至。知耻则无刑而自齐；本

① ［清］郭庆藩撰；王孝鱼点校：《庄子集释》，第37页。
② ［清］郭庆藩撰；王孝鱼点校：《庄子集释》，第29页。
③ ［清］郭庆藩撰；王孝鱼点校：《庄子集释》，第154页。
④ ［清］郭庆藩撰；王孝鱼点校：《庄子集释》，第93页。
⑤ ［清］郭庆藩撰；王孝鱼点校：《庄子集释》，第521～522页。
⑥ ［清］郭庆藩撰；王孝鱼点校：《庄子集释》，第345页。
⑦ ［清］郭庆藩撰；王孝鱼点校：《庄子集释》，第385页。
⑧ ［清］郭庆藩撰；王孝鱼点校：《庄子集释》，第1页。

至则无制而自正。是以"导之以德,齐之以礼,有耻有格"。①

夫知礼意者,必游外以经内,守母以存子,称情而直往也。若乃矜乎名声,牵乎形制,则孝不任诚,慈不任实,父子兄弟,怀情相欺,岂礼之大意哉!②

这里,郭象明确指出,统治者唯有以"得性体情"的礼教与德治方能引导人们内在真实的仁义情感自然而然地流露出来并得到合理的表达,做到"自齐""自正",这就是内心真实意义上的"有耻有格"。在此基础上,郭象进一步强调"礼意"的重要性来发挥礼之教化、治国的作用。他认为礼之大意在于"称情而直往",而非"矜乎名声,牵乎形制",若世人不知礼之大意,则只会导致"孝不任诚,慈不任实,父子兄弟,怀情相欺"的"假礼教"。"游外以经内"意味着对外在礼的形式的遵守应以人的内在情性为前提,并与内在情性相一致;"守母以存子"意味着应以内在的情性为母,以外在的道德规范为子,只有这样才能避免"礼教"发生异化。在此,郭象提醒世人要领悟礼之大意,不要受外在的名声和形式牵绊,而更应该回到礼最核心的内在实质,重视父子之间的真诚亲情,兄弟之间的手足情谊,即父慈子孝、兄友弟恭。

综合而言,郭象以外在形式的社会伦常与等级职分来定义"名",以内在包含仁义道德情感的"自性"来定义"实",将"各安其性""各守其分""各司其职"认为是"名当其实"及"礼意"与"礼文"统一的表现,进而充分发挥礼之教化与治国的功效。

三、礼的原则:儒家的"与俗变礼"到郭象的"从俗时变"

先秦儒家在坚守"礼义之道"的前提下,强调需根据时势变化灵活地处理和调整礼的形式,凸显适时"损益"的原则,主张"与俗变礼"。孔子曾言:"殷因于夏礼,所损益,可知也。周因于殷礼,所损

---

① [清]马国翰辑:《玉函山房辑佚书·经编论语类》,载《续修四库全书》(子部杂家类,第1203册,清光绪九年娜嬛馆刻本),第46页。
② [清]郭庆藩撰;王孝鱼点校:《庄子集释》,第272页。

益，可知也。其或继周者，虽百世，可知也。"① 《集注》引马融之言曰："所因，谓三纲五常。所损益，谓文质三统。"程树德在此句后按曰："三纲，谓君为臣纲，父为子纲，夫为妻纲。五常，谓仁义礼智信。文质，谓夏尚忠，商尚质，周尚文。三统，谓夏正建寅为人统，商正建丑为地统，周正建子为天统。三纲五常，礼之大体，三代相继，皆因之而不能变。其所损益，不过文章制度小过不及之间。"② 结合这两种观点来看，其所因循的是君为臣纲、父为子纲、夫为妻纲"三纲"及仁义礼智信的"五常"，所损益的是文质的侧重及天、地、人三统的更新。孔子以标志人伦关系的亲亲、尊尊、长长所附属的仁义礼智信等内在道德情感为礼之本，认为这是不可变的；而作为外在形式的文章、正朔、服色、徽号、器械、衣服等为礼之用，孔子认为这些需要与当地当时民众的风俗相适应。故孔子曰："礼，与其奢也，宁俭。丧，与其易也，宁戚。"在孔子看来，注重礼之内在真实道德情感比外在形式更为重要。《礼记·礼器》亦云："孔子曰：'礼不同，不丰不杀。'又曰：'先王之制礼也，不可多也，不可寡也，唯其称也。'"程树德在其后的按文曰："不同者，礼之差等。礼贵得中，凡丰杀即为过中不及中也。过中不及中俱是失礼，然过中失大，不及中失小，然则二者相较，则宁从其失小者取之，所谓权时为进退也。质有其礼，俭戚不足以当之，而要皆与礼之本相近。"③ 足见，礼需要适时权变才能知进退，孔子认为礼贵在得中，其看重的是礼之本质，而外在的丰杀是过中与不及中的表现，都没有在符合礼之本的前提下与时俱变。因此，正所谓"危邦不入，乱邦不居。天下有道则见，无道则隐"，在孔子看来，"道"的标准即是仁义，而礼则是仁义的具体表现，所以礼之本是需要一直坚守的，而屈伸（礼之用）则应适于当时。

孟子继承了孔子对待礼的观点，认为在坚守礼义精神（内在的礼义善性）的前提下可以适时变礼。《孟子·离娄》记载的关于"嫂溺援之以手"的一段经典对话集中体现了孟子对礼之原则的看法与观点，具体如下：

---

① ［清］程树德撰；程俊英、蒋见元点校：《论语集释》（第一册），第 127 页。
② ［清］程树德撰；程俊英、蒋见元点校：《论语集释》（第一册），第 129～130 页。
③ ［清］程树德撰；程俊英、蒋见元点校：《论语集释》（第一册），第 145 页。

淳于髡曰："男女授受不亲，礼与？"

孟子曰："礼也。"

曰："嫂溺则援之以手乎？"

曰："嫂溺不援，是豺狼也。男女授受不亲，礼也；嫂溺援之以手者，权也。"

曰："今天下溺矣，夫子之不援，何也？"

曰："天下溺，援之以道；嫂溺，援之以手。子欲手援天下乎？"[①]

从这段对话来看，孟子当然是采取了"执经达权"的原则来解决礼之困境：当嫂子掉进水里，你是不是应该救她？在淳于髡看来，若是救的话则与现实社会中"男女授受不亲"这一条礼仪规范相违背、冲突。但在孟子看来，只要你是人，就应该禀有人的仁义礼智善性，就应该毫不犹豫地去救，哪怕这个人不是你的嫂子，因为这是人人都具有的恻隐之心。若是不去救的话，就不能被称为人。由此足见，孟子是将仁义礼智的本然善性放在第一位的，也即这是需要坚守的礼之经（礼之道、礼之本）；而一切外在具体的社会规范（礼仪）都是从属于性本善这一价值原则的，只要是发自性善的行为，无论外在形式根据时势怎么变化都不违背礼的精神，这即是需要与时权变的礼之用。孟子认为，无论何时何地及何种情形，对待礼均需采取这种"执经达权"的态度。

与此相对应，孟子在《万章》篇亦表达了在坚守礼义善性的前提下还需根据时俗的不同变革礼之形式的主张，他指出：伯夷是"治则进，乱则退"的圣之清者，伊尹是"治亦进，乱亦进"的圣之任者，柳下惠是"进不隐贤，遗佚不怨，厄穷不悯"的圣之和者，孔子则是"可以速而速，可以久而久，可以处而处，可以仕而仕"的圣之时者。朱熹对此句评论道："愚谓孔子仕、止、久、速，各当其可，盖兼三子之所以圣者而时出之，非如三子之可以一德名也。"[②] 在朱熹看来，伯夷、伊尹、柳下惠这三者都是偏于一德，只有孔子是无论时事如何变化皆各当其可，兼顾三者之德，是圣之时者。由此可见，孟子在比较了不

---

① ［宋］朱熹撰：《四书章句集注·孟子集注》，第284页。

② ［宋］朱熹撰：《四书章句集注·孟子集注》，第315页。

同的圣人类型之后，最是推崇能够根据时势变化而速、久、处、仕的"圣之时者"——孔子。

荀子与孔孟一致，亦认为礼需根据各地风俗习惯因时制宜地变化。荀子以"积俗"为"积伪"与"礼起"的前提之一，所以"礼"势必是随"俗"而变的。他说：

> 故孰察小人之知能，足以知其有余，可以为君子之所为也。譬之越人安越，楚人安楚，君子安雅，是非知能材性然也，是注错习俗之节异也。①

荀子意识到，人们在长期的认识和实践过程中所形成的各种风俗或者约定俗成的各种规定和思维模式，并不是绝对有效和始终得当，即使"俗"经过长期的历史发展有所积淀，但仅确保了部分的"俗"有利于过去或当下某部分人的生存和生活，例如，三代的"俗"不一定能全部适应于后世，楚国的"俗"不一定适应于越国。荀子说，"夫不知其与己无以异也，则君子注错之当，而小人注错之过也"，"是非知能材性然也，是注错习俗之节异也"，所表达的意思是很一致的，即圣人、君子与平凡人的资质、本性、智慧、才能都是一样的，他们的差别在于"注错习俗"，即处理习俗的方式不同。所以，"注错习俗"有"当"与"过"的区别，也要求"节异"。此外，作为君主圣人，在荀子看来必须要"有循于旧名，有作于新名"，在继承礼之精神的同时要根据具体时势变化而变革旧礼及"不宜"的礼俗。如他说：

> 今圣王没，名守慢，奇辞起，名实乱，是非之形不明，则虽守法之吏，诵数之儒，亦皆乱也。若有王者起，必将有循于旧名，有作于新名。②

这里，荀子立足于当时名实混乱、是非不分、贵贱不明的社会现实，期待"王者起"来"正名"，达到"治之极"，而"正名"的根据

---

① ［清］王先谦撰；沈啸寰、王星贤点校：《荀子集解》，第62页。
② ［清］王先谦撰；沈啸寰、王星贤点校：《荀子集解》，第414页。

就在于"有循于旧名，有作于新名"。"旧名"指人们过去约定俗成的认识成果，"新名"则指去除今世之乱言后对旧名进行修正的新礼教制度。这个方法实际上也针对礼俗而言，由于礼俗代代传习，深深根植于人们的生活中，具有相对的独立性，所以新时代的"俗"必然受到前代的影响，所以，荀子说"殷因于夏礼，周因于殷礼"，也就是"有循于旧名"的意思；但由于照搬旧俗及不良风气的影响，人们也可能形成"不宜"的礼俗，这时候就要把这些一一去除，结合礼俗遗留下来的主要因素及新的时势所需进行创作，这就是"有作于新名"。在此基础上，荀子进一步提出其"法后王"的历史观。他说："欲观圣王之迹，则于其粲然者矣，后王是也。"[①] 对于此句，王先谦言："后王，近时之王也。粲然，明白之貌。言近世明王之法，则是圣王之迹也。夫礼法所兴，以救当世之急，故随时设教，不必拘于旧闻，而时人以为君必用尧、舜之道，臣必行禹、稷之术，然后可，斯惑也。孔子曰：'殷因于夏礼，所损益可知也。'故荀卿深陈以后王为法，审其所贵君子焉。司马迁曰：'法后王者，以其近己而俗相类，议卑而易行也。'"由此可知，荀子从"礼源于俗"及"礼应俗变"的立场出发，不以一味迂腐地以"法先王"为贵，而更推崇"随时设教""不拘于旧闻""近己而俗相类"的"法后王"。

郭象与先秦儒家一样，亦主张礼之本质精神（礼意）是不能改变的，但礼的外在表达形式必须根据时俗有所变化，若是百姓执着和效仿过去圣王的"成迹"，只会陷入"有为"和天下大乱的境地。他说：

> 言俗不为尊严于君亲而从俗，俗不谓之谄，明尊严不足以服物，则服物者更在于从俗也。是以圣人未尝独异于世，必与时消息，故在皇为皇，在王为王，岂有背俗而用我哉！[②]
> 圣人无心，任世之自成。成之淳薄，皆非圣也。圣能任世之自得耳，岂能使世得圣哉！故皇王之迹，与时俱迁，而圣人之道未始不全也。[③]

---

① ［清］王先谦撰；沈啸寰、王星贤点校：《荀子集解》，第80页。
② ［清］郭庆藩撰；王孝鱼点校：《庄子集释》，第453页。
③ ［清］郭庆藩撰；王孝鱼点校：《庄子集释》，第552页。

法圣人者，法其迹耳。夫迹者，已去之物，非应变之具也，奚足尚而执之哉！执成迹以御乎无方，无方至而迹滞矣，所以守国而为人守之也。①

夫圣迹既彰，则仁义不真而礼乐离性，徒得形表而已矣。②

夫仁义自是人情也。而三代以下，横共嚣嚣，弃情逐迹，如将不及，不亦多忧乎！③

如前所论，郭象将"仁义之情"视为个体"自性"的内容，而仁义代表的是礼之内在真实道德情感，这种道德情感是根基于"时俗"的，即所谓"明尊严不足以服物，则服物者更在于从俗也"。这里，郭象指明"俗"不是尊重和服从君亲，而只是顺从众人之性，听从众人之心。同时，"俗"不是谄媚，而是众人心声和意愿的反映。若"俗"是尊重和服从君亲，那么它必定是不能让众人众物信服的，"俗"只是在于顺从众人，即所谓"直是陈久之人耳，而俗便共信之，此俗之所以为安故而习常也"④。因此，不离世俗的圣人就必定是因循众人之心、众人之性以与时变化、应世随俗而用"礼教"，并非"背俗""用我"，即所谓"时变则俗情亦变，乘物以游心者，岂异于俗哉"⑤，"因民所利而行之，随四时而成之，常与道理俱，故无疾无费也"⑥。在郭象看来，作为礼之精神的"仁义"是不变的，而作为礼之外在形式的"迹"则需"与时消息""在皇为皇""在王为王"及"与时俱迁"，与当时当地人们的风俗习惯、自然本性的需要相适应而有所变化、革新。但世人却总是去追寻和效法圣王过往的"成迹"，而不去呈现作为"所以迹"的礼之精神，导致所谓"而三代以下，横共嚣嚣，弃情逐迹"，结果陷入令人忧患的"仁义不真而礼乐离性"的局面，导致情礼俱亏及礼之信任的危机。郭象的这种观点指出了礼被形式化、虚伪化的根本原因，他进而倡导人们重回礼的实质精神，期图建立一种合乎自然的新礼教秩

① ［清］郭庆藩撰；王孝鱼点校：《庄子集释》，第 353 页。
② ［清］郭庆藩撰；王孝鱼点校：《庄子集释》，第 345 页。
③ ［清］郭庆藩撰；王孝鱼点校：《庄子集释》，第 327 页。
④ ［清］郭庆藩撰；王孝鱼点校：《庄子集释》，第 941 页。
⑤ ［清］郭庆藩撰；王孝鱼点校：《庄子集释》，第 944 页。
⑥ ［清］郭庆藩撰；王孝鱼点校：《庄子集释》，第 1090 页。

序，以此安顿社会人心。

在郭象看来，真正的"善"是"自善"，真正的"德"是"自得"。他说，"率性通昧乃善"①，"故任其性命，乃能及人，及人而不累于己，彼我同于自得，斯可谓善也"②，"夫民之德，小异而大同。故性之不可去者，衣食也；事之不可废者，耕织也；此天下之所同而为本者也"③。由此可知，"善"的根本在于"率性"，在于"通昧"，唯有这样才能人人"自善"，达至"不治治之"的境界。"德"的根本在于"不去性""不废事"，唯有这样才能人人"自得"，达至"德泽滂沛，任万物之自往"④ 的境界。郭象认为，"礼"只有"任众性""顺众心"才能起到"善治"的作用。故他说，"因其性而任之则治，反其性而凌之则乱"⑤，"夫礼节者，患于系一，故物物体之，则积而周矣"⑥，"世以任自然而不加巧者为不善于治也，揉曲为直，厉驽习骥，能为规矩以矫拂其性，使死而后已，乃谓之善治也，不亦过乎"⑦。"任性"意味着圣王或君主不要随意去干预众人的行为，要"因循"每个人的自然本性而不偏于任何一方，做到"公允"而没有"私心""私意"。因此，代表礼法名教所立的"规矩"也不能矫拂众人之性，忤逆众人之心，若强行用"揉曲为直""厉驽习骥"的方法，则只会导致天下大乱的结果。故圣王或君主也只是因性用之而已，根本在于众人的"自善""自德"。

所以，在郭象这里，"礼"因时俱变的依据即是"从俗"，而"从俗"的具体表现就是顺应众人之性与众人之心。他说，"法律者，众之所为，圣人就用之耳，故无不当，而未之尝言，未之尝为也……口所以宣心，既用众人之口，则众人之心用矣，我顺众心，则众心信矣，谁敢逆立哉"⑧，"天下相信，故能同律度量衡也"⑨。郭象认为，法律是圣

① ［清］郭庆藩撰；王孝鱼点校：《庄子集释》，第335页。
② ［清］郭庆藩撰；王孝鱼点校：《庄子集释》，第336页。
③ ［清］郭庆藩撰；王孝鱼点校：《庄子集释》，第343页。
④ ［清］郭庆藩撰；王孝鱼点校：《庄子集释》，第415页。
⑤ ［清］郭庆藩撰；王孝鱼点校：《庄子集释》，第406页。
⑥ ［清］郭庆藩撰；王孝鱼点校：《庄子集释》，第406页。
⑦ ［清］郭庆藩撰；王孝鱼点校：《庄子集释》，第342页。
⑧ ［清］郭庆藩撰；王孝鱼点校：《庄子集释》，第945～946页。
⑨ ［清］郭庆藩撰；王孝鱼点校：《庄子集释》，第719页。

人因循众人需要而用，并非圣人按照自己的主观意志制定并强加在众人身上，而是众人自己所为，所以众人才能相信和遵守这些共同的礼法名教。不仅法律，礼、刑、德、知等皆是如此。郭象说："刑者，治之体，非我为。礼者，世之所以自行耳，非我制。知者，时之动，非我唱。德者，自彼所循，非我作。"① 刑罚并非圣人所为，而是众人治理国家的根本；礼义并非圣人制定，而是国家得以运行的纲要；智慧并非圣人所倡导，而是时势运转的必然；德行并非圣人所制定，而是圣人因循众人之心、众人之性的结果。

四、礼的作用：儒家的礼乐大同与郭象"各守性分"的和合秩序

儒家以实现礼乐大同的社会作为政治理想。孔孟从个体内在亲亲、尊尊的自然仁爱之情出发，主张通过内在道德修养的"克己复礼""存心养性"功夫来实现由"仁爱之情"推出"仁爱之政"，由"内圣"开出"外王"的礼乐文明社会。荀子不同于孔孟，他以承认人的自然欲望为前提，将礼视为后天外在人为"积俗""积虑"与"积伪"的结果，圣王为调节人的欲望与外在物质之间的矛盾以及消除人与人之间因争斗而陷入混乱不堪的局面，通过制礼作乐来保证现实社会良好有序地发展。所以，礼乐秩序的存在是社会安定与太平的根本保障。这反映了由孔孟重礼之道德教化（重教）向荀子重礼之治国理政（重政）转变的趋势，体现了荀子大一统的政治主张。当然，孔孟荀三者皆以实现礼乐大同的道德政治作为最终理想与目的。

面临礼乐征伐自诸侯出、大夫出及陪臣执国命的天下无道之势，孔子以卫道的精神渴求恢复周朝之礼乐文明，并以此作为毕生的志向。《论语》载："有子曰：'礼之用，和为贵。先王之道，斯为美。小大由之，有所不行。知和而和，不以礼节之，亦不可行也。'"② 《集解》引刑昺《疏》解此句云："和，谓乐也。乐主和同，故谓乐为和。夫礼胜则离，谓所居不和也。故礼贵用和，使不至于离也。'先王之道斯为美'者，斯，此也。言先王治民之道以此，礼贵和美，礼节民心，乐

---

① ［清］郭庆藩撰；王孝鱼点校：《庄子集释》，第243页。
② ［清］程树德撰；程俊英、蒋见元点校：《论语集释》（第一册），第47页。

和民声。乐至则无怨，礼至则不争，揖让而治天下者，礼乐之谓也。是先王之美道也。由，用也。言每事小大皆用礼，而不以乐和之，则其政有所不行也。"又云："人知礼贵和，而每事从和，不以礼为节，亦不可行也。"《集注》引程子语曰："礼胜则离，故礼之用，和为贵。先王之道，以斯为美，而小大由之。乐胜则流，故有所不行也。知和而和，不以礼节之，亦不可行。"① 这里，孔子强调圣王制礼是为了节制人的欲望，使得人的情感得到合理表达，进而保证社会运行有理有序，即所谓"礼别异""礼以正外"；圣王作乐是为了让礼的流行具备情感基础，发乎自然之情，即所谓"乐和同""乐以正内"。

因此，孔子眼里的理想君主是能够通过礼乐相须并用来教化治国的，且君主用自身良好的道德修养，以上行下效的榜样示范作用提高人民的道德水平，最终上下"同德"而"同心"，达至礼乐大同的文明社会。正如孔子所说，"子为政，焉用杀？子欲善而民善矣。君子之德风，小人之德草。草上之风，必偃"②，"为政以德，譬如北辰居其所而众星共之"③，"上好礼，则民莫敢不敬；上好义，则民莫敢不服；上好信，则民莫敢不用情。夫如是，则四方之民襁负其子而至矣"④。可见，在礼乐和谐的文明社会中，圣王通过"为政以德"而取得"众星共之"的效果，这实是一种"无为而治"的领导方式，是谓"无为而治者其舜也与？夫何为哉？恭己正南面而已矣"⑤，"舜有臣五人而天下治"⑥。君主通过"修己"起到上行下效的作用，臣下自然心甘情愿地为君主行事，最终君主不费太多精力就能让贤臣处理各自事务，从而把国家治理好。孔子这种礼乐相须相用的"无为而治"道德政治理想体现在他对弟子曾点志向的赞赏中，即追求"莫春者，春服既成，冠者五六人，童子六七人，浴乎沂，风乎舞雩，咏而归"⑦ 的悠然和乐之境。

孟子在《梁惠王》篇集中描述了其礼乐相和的王道政治理想。孟子首先以梁惠王好乐为逻辑起点，通过启发梁惠王以自身好乐之心推扩

① 〔清〕程树德撰；程俊英、蒋见元点校：《论语集释》（第一册），第 48 页。
② 〔清〕程树德撰；程俊英、蒋见元点校：《论语集释》（第三册），第 866 页。
③ 〔清〕程树德撰；程俊英、蒋见元点校：《论语集释》（第一册），第 61 页。
④ 〔清〕程树德撰；程俊英、蒋见元点校：《论语集释》（第三册），第 897～898 页。
⑤ 〔清〕程树德撰；程俊英、蒋见元点校：《论语集释》（第四册），第 1062 页。
⑥ 〔清〕程树德撰；程俊英、蒋见元点校：《论语集释》（第二册），第 552 页。
⑦ 〔清〕程树德撰；程俊英、蒋见元点校：《论语集释》（第三册），第 806 页。

出与民同乐之心，即所谓"独乐乐不如众乐乐"，最终达至仁政的境地。正如孟子所说："不得而非其上者，非也；为民上而不与民同乐者，亦非也。乐民之乐者，民亦乐其乐；忧民之忧者，民亦忧其忧。乐以天下，忧以天下，然而不王者，未之有也。"① 这里，孟子以"同理心"来论证君与民之间的关系。孟子认为，要是君主不顾及百姓的生死存亡而不与百姓同乐，那么百姓是不能得到其乐的，久而久之必然会产生非君之心，即在上位的君主不体恤在下位者的百姓，在下位的百姓则不会安于其位分，最终必将导致百姓离心离德而国家灭亡。所以君主应该与百姓同乐，这样百姓才会反过来乐君主之所乐。同时，君主也应该与百姓同忧，这样百姓才会反过来忧君主之所忧。可见，在孟子看来，君民良性互动的仁道政治才是一个国家达至礼乐祥和及永葆兴旺的根本。这种礼乐大同的理想社会即孟子所描绘的"五亩之宅，树之以桑，五十者可以衣帛矣；鸡豚狗彘之畜，无失其时，七十者可以食肉矣；百亩之田，勿夺其时，八口之家可以无饥矣；谨庠序之教，申之以孝悌之义，颁白者不负戴于道路矣"② 的场景，力图倡导君主通过实施礼乐教化来达至富民、保民、王民的目的。

荀子亦以王道政治为最终理想，只不过他侧重从经验性与实用性的角度来阐释礼、乐的来源及功用，在此基础上进一步描绘礼乐天下的大一统社会。如前所论，荀子认为礼、乐皆来源于风俗习惯，具有共同的人情基础，能够起到疏导和合理表达人之自然情感的作用，即所谓"礼乐之情同，故明王以相沿也"③，"故由天子至于庶人也，莫不骋其能，得其志，安乐其事，是所同也。衣暖而食充，居安而游乐，事时制明而用足，是又所同也"④。除此之外，荀子认为礼乐不仅仅可以起到内在移风易俗、教化百姓的作用，还可以起到外在节制分限、治国理政的作用。他说，"礼之于正国家也，如权衡之于轻重也，如绳墨之于曲直也。故人无礼不生，事无礼不成，国家无礼不宁"⑤，"君臣不得不尊，父子不得不亲，兄弟不得不顺，夫妇不得不欢。少者以长，老者以

---

① ［宋］朱熹撰：《四书章句集注·孟子集注》，第216页。
② ［宋］朱熹撰：《四书章句集注·孟子集注》，第212页。
③ ［清］孙希旦撰；沈啸寰、王星贤点校：《礼记集解》，第989页。
④ ［清］王先谦撰；沈啸寰、王星贤点校：《荀子集解》，第238页。
⑤ ［清］王先谦撰；沈啸寰、王星贤点校：《荀子集解》，第495页。

养。故天地生之，圣人成之"①。这就是说，称量物体轻重需要权衡；衡量物体的曲直需要绳墨；治理国家则需要"礼"。"礼"不仅仅是理顺、规范、调节君臣、父子、兄弟、夫妇等人伦关系的根本，更是治理国家的基本方略。可见，在荀子这里，"礼"不仅仅是治国理政的基本手段，更是人类的一种价值关怀，而"乐"的作用亦是如此。荀子云："故乐在宗庙之中，君臣上下同听之，则莫不和敬；闺门之内，父子兄弟同听之，则莫不和亲；乡里族长之中，长少同听之，则莫不和顺。故乐者，审一以定和者也，比物以饰节者也，合奏以成文者也，足以率一道，足以治万变。"② 这里，荀子分别阐释了礼、乐皆具备内外两个向度的功用，即既可以保证人之自然情感得到合理地表达，又可以使得社会良好有序地运行。

可见，礼与乐在荀子看来有着诸多的关联，那么二者的区别在哪里呢？荀子言："且乐也者，和之不可变者也；礼也者，理之不可易者也。乐合同，礼别异。礼乐之统，管乎人心矣。穷本极变，乐之情也；著诚去伪，礼之经也。"③ 音乐，是协调人情时不可变更的手段；礼义，是治理社会时不可更换的原则。音乐，使人同心同德；礼义，让人们区别和分辨等级差异。所以礼乐统一在一起，就是对人们最好的管理手段。音乐的情感性，在于它能深入人们感情的本原，并能最大限度地感化人们；礼义的原则性，在于它能够去除人们积累的成果中虚假、无效的部分，从而彰明万事万物最真实的一面。由此不妨说，俗，是人们情与知的结合体，礼乐，亦是情知的结合体；礼，代表着人们群智积虑的认识和实践成果，而乐，代表人们共通的情感和精神内容。因此，荀子更多是从礼、俗、乐的关系来阐发儒家的"外王学"理想，用"乐和同，礼别异"来成就"礼乐以成，贵贱以分"④，"政令行，风俗美"⑤的大一统社会。

儒家礼乐大同的社会理想集中体现在《礼记》的若干篇章中。《礼记·乐记》云："乐也者，动于内者也；礼也者，动于外者也，故礼主

---

① ［清］王先谦撰；沈啸寰、王星贤点校：《荀子集解》，第494页。
② ［清］王先谦撰；沈啸寰、王星贤点校：《荀子集解》，第379～380页。
③ ［清］王先谦撰；沈啸寰、王星贤点校：《荀子集解》，第382页。
④ ［清］王先谦撰；沈啸寰、王星贤点校：《荀子集解》，第477页。
⑤ ［清］王先谦撰；沈啸寰、王星贤点校：《荀子集解》，第229页。

其减，乐主其盈。"① 这里指出礼乐是一体的，礼需要乐的润滑沟通，乐也需要礼的限制规定，绝不是发乎人情、放任自流的，这种情理兼具、软硬兼施的双重束缚力量，最大程度上起到规范名分、等级、差异的作用。这种"乐以正内，礼以正外"的主张在一定程度上反映了儒家对礼乐生活及政教制度的向往，具体表现为"大同"的社会理想。《礼记·礼运》记载的孔子与弟子言偃的对话亦表露了以孔子为代表的儒家向往三代"礼乐大同"的理想社会图景，即"大道之行也，天下为公，选贤与能，讲信修睦。故人不独亲其亲，不独子其子，使老有所终，壮有所用，幼有所长，矜寡孤独废疾者皆有所养，男有分，女有归。货恶其弃于地也，不必藏于己；力恶其不出于身也，不必为己。是故谋闭而不兴，盗窃乱贼而不作，故外户而不闭。是谓大同"②。此类同于孟子以"老吾老，以及人之老；幼吾幼，以及人之幼"③ 由近及远的推扩之法达至"五亩之宅，树之以桑，五十者可以衣帛矣；鸡豚狗彘之畜，无失其时，七十者可以食肉矣；百亩之田，勿夺其时，八口之家可以无饥矣；谨庠序之教，申之以孝悌之义，颁白者不负戴于道路矣"④ 的境地；亦如孔子以"弟子入则孝，出则弟，谨而信"由近及远的推扩之法达至"泛爱众而亲仁"⑤ 的境地，最终实现人人各守其分、各安其职、各有所归的天下和乐之景，这大抵就是儒家眼里"礼乐大同"的理想社会模样。

　　郭象玄学的落脚点是重建符合自然的礼教秩序，发挥礼应有的教化、治国的功用，从而为社会及个人身心的安顿提供一套理论方案。从这个角度来看，郭象沿袭了先秦儒家通过"齐之以礼"的道德政治达至和乐秩序及"无为而治"的主张，其"各得其性""各用所能""各安所司"与"君主无为即臣民自为"的理想政治架构更是对先秦儒家"礼乐大同"社会图景的另类表达。

　　郭象以仁义为个体自性的内容，认为承载仁义内核的礼序起源于与人之自然性情需要相符的社会风俗习惯，是天成秩序的自然延伸，具备

① ［清］孙希旦撰；沈啸寰、王星贤点校：《礼记集解》，第 1030 页。
② 王文锦译解：《礼记译解》，北京：中华书局，2001 年，第 287 页。
③ ［宋］朱熹撰：《四书章句集注·孟子集注》，第 209 页。
④ ［宋］朱熹撰：《四书章句集注·孟子集注》，第 212 页。
⑤ ［清］程树德撰；程俊英、蒋见元点校：《论语集释》（第一册），第 27 页。

天然的合理性。他说：

> 臣妾之才，而不安臣妾之任，则失矣。故知君臣上下，手足外内，乃天理自然，岂真人之所为哉！夫臣妾但各当其分耳，未为不足以相治也。相治者，若手足耳目，四肢百体，各有所司而更相御用也。夫时之所贤者为君，才不应世者为臣。若天之自高，地之自卑，首自在上，足自居下，岂有递哉！虽无错于当而必自当也。①
>
> 夫工人无为于刻木而有为于用斧，主上无为于亲事而有为于用臣。臣能亲事，主能用臣；斧能刻木而工能用斧；各当其能，则天理自然，非有为也。若乃主代臣事，则非主矣；臣秉主用，则非臣矣。故各司其任，则上下咸得而无为之理至矣……但上之无为则用下，下之无为则自用也。②

郭象认为君臣夫妇尊卑上下之"分"就如天地、手足耳目、四肢百体各司其职，发挥自己的固有功能一样，属于天理自然。这里，郭象用自然分工的不同来说明君臣、父子、夫妇尊卑上下之伦常等次的天然合理性。因此，个体对礼序的遵循即是对自然之性的成就。同时，郭象通过形象的工、斧、木的关系来说明君主与臣子的关系。所谓"工人无为于刻木而有为于用斧，主上无为于亲事而有为于用臣"，工人的职能是用斧，斧头的职能是刻木，君主的职能是用臣，臣子的职能是亲事。任何事、物、人的功能都是天理自然、不可改变的。因而君主和臣子的职务皆是依其能力而定的，即所谓"但上之无为则用下，下之无为则自用"③，"官各当其才也"④，"官各当其所能则治矣"⑤，"君位无为而委百官，百官有所司而君不与焉。二者俱以不为而自得，则君道逸，臣道劳，劳逸之际，不可同日而论之"⑥。所以，任何人都应该"各用其能""各司其职"，只有这样，整个社会才能实现"君主无为即

---

① ［清］郭庆藩撰；王孝鱼点校：《庄子集释》，第63～64页。
② ［清］郭庆藩撰；王孝鱼点校：《庄子集释》，第470～471页。
③ ［清］郭庆藩撰；王孝鱼点校：《庄子集释》，第471页。
④ ［清］郭庆藩撰；王孝鱼点校：《庄子集释》，第476页。
⑤ ［清］郭庆藩撰；王孝鱼点校：《庄子集释》，第411页。
⑥ ［清］郭庆藩撰；王孝鱼点校：《庄子集释》，第408页。

臣民自为"的"上下咸得"局面，"礼"方能真正地发挥它的教化治国功效。这种"君主无为即臣民自为"的政治理想大体与孔子通过"修己"以"用人"达至"无为而治"的境地相当，只是郭象的"修己"强调"无为"，而儒家的"修己"强调"当为"。

关于君主与臣民的自然分工不同，其根本原因是什么呢？郭象说：

> 因其性而任之则治，反其性而凌之则乱。夫民物之所以卑而贱者，不能因任故也。是以任贱者贵，因卑者尊，此必然之符也。①

这里，郭象指出"民物"之所以处于卑贱地位是因为他们不能因任众性，而能因任众性者即能位于尊贵的地位，这是一条必然规律。至此，郭象就根据物各有性、性各有能、能各有用而确立了标识上下尊卑等级之"礼序"的合理性，而他确立"礼教"的最终目的是实现"各得其性""各用其能""各安所司"的和谐秩序。故他说，"庖人尸祝，各安其所司；鸟兽万物，各足于所受；帝尧许由，各静其所遇；此乃天下之至实也。各得其实，又何所为乎哉？自得而已矣。故尧许之行虽异，其于逍遥一也"②，"父父子子各归其所"③。

综上所言，郭象的"礼"当指"真礼"，是同时具备外在道德规范形式和内在自然真实性情的"礼"，即"礼"必须出于人之自然真实情感的流露，以人的真实情感为内容；"礼"必须反映人的自然性情，与人的真实情感相符合、相一致。因此，郭象的"礼"就不再是单纯为封建等级秩序作辩护的借口和工具。相反，郭象的"礼"启发我们要更加注重"礼"的内在实质，让我们以符合人性的"礼"去矫正现实中早已失去精神内核的"伪礼"，从而真正发挥"礼"应有的功能和价值，为社会秩序的重建和个人身心的安顿提供理论基础，为和谐社会的实现提供理论支撑。总的来说，郭象不是将"礼"之外在道德规范强行纳入自然人性中，去寻求二者的统一，而是从"礼"必须要符合自

---

① ［清］郭庆藩撰；王孝鱼点校：《庄子集释》，第406页。
② ［清］郭庆藩撰；王孝鱼点校：《庄子集释》，第29页。
③ ［清］郭庆藩撰；王孝鱼点校：《庄子集释》，第872页。

然人性的角度找到了融合二者的途径①，这实质上是对先秦孔孟之"礼"的回归和遥契。同时，郭象重建合乎人之自然本性与风俗习惯的理想礼教秩序意在调和当时社会"名教"与"自然"的矛盾，为解决人们的困境提供了一套理论方案。

郭象的礼学思想是对王弼、嵇康和阮籍的继承与发展。王弼以"无"为本，提倡"崇本息末"，意在批判当时"礼教"异化的现象。他说："夫敦朴之德不著，而名行之美显尚，则修其所尚而望其誉，修其所道而冀其利。望誉冀利以勤其行，名弥美而诚愈外，利弥重而心愈竞。父子兄弟，怀情失直，孝不任诚，慈不任实，盖显名行之所招也。患俗薄而名兴行、崇仁义，愈致斯伪，况术之贱此者乎?"② 王弼认为，"礼"沉沦的原因在于人们过分注重其外在的形式，进而逐渐使其演变为追逐名利的工具，这就使得"礼"失去了原有的精神实质。于是，王弼才从本体论的层面强调"自然"为本，"礼教"为末。但他这么做并非要否定"礼"，而恰恰是为了挽救和完善"礼"，使"礼"重新回归到合乎自然人性的正轨。故他注《老子》第三十八章曰："用夫无名，故名以笃焉；用夫无形，故形以成焉。守母以存其子，崇本以举其末，则形名俱有而邪不生，大美配天而华不作。"③ 这就是说，本末是不即不离的，"贵无"是为了"全有"，"崇本"是为了"举末"，形名兼具才能使"礼"不致走向自己的反面。王弼正是通过本末不二的观点来恢复"礼"本来的意义，将代表"礼"的外在的道德规范内化为主体的自然情性，使得仁义孝慈等皆是出于道德主体内在情感的自然流露。这样，"自然之性"就上升到道德本体的高度，一切道德规范皆是道德主体自发、自觉行为的外在表现。

王弼为建构道德本体，重在突出"贵无"。这种思想发展到嵇康、阮籍，就表现为"越名教而任自然"的主张。针对司马氏集团实施的"伪礼"，嵇康、阮籍发起了猛烈的进攻。嵇康在《难〈自然好学论〉》中激烈地批评儒家的六经进而否定以儒家为代表的礼法名教及政治制度，他说："今若以（□）[明] 堂为丙舍，以诵讽为鬼语，以《六

---

① 暴庆刚:《反思与重构：郭象〈庄子注〉研究》，南京：南京大学出版社，2013 年，第 169 页。

② [魏] 王弼著；楼宇烈校释:《王弼集校释》，第 199 页。

③ [魏] 王弼著；楼宇烈校释:《王弼集校释》，第 95 页。

经》为芜秽，以仁义为（臮）[臭] 腐。"① 紧接着，他又说："《六经》以抑引为主，人性以从欲为欢。抑引则违其愿，从欲则得自然。然则自然之得，不由抑引之《六经》，全性之本，不须犯情之礼律。故仁义务于理伪，非养真之要术，廉让生于争夺，非自然之所出也。"② 嵇康认为六经倡导的仁义礼法是压抑人的本性的，代表儒家"礼教"的仁义礼法就是"理伪"。阮籍则进一步推进了嵇康的这种观点，甚至发展到"无君"的境地。他在《大人先生传》中说："盖无君而庶物定，无臣而万事理，保身修性，不违其纪；惟兹若然，故能长久。今汝造音以乱声，作色以诡形，外易其貌，内隐其情，怀欲以求多，诈伪以要名；君立而虐兴，臣设而贼生，坐制礼法，束缚下民……汝君子之礼法，诚天下残贼、乱危、死亡之术耳；而乃目以为美行不易之道，不亦过乎！"③ 嵇康、阮籍将人之内在天然情性、主观意愿直接等同于"自然"，意在以激进方式求渐进改良，他们超越的"礼"是失去精神实质的"假礼"，他们最终还是为了恢复"真礼"。

由此可见，郭象与王弼、嵇康、阮籍一样，都强调将外在道德规范内化于主体，与人的自然情性相融合，使"礼"符合人的自然情性，恢复"礼"的本来面目。但相较于王弼、嵇康和阮籍，郭象的礼学思想又更胜一筹。王弼虽将"礼"内化于道德主体，但"崇本息末""守母存子"的要求，却仍然蕴含着普遍道德本体超验化的可能。④ 嵇康、阮籍过分地批判"礼"的异化，则导致了后来很多人打着摒弃"礼"的旗号而放任自然情欲的后果。相较之下，郭象将"礼"与每个个体内在的"自性"相结合，既扬弃了王弼将道德本体普遍化、超验化的倾向，又扬弃了嵇康、阮籍将"礼"彻底打翻而沦为绝对自然的纵欲倾向。因此，从本质上说，郭象的"礼"强调每个个体于日常现实的外在道德规范中展现内在的自然情性，一切道德规范皆是每个道德主体内在情感的自然流露与自发显现，这就使得"礼"内化于道德主体的自然原则更具体化，使"礼教"与"自然"的融合更具操作性、现实性。

---

① ［魏］嵇康著；戴明扬注：《难〈自然好学论〉》，见《嵇康集校注》卷七，第 448 页。
② ［魏］嵇康著；戴明扬注：《难〈自然好学论〉》，见《嵇康集校注》卷七，第 447 页。
③ ［魏］阮籍著；陈伯君校注：《大人先生传》，见《阮籍集校注》卷上，第 170～171 页。
④ 杨国荣：《论魏晋价值观的重建》，载汤一介、胡仲平编《魏晋玄学研究》，第 586 页。

第二节　郭象玄学的政治理想："治之具"
与"治之道"的统一

　　先秦儒家以文质之辨来谈礼的外在规范与内在情感之关系，在文质统一的基础上更加强调"礼质"在道德教化及治国理政中的重要性与优先性，因此在政治方面主张君主通过"修己以仁"来"为政以德"，即"先圣"而"后王"。郭象沿袭了先秦儒家这种思想理路，以言意之辨来谈礼之外在形式与内在自性之关系，并从本体论视角出发，用"迹"与"所以迹"的哲学范畴及方法来说明礼之外在形式与内在自性是呈现和被呈现的关系，在"迹"与"所以迹"相统一的基础上将"圣"与"王"合一，进而确立其"内外相冥"的理想圣人人格及"治之具"与"治之道"相统一的理想政治追求。

一、先秦儒家的文质之辨到郭象的言（迹）意（所以迹）之辨

　　文质之辨是先秦儒家探讨的焦点问题之一，这涉及礼的内外两个向度，与儒家对"文质彬彬"的理想君子人格及"内圣外王"的理想政治追求息息相关。

　　从《论语》的记载来看，孔子十分强调礼的外在规范形式（礼文）与其内在真实情感（礼质）相符，以此达至"文质彬彬"的君子人格。孔子曰："质胜文则野，文胜质则史。文质彬彬，然后君子。"[①]《论语述何》言："文质相复，犹寒暑也。殷革夏，救文以质，其敝也野。周革殷，救野以文，其敝也史。殷周之始，皆文质彬彬者也。春秋救周之敝，当复反殷之质，而驯致乎君子之道。故夫子又曰：'如用之，则吾从先进。'先野人，而后君子也。"[②]孔子以"文"为礼之外在规范形式，以"质"为礼之内在真实情感，二者以"文质彬彬"为动态平衡的原则，即"礼"之外在规范形式与内在真实情感是协调相济及不偏

---

① ［清］程树德撰；程俊英、蒋见元点校：《论语集释》（第二册），第400页。
② ［清］程树德撰；程俊英、蒋见元点校：《论语集释》（第二册），第401页。

不倚的，这才是礼的理想状态。若礼之内在情感流露没有任何外在的文饰，则容易流于朴野粗鄙；反过来，若礼之外在形式过于繁缛，则容易陷入浮华虚伪。可见，文与质任何一方有所偏废都会导致礼的缺陷，礼文与礼质的动态平衡才是孔子所倡导与追求的。在孔子看来，历代的君主需要根据时势变化，适时地调整及处理好礼文与礼质之间的关系，并以文质相复、文质相救的方法来达到礼文与礼质的动态平衡及统一。

孔子主张礼文与礼质相统一的观点亦体现在《论语·先进》篇中。孔子曰："先进于礼乐，野人也；后进于礼乐，君子也。如用之，则吾从先进。"[①]《论语补疏》言："五帝时淳素，质胜于文。三王时文质彬彬，益野人而为君子。自时厥后，文益盛，文又胜于质，遽欲其彬彬还为君子不易得，宜以上古之淳素和之。用，谓变化之。'移风易俗'四字解'用'字最切。孔子时文胜质，既非先进，亦非后进，欲其仍还后进之君子，必先移易以先进之野人也。譬如阴阳宜和，病阴盛者宜以纯阳制之，然后乃得其和。孔子从先进，非重野人轻君子，正将由野人而至君子也。"这里涉及"变礼"的问题，也就是说礼需要随着时势的变化有所损益，才能达到文与质的动态平衡，最终才能发挥礼的真正功用，即"移风易俗"。孔子所处的是礼文盛于礼质的时代，为了纠补这一偏弊，"以质救文"方能实现文质的统一。因此，孔子认为，若要在当时现实生活中发挥礼之真正功用的话，就要先返归"野人"所注重的礼之内在真实情感，然后才能进至君子的"文质彬彬"。

以孔子为代表的先秦儒家在追求文质统一的基础上，更加注重从人之内在仁义本性来凸显"礼质"的重要性。《论语·八佾》云："人而不仁，如礼何？人而不仁，如乐何？"[②]《论语·阳货》又云："礼云礼云，玉帛云乎哉？乐云乐云，钟鼓云乎哉？"[③] 足见，孔子是在批判当时的人只注重礼之外在形式的繁文缛节，而丧失了礼的内在真实情感。这种观点在子夏与孔子的对话中也可窥见一斑。《论语·八佾》载：

子夏问曰："'巧笑倩兮，美目盼兮，素以为绚兮。'何谓也？"

---

① ［清］程树德撰；程俊英、蒋见元点校：《论语集释》（第三册），第735页。
② ［清］程树德撰；程俊英、蒋见元点校：《论语集释》（第一册），第142页。
③ ［清］程树德撰；程俊英、蒋见元点校：《论语集释》（第四册），第1216页。

子曰："绘事后素。"曰："礼后乎?"子曰："起予者商也! 始可与言《诗》已矣。"①

这里，孔子借用绘画的原理来说明礼之外在形式与内在真实情感之间的关系。孔子从人的仁爱本性出发，认为礼也必以内在真实自然的道德情感为质，这就好比绘画必以粉素为先的道理。在孔子看来，礼的内在真实情感比礼的外在形式更为重要。

郭象从本体论的视角出发，以言意之辨来讨论"礼具"（礼文）与"礼意"（礼质）的关系，是对先秦儒家文质观的一种继承与发展。

"言意之辨"作为魏晋玄学新的哲学方法，由汤用彤先生首先提出②，目前已被学术界广泛接受。"言"指外在言语，"意"指内在思想。故"言意之辨"就是研究言语和思想之间的关系。"言""意"关系早在战国时期的《周易》中就有涉及。在《周易·系辞》里，"意"指卦意，"象"指卦象，"言"指卦爻辞。依《周易》所示，每一卦所蕴含的意义是通过该卦的卦象来显示，而每一卦的卦象又是借卦爻辞来表显的。比如："乾卦"代表刚健的意思，其以"天"或"龙"为象，而这一卦象又以"元、亨、利、贞"为言。故《周易·系辞上》说："圣人立象以尽意，设卦以尽情伪，系辞焉以尽其言。"③另外，《庄子·外物》篇就明确说道："筌者所以在鱼，得鱼而忘筌；蹄者所以在兔，得兔而忘蹄；言者所以在意，得意而忘言。"④之后，到汉魏期间，名家援用言意之辨的方法来识鉴人伦，品评人物，其中以刘邵《人物志》为典型。作为正始玄学创始人的王弼更是以言意之辨的方法为基础，构建"得意忘言"的新言意观，以此重新注解经典，体悟本末体用，实现了由汉代宇宙论向魏晋本体论的划时代转化。王弼在《周易略例·明象》一文中，通过分析意、象、言的关系来建构玄学"得意忘言"的新言意观。王弼论道："夫象者，出意者也。言者，明象者也。尽意莫若象，尽象莫若言……是故，存言者，非得象者也；存象者，非得意者也。象生于意而存象焉，则所存者乃非其象也；言生于象

① ［清］程树德撰；程俊英、蒋见元点校：《论语集释》（第一册），第 157～159 页。
② 汤用彤：《魏晋玄学论稿》（增订版），第 26 页。
③ 黄寿祺、张善文：《周易译注》，上海：上海古籍出版社，2001 年，第 563 页。
④ ［清］郭庆藩撰；王孝鱼点校：《庄子集释》，第 936 页。

而存言焉，则所存者乃非其言也。然则，忘象者，乃得意者也；忘言者，乃得象者也。得意在忘象，得象在忘言。"① 这段话包含两层意思：其一，"言"是理解"象"的工具，"象"是理解"意"的工具。其二，"言"不是"象"本身，"象"不是"意"本身，我们只有"忘言"才能"得象"，只有"忘象"才能"得意"。这里就暗含着"言尽意"（尽意莫若象、尽象莫若言）和"言不尽意"（得意忘象、得象忘言）两种倾向。因此，到西晋元康时期，言意关系再次成为玄学讨论的热点，出现了以"崇有派"为背景的欧阳建的"言尽意论"和以"贵无派"为背景的荀粲、张韩的"言不尽意论"。②

在此情况下，郭象既不同于"崇有派"的"言尽意论"，也不同于"贵无派"的"言不尽意论"，而是在吸收王弼"得意忘言"的基础上提出"寄言出意"，用以作为他注《庄子》的根本方法，从而表达他自己的思想。在《山木》的注中，郭象说道："夫庄子推平于天下，故每寄言以出意，乃毁仲尼，贱老聃，上掊击乎三皇，下痛病其一身也。"③这里，郭象明说"寄言出意"是庄子论事的方法，其实暗指他自己注解《庄子》的方法。在郭象看来，庄子是通过"以反求成"来达至平天下的目的。庄子表面上诋毁孔子抨击礼教，实际上却是维护和挽救礼教，因为只有以此激进的方式批判伪礼教，才能使得君主和世人重新回归真礼教。故郭象言："至（人）〔仁〕极乎无亲，孝慈终于兼忘，礼乐复乎已能，忠信发乎天光。用其光则其朴自成，是以神器独化于玄冥之境而源流深长也。"④ 郭象认为，"真礼"就是人之内在自然性情的外在表达，因此仁义、慈孝、礼乐、忠信都是符合天道、发乎己能，人们只需遵循天道礼序即可达至玄冥之境。

另外，郭象亦用"迹"与"所以迹"这对范畴来表达"礼具"（礼文）与"礼意"（礼质）的关系。郭象"迹"与"所以迹"的哲学方法是继承并发展了王弼的"本末体用"的哲学方法。但王弼限于"贵无"本体论建构的要求而最终将本末分割，强调"执一统众""崇本息末"。郭象"迹"与"所以迹"的哲学方法则将本末体用联系起

① ［魏］王弼著；楼宇烈校释：《王弼集校释》，第609页。
② 王晓毅：《郭象评传》，第212页。
③ ［清］郭庆藩撰；王孝鱼点校：《庄子集释》，第696页。
④ ［清］郭庆藩撰；王孝鱼点校：《庄子集释》，第3页。

来,强调"本不离用""用以显体",这实质上是对王弼"本末体用"哲学方法的一种发展与超越。

"迹"与"所以迹"的表达方式最先出自《庄子·天运》。《庄子·天运》言:"夫六经,先王之陈迹也,岂其所以迹哉!今子之所言,犹迹也。夫迹,履之所出,而迹岂履哉!"①很显然,这里"迹"就是"形迹",可指外在形相、语言、文字、现象等。在庄子看来,道本无迹,不可言说,代表儒家典籍的六经也不过是先王之"陈迹",而非"所以迹"。所以庄子要求舍弃外在形相的"迹",而追求代表道体的"所以迹"。庄子"迹"与"所以迹"的关系被后来的魏晋玄学家们改造成"现象"与"本体"的关系。

王弼提倡"体不离用",但始终承认"无"是本体、本源,无论是在逻辑上还是生成空间上,"无"都是先于"有"。由此,他提出"崇本息末"的观点,即崇尚"无为",反对"有为"。故王弼在《老子指略》中说:"《老子》之书,其几乎可一言而蔽之。噫!崇本息末而已矣。"②王弼关于"有""无"之间本末体用关系的探讨,是将本体论和宇宙论混在一起的。郭象为了克服王弼宇宙论的思维局限及反对王弼本体之"无",他直接采用了庄子"迹"与"所以迹"的表达方式来否定一切造物主的存在,主张万物自生的本体论。这里,"迹"指"形迹",相当于事物外在现象;"所以迹"则是指事物本身,相当于现象背后的原因。二者是现象与本质、用与体的关系。下面,我们来看郭象是如何运用这种方法来建构其哲学体系的。

郭象注《齐物论》说:"外无所谢而内无所矜,是以诱然皆生而不知所以生,同焉皆得而不知所以得也。"③这里,"生"与"得"是指万物存在现象本身,而"所以生"与"所以得"则指万物的内在本性,"生"与"所以生"、"得"与"所以得"可视为"迹"与"所以迹"的具体展开,意在说明万物存在的现象不等同于万物本身,万物皆是"自生""自得",即"外无所谢而内无所矜"。但人们往往只知其"生"与"得",而不知其"所以生"与"所以得"。郭象列举"生"

---

① 〔清〕郭庆藩撰;王孝鱼点校:《庄子集释》,第533页。
② 〔魏〕王弼著;楼宇烈校释:《王弼集校释》,第198页。
③ 〔清〕郭庆藩撰;王孝鱼点校:《庄子集释》,第118页。

与"所以生"、"得"与"所以得"的这种对立范畴重在建构其万物自生的本体论。在郭象《庄子注》一书中，这种"某"与"所以某"的语言结构经常出现。下面，我们就举几个例子来说明：

> 子贡不闻性与天道，故见其所依而不见其所以依也。夫所以依者，不依也，世岂觉之哉！①
> 因其自作而用其所以动。②
> 畜之而不得其本性之根，故不知其所以畜也。③

"依"与"所以依"、"作"与"所以动"、"畜"与"所以畜"，这些均是"迹"（现象）与"所以迹"（本性）的不同语言表达方式。在此基础上，郭象明确提出了"迹"与"所以迹"的哲学方法。他注《天运》篇"夫六经，先王之陈迹，岂其所以迹哉"句曰："所以迹者，真性也。夫任物之真性者，其迹则六经也。"④ 这里意在说明："所以迹"（万物自生的真性）虽是通过"迹"（万物本性表现出来的各种现象）来呈现的，但我们最终要实现的是"所以迹"。故郭象注《马蹄》曰："夫尧舜帝王之名，皆其迹耳……明斯异者，时世之名耳，未足以名圣人之实也。故夫尧舜者，岂直一尧舜而已哉！是以虽有矜愁之貌，仁义之迹，而所以迹者故全也。"⑤ 又在《天地》中注"虽然，有族，有祖，可以为众父，而不可以为众父父"句道："其事类可得而祖效。众父父者，所以迹也。"⑥

另外，作为万物本性的"所以迹"自发、自为、自动产生的形迹就是"迹"。万物本性虽是无形，但必须通过各种形迹表现出来。所以，"迹"就是"所以迹"，二者是同一的，是即用即体的关系。同样，在社会体制内，每一个成员各得其性分（等级名分），这是"迹"，但我们可在社会体制等级名分范围内冥其极（个体自由），实现自足之真

① ［清］郭庆藩撰；王孝鱼点校：《庄子集释》，第 276～277 页。
② ［清］郭庆藩撰；王孝鱼点校：《庄子集释》，第 506 页。
③ ［清］郭庆藩撰；王孝鱼点校：《庄子集释》，第 733 页。
④ ［清］郭庆藩撰；王孝鱼点校：《庄子集释》，第 534 页。
⑤ ［清］郭庆藩撰；王孝鱼点校：《庄子集释》，第 384 页。
⑥ ［清］郭庆藩撰；王孝鱼点校：《庄子集释》，第 424 页。

性,这就是"所以迹"。进一步言,人类活动行为规则的"名教"是"迹",人类自然本性是"所以迹",故名教与自然不二。如:郭象认为礼法是自然之情的表达,即"信行容体而顺乎自然之节文者,其迹则礼也"①。既然任何人之"迹"与"所以迹"是一致的,故每个人只需按照自己自生的本性来行为,就可在自己有限的性分内达到冥极。因此,每个人需安分守己、无羡于外、全我而不效彼。是谓"受生有分,而以所贵引之,则性命丧矣。若乃毁其所贵,弃彼任我,则聪明各全,人含其真也"②,"此数人者,所禀多方,故使天下跃而效之。效之则失我,我失由彼,则彼为乱主矣。夫天下之大患者,失我也"③。于是,郭象指出,纵使是圣人之"迹",臣民百姓也不应去效仿,因为圣人之"迹"只是圣人"所以迹"的现象,对于臣民百姓来说是已去之物,已去之物对当下毫无用处。故郭象说:"法圣人者,法其迹耳。夫迹者,已去之物,非应变之具也,奚足尚而执之哉!执成迹以御乎无方,无方至而迹滞矣,所以守国而为人守之也。"④ 如若臣民离性失却自己的"所以迹",而去法圣人之"迹",则是"至治之迹,犹致斯弊"⑤。所以,个人只能在自己的本性范围内来实现自己的"所以迹"。故郭象说,"圣人者,民得性之迹耳,非所以迹也"⑥,"夫圣迹既彰,则仁义不真而礼乐离性,徒得形表而已矣"⑦。在此基础上,郭象提出其性分冥极的人生论。他说:"夫尧实冥矣,其迹则尧也。自迹观冥,内外异域,未足怪也。世徒见尧之为尧,岂识其冥哉!故将求四子于海外而据尧于所见,因谓与物同波者,失其所以逍遥也。然未知至远之(迹)[所]顺者更近,而至高之所会者反下也。若乃厉然以独高为至而不夷乎俗累,斯山谷之士,非无待者也,奚足以语至极而游无穷哉!"⑧ 这里,郭象意在告诫人们不要去效法圣人之"迹",而应与自身之"所以迹"冥合才能实现自足的逍遥,即所谓"物各有性,性各有极,皆如

---

① [清] 郭庆藩撰;王孝鱼点校:《庄子集释》,第550页。
② [清] 郭庆藩撰;王孝鱼点校:《庄子集释》,第364页。
③ [清] 郭庆藩撰;王孝鱼点校:《庄子集释》,第366页。
④ [清] 郭庆藩撰;王孝鱼点校:《庄子集释》,第353页。
⑤ [清] 郭庆藩撰;王孝鱼点校:《庄子集释》,第367页。
⑥ [清] 郭庆藩撰;王孝鱼点校:《庄子集释》,第345页。
⑦ [清] 郭庆藩撰;王孝鱼点校:《庄子集释》,第345页。
⑧ [清] 郭庆藩撰;王孝鱼点校:《庄子集释》,第38页。

年知，岂趺尚之所及哉"①。郭象正是通过"迹"（现象或用）与"所
以迹"（本性或体）这种独特的哲学方法来构建其哲学体系，他以二者
的对立构建起万物自生的本体论，又以二者的统一构建起性分冥极的人
生论和内外相及的圣人论。

作为无心之圣人，其游外之"真性"是"所以迹"，其游内之"顺
有"产生的政治事迹是"迹"，故游外（无为）与游内（有为）不二。
但郭象为了区别圣凡，进一步发挥出"圣人无迹"的观点。他说："夫
圣人因物之自行，故无迹。然则所谓圣者，我本无迹，故物得其迹，迹
得而强名圣，则圣者乃无迹之名也。"②"此真浑沌也，故与世同波而不
自失，则虽游于世俗而泯然无迹，岂必使汝惊哉！"③ 无心之圣人只是
因循万物及臣民的本性来治理国家，臣民不自知而自得其性，各得其
正，即"（王）[主] 能任其自行，故无迹也"④，"反任物性而物性自
一，故无迹"⑤。因此，圣人政治事功之"迹"就是臣民自己政治事功
之"迹"。故郭象说："夫有虞氏之与泰氏，皆世事之迹耳，非所以迹
者也。所以迹者，无迹也，世孰名之哉！未之尝名，何胜负之有耶！然
无迹者，乘群变，履万世，世有夷险，故迹有不及也。"⑥ 圣人之名称
（迹）只是世人给予的，圣人的本性（所以迹）就是"无迹"，正因为
他"无迹"，所以才能"乘群变，履万世"。当然，郭象认为圣人并不
止于此，圣人不但"无迹"，而且还忘其"所以迹"。他注《大宗师》
曰："夫坐忘者，奚所不忘哉！既忘其迹，又忘其所以迹者，内不觉其
一身，外不识有天地，然后旷然与变化为体而无不通也。"⑦ 这样，圣
人就真的没什么内与外、有为与无为、自然与名教的区分了。因此，圣
人"无迹"，且内外相及。而作为凡人，总是有"迹"，所以只能是
"忘迹反本"，故郭象说，"存夫仁义，不足以知爱利之由无心，故忘之
可也"⑧，"由腐儒守迹，故致斯祸。不思捐迹反一，而方复攘臂用迹以

① ［清］郭庆藩撰；王孝鱼点校：《庄子集释》，第 13 页。
② ［清］郭庆藩撰；王孝鱼点校：《庄子集释》，第 982 页。
③ ［清］郭庆藩撰；王孝鱼点校：《庄子集释》，第 444 页。
④ ［清］郭庆藩撰；王孝鱼点校：《庄子集释》，第 451 页。
⑤ ［清］郭庆藩撰；王孝鱼点校：《庄子集释》，第 556 页。
⑥ ［清］郭庆藩撰；王孝鱼点校：《庄子集释》，第 294 页。
⑦ ［清］郭庆藩撰；王孝鱼点校：《庄子集释》，第 290 页。
⑧ ［清］郭庆藩撰；王孝鱼点校：《庄子集释》，第 288～289 页。

治迹,可谓无愧而不知耻之甚也"①。凡人通过忘"仁义之迹""圣人之迹""他人之迹"而返回到自身的"所以迹",实现"迹"与"所以迹"的辩证统一,达至"迹冥如一"的逍遥境界。通过"迹"与"所以迹"这种独特的哲学方法,郭象打通了"有为"与"无为"、"内圣"与"外王"、"自然"与"名教"之间的界限,构建起内外相及的圣人论。

读郭象《庄子注》可以发现,"所以"结构是常见句式类型之一,其功能是探究现象背后的原因(事物的本质),将"体用"的方法改造为个性化的"迹"与"所以迹"的方法,算是郭象注解《庄子》的独特之处。郭象通过这种方法,融通了自然与名教、有为与无为、社会体制与个体自由。一般认为,"迹"是现象,而"所以迹"是本体和本性。郭象说:"所以迹者,真性也。夫任物之真性者,其迹则六经也。"② 郭象认为,"迹"是发用、是流行、是外在表现形式,"所以迹"是本体、是事物自身、是内在真性;"迹"与"所以迹"一体,"迹"是"所以迹"自行活动的必然结果,"所以迹"寓于"迹"之中,并通过"迹"呈现出来。故他说:

夫与物无伤者,非为仁也,而仁迹行焉;令万理皆当者,非为义也,而义功见焉。③

自三代以上,实有无为之迹。无为之迹,亦有为者之所尚也,尚之则失其自然之素。故虽圣人有不得已,或以盘夷之事易垂拱之性,而况悠悠者哉!④

故夫尧舜者,岂直一尧舜而已哉!是以虽有矜愁之貌,仁义之迹,而所以迹者故全也。⑤

夫乘物非为迹而迹自彰,猖狂非招民而民自往,故为民所放效而不得已也。⑥

---

① [清] 郭庆藩撰;王孝鱼点校:《庄子集释》,第387页。
② [清] 郭庆藩撰;王孝鱼点校:《庄子集释》,第534页。
③ [清] 郭庆藩撰;王孝鱼点校:《庄子集释》,第331页。
④ [清] 郭庆藩撰;王孝鱼点校:《庄子集释》,第331页。
⑤ [清] 郭庆藩撰;王孝鱼点校:《庄子集释》,第384页。
⑥ [清] 郭庆藩撰;王孝鱼点校:《庄子集释》,第397页。

况今人之事，则以自然为履，六经为迹。①

在郭象看来，"仁义之迹"并非圣人有意为之的结果，而是圣人无为顺任众人自然之性，最终因人们自为活动而必被标以一定的名迹。代表"所以迹"的仁义自性（礼意）必然要通过外在之"迹"的规范仪式（礼文）呈现出来，即所谓"非为仁也，而仁迹行焉"，"非为义也，而义功见焉"，"非为迹而迹自彰"，"非招民而民自往"。从这个层面来说，圣人虽被标以"仁义之迹"，但只要是顺性无为所自然生发的结果，就定能保全和呈现"所以迹"。因此，众人所谓的名迹正是圣人顺任众人自然本性的外在表现。至此，有人会产生疑惑：为什么郭象在肯定"仁义之迹"的同时又否定它呢？比如上面的引文中有"无为之迹，亦有为者之所尚也，尚之则失其自然之素"的说法。其实，郭象对"仁义之迹"并不反对，他反对的是"尚迹""崇迹""守迹""固迹""常迹""成迹"（"陈迹"）"彰迹""执迹"，而人们"尚迹""崇迹""守迹""固迹""常迹""成迹"（"陈迹"）"彰迹""执迹"最终就会造成人们过分重名而失真的弊端与后果。所以，郭象为了避免这种弊端的出现，他甚至在很多地方都提倡"无迹"与"忘迹"。

在用"迹"与"所以迹"的范畴表达"礼具"（礼文）和"礼意"（礼质）关系的时候，郭象更为凸显"礼意"的重要性。如他说：

礼有常则，故矫效之所由生也。华去而朴全，则虽为而非为也。②

率性而动，非常迹也。③

夫圣人者，诚能绝圣弃知而反冥物极，物极各冥，则其迹利物之迹也。④

仁义发中，而还任本怀，则志得矣，志得矣，其迹则乐也。信行容体而顺乎自然之节文者，其迹则礼也。⑤

① ［清］郭庆藩撰；王孝鱼点校：《庄子集释》，第534页。
② ［清］郭庆藩撰；王孝鱼点校：《庄子集释》，第729页。
③ ［清］郭庆藩撰；王孝鱼点校：《庄子集释》，第427页。
④ ［清］郭庆藩撰；王孝鱼点校：《庄子集释》，第363页。
⑤ ［清］郭庆藩撰；王孝鱼点校：《庄子集释》，第550页。

郭象认为，圣人若能率性无为、任世自成、与时俱迁，那么其活动产生之"迹"就并非"常迹"，而是"利物之迹"。同样，代表"礼意"之仁义若能顺乎"自然情性"得以真诚适当地表达，即所谓"仁义发中"，那么其产生的礼乐之迹（礼具）就不是虚伪的，而是"还任本怀""志得则乐"且"顺乎自然之节文"。在这个意义上说，"礼具"（迹）恰恰是"礼意"（所以迹）的呈现。因此，郭象并非强硬把礼之内在真实情感的仁义（礼意）纳入自然本性中，而是将礼之外在表达形式的礼乐仪式（礼具）看成顺任自然本性呈现出来的名迹罢了。所以，郭象更为强调礼之"华去而朴全"，故他说：

> 夫知礼意者，必游外以经内，守母以存子，称情而直往也。若乃矜乎名声，牵乎形制，则孝不任诚，慈不任实，父子兄弟，怀情相欺，岂礼之大意哉！①

这里，郭象明确指出了礼之大意在于"称情而直往"，而非"矜乎名声，牵乎形制"，若世人不知礼之大意，则只会导致"孝不任诚，慈不任实，父子兄弟，怀情相欺"的"假礼教"。"游外以经内"意味着对外在礼的形式的遵应以礼的内在真实情性为前提，并与内在情性相一致；"守母以存子"意味着应以礼之内在的情性（礼意）为母，以外在的礼仪道德规范（礼具）为子，只有这样才能避免"礼教"发生异化。在此，郭象提醒世人要领悟礼之大意，不要受外在的名声和礼制礼仪牵绊，而更应该回到礼最核心的内在实质，重视父子之间的真诚亲情，兄弟之间的手足情谊，即父慈子孝、兄友弟恭。在郭象眼里，礼的理想状态就是"礼具"与"礼意"的统一。

由此可知，郭象所反对的是人们刻意崇尚的名迹，人们一旦执着于圣人之迹、仁义之迹（礼具）就会陷入灾难之中。他说：

> 夫仁义自是人情也。而三代以下，横共囂囂，弃情逐迹，如将不及，不亦多忧乎！②

---

① ［清］郭庆藩撰；王孝鱼点校：《庄子集释》，第 272 页。
② ［清］郭庆藩撰；王孝鱼点校：《庄子集释》，第 327 页。

圣知仁义者，远于罪之迹也。迹远罪则民斯尚之，尚之则矫诈生焉，矫诈生而御奸之器不具者，未之有也。①

兼爱之迹可尚，则天下之目乱矣。以可尚之迹，蒿令有患而遂忧之，此为陷人于难而后拯之也。然今世正谓此为仁也。②

莫知反一以息迹而逐迹以求一，愈得迹，愈失一，斯大谬矣。③

夫圣迹既彰，则仁义不真而礼乐离性，徒得形表而已矣。④

法圣人者，法其迹耳。夫迹者，已去之物，非应变之具也，奚足尚而执之哉！执成迹以御乎无方，无方至而迹滞矣，所以守国而为人守之也。⑤

夫黄帝非为仁义也，直与物冥，则仁义之迹自见。迹自见，则后世之心必自殉之，是亦黄帝之迹使物撄也。⑥

能明其迹耳，岂所以迹哉！皆道古人之陈迹耳，尚复不能常称。⑦

郭象认为，名迹呈现着自然本性，是圣人无心而顺任众人自然之性而活动的外在表现。但由于众人不明白其中的道理，所以他们违背自己的自然本性去崇尚和彰显"礼教"而最终导致自己丧失真性，进而导致"礼教"异化、天下危乱，即所谓"仁义不真而礼乐离性"，"兼爱之迹可尚，则天下之目乱矣"，"尚之则矫诈生焉，矫诈生而御奸之器不具者，未之有也"，"皆道古人之陈迹耳，尚复不能常称"。郭象甚至蔑视那些墨守成迹的"腐儒"，他说："由腐儒守迹，故致斯祸。"⑧ 由此可知，面对异化失真的"礼教"，郭象是持否定态度的。郭象主张破除形式化、教条化的"礼教"，而渴望回归到呈现人之自然本性的"礼教"。

① ［清］郭庆藩撰；王孝鱼点校：《庄子集释》，第 387 页。
② ［清］郭庆藩撰；王孝鱼点校：《庄子集释》，第 326 页。
③ ［清］郭庆藩撰；王孝鱼点校：《庄子集释》，第 555 页。
④ ［清］郭庆藩撰；王孝鱼点校：《庄子集释》，第 345 页。
⑤ ［清］郭庆藩撰；王孝鱼点校：《庄子集释》，第 353 页。
⑥ ［清］郭庆藩撰；王孝鱼点校：《庄子集释》，第 383 页。
⑦ ［清］郭庆藩撰；王孝鱼点校：《庄子集释》，第 1063 页。
⑧ ［清］郭庆藩撰；王孝鱼点校：《庄子集释》，第 387 页。

根据郭象对"迹"的区分，我们知道，在郭象看来，造成天下动乱的原因并非圣人之名迹，而是人们崇尚和墨守名迹。故他说："不能大齐万物而人人自别，斯人自为种也。承百代之流而会乎当今之变，其弊至于斯者，非禹也，故曰天下耳。言圣知之迹非乱天下，而天下必有斯乱。"① 郭象认为，如今天下有危乱并非圣知之迹造成的，而是天下人自己崇尚名迹、执着名迹的结果，因为这些名迹已是过去圣人的陈旧之迹，并不适合当今之世，若今人一味照搬成迹则只会不合时宜，难免造成天下大乱。是谓"故学者非为幻怪也，幻怪之生必由于学；礼者非为华藻也，而华藻之兴必由于礼。斯必然之理，至人之所无奈何，故以为己之桎梏也"②。此外，根据是否与时俱变，郭象还将"迹"分为了"殉世之迹"和"伤性之迹"。他说：

> 故与世常冥，唯变所适，其迹则殉世之迹也；所遇者或时有盘夷秃胫之变，其迹则伤性之迹也。然而虽挥斥八极而神气无变，手足盘夷而居形者不扰，则奚殉哉？无殉也，故乃不殉其所殉，而迹与世同殉也。③

这里，郭象把能够无为而与时俱变的"迹"称为"殉世之迹"；把不能与时俱变而有为的"迹"称为"伤性之迹"。对于"殉世之迹"和"伤性之迹"二者，郭象勉强认可前者而反对后者。但相较而言，郭象更赞成"无迹"，即所谓"无殉也，故乃不殉其所殉，而迹与世同殉也"。郭象"无迹"之说主要是针对当时"崇迹""尚迹""彰迹"等弊端导致"礼教"严重异化的现象提出来的。故郭象说：

> 愧道德之不为，谢冥复之无迹，故绝操行，忘名利，从容吹累，遗我忘彼，若斯而已矣。④
> （王）［主］能任其自行，故无迹也。⑤

---

① ［清］郭庆藩撰；王孝鱼点校：《庄子集释》，第530页。
② ［清］郭庆藩撰；王孝鱼点校：《庄子集释》，第210页。
③ ［清］郭庆藩撰；王孝鱼点校：《庄子集释》，第332页。
④ ［清］郭庆藩撰；王孝鱼点校：《庄子集释》，第337页。
⑤ ［清］郭庆藩撰；王孝鱼点校：《庄子集释》，第451页。

此真混沌也，故与世同波而不自失，则虽游于世俗而泯然无迹，岂必使汝惊哉！①

夫志各有趣，不可相效也。故因其自摇而摇之，则虽摇而非为也；因其自荡而荡之，则虽荡而非动也。故其贼心自灭，独志自进，教成俗易，闷然无迹，履性自为而不知所由，皆云我自然矣。②

为了去除当时世人崇尚名迹的严重现象，郭象主张要任性自为，只有这样才能忘记外在名迹而回归到自身的自然本性中，以此恢复真正"礼教"。郭象不但提出"无迹"，还提出"忘迹""忘所以迹"的更高境界追求。他说：

仁者，兼爱之迹；义者，成物之功。爱之非仁，仁迹行焉；成之非义，义功见焉。存夫仁义，不足以知爱利之由无心，故忘之可也。但忘功迹，故犹未玄达也。③

这里，郭象正是通过批判当时世人一味崇尚仁义之迹而丧失真实本性的现象来唤起人们回归仁义本身，他认为只有"无心""忘迹"还不能达到玄达的最高境界。于是，他又说：

夫有虞氏之与泰氏，皆世事之迹耳，非所以迹者也。所以迹者，无迹也，世孰名之哉！④

礼者，形体之用，乐者，乐生之具。忘其具，未若忘其所以具也。⑤

夫坐忘者，奚所不忘哉！既忘其迹，又忘其所以迹者，内不觉其一身，外不识有天地，然后旷然与变化为体而无不通也。⑥

---

① ［清］郭庆藩撰；王孝鱼点校：《庄子集释》，第 444 页。
② ［清］郭庆藩撰；王孝鱼点校：《庄子集释》，第 437 页。
③ ［清］郭庆藩撰；王孝鱼点校：《庄子集释》，第 288～289 页。
④ ［清］郭庆藩撰；王孝鱼点校：《庄子集释》，第 294 页。
⑤ ［清］郭庆藩撰；王孝鱼点校：《庄子集释》，第 289 页。
⑥ ［清］郭庆藩撰；王孝鱼点校：《庄子集释》，第 290 页。

郭象主张"忘迹"与"忘所以迹"正是为了破除当时世人对名教教条及礼之外在形式（礼具）的崇尚，让世人明白真正的"礼教"恰恰是人之自然情性的必然呈现。在这个意义上说，符合"礼意"之"礼具"必不可少，它是社会秩序得以稳定、个人身心得以安顿的现实价值支撑，是众人各安其性、各守其分、各冥其极的必要前提。

综合而言，郭象以"意"与"言"及"所以迹"与"迹"的哲学范畴来说明礼之内在情感（礼意）与外在形式（礼具）是一体一用、一源一流、一里一表的关系。这就是说，二者不是决定与被决定的关系，而是显现与被显现、存在与流行的关系。因此，相较于先秦儒家的文质之辨，郭象继承了先秦儒家从内外两个向度来论及"礼意"和"礼具"的关系，同时还有所发展，即从本体论高度以"意"与"言"、"所以迹"与"迹"的体用一如关系为"礼"的合理化存在寻求到形上依据，并用"言"与"意"、"迹"与"所以迹"、"治之具"与"治之道"相统一的"真礼"来批判当时异化的"伪礼"，从而解答了魏晋时期"名教"与"自然"关系的重大问题。

二、先秦儒家的"先圣后王"到郭象"圣王合一"的理想圣人人格

内圣外王是儒道两家共同追求的理想境界，二者均主张以内在超越[①]的路径来达至这一理想境界。正如熊十力所说："孔子内圣外王的

---

① 牟宗三在《中国哲学的特质》一书中对"儒家之内在超越"做了解释，他说："天道一方面是超越的，另一方面又是内在的，天道既超越又内在，此时可谓兼具宗教与道德的意味，宗教重超越义，而道德重内在义。"（牟宗三：《中国哲学的特质》，台北：台湾学生书局，1974年，第30～31页。）汤一介认为："在对中国思想史的研究中，内在超越不只被用来描述儒家，更广泛地用于概括儒释道三家。"（汤一介：《儒释道与内在超越问题》，南昌：江西人民出版社，1991年，第60页。）余英时在《士与中国文化》的引言中亦说，"柏拉图和亚里士多德把世界一分为二：一方面是超越的本体或真理世界，另一面是现实的世界。这是'外在超越'型文化的特色"，"中国当然也发生了超越世界和现实世界的分化，但是这两个世界却不是完全隔绝的；超越世界的'道'和现实世界的'人伦日用'之间是一种不即不离的关系。西方人的二分思维方式在中国思想史上自始即不占重要地位。"［余英时：《士与中国文化》（引言），上海：上海人民出版社，2013年，第3、5页。］

精神，庄子犹能识之。"① 有学者亦说："不管是儒家的'通道说'还是道家的'明镜说'，它们都是一种内在超越的理论，它们都采取了内在超越之路以进达形而上之境。即立足于现世现时的道德实践和心性修养，追求一种力所能及的精神完美与生命存在层次的提升。"所以，在价值追求层面的"内圣外王"是儒道两家的共通之处，只是二者就"内圣外王"的具体实现途径有所不同。儒家的"内圣外王"是以性善论为基础，主张以"内圣"为本，将"外王"纳入"内圣"之中，由"内圣"而"外王"，是"尽心、知性、知天"的路径，即从因循人道而循天道。道家的"内圣外王"是以自然虚明之道为基础，主张通过去除内心人欲的静修方法而达至"道通为一"的境界，最终将"内圣"与"外王"等量齐观，这是从因循天道而循人道的路径。

"内圣外王"语出《庄子·天下》篇，先秦儒家虽没有"内圣外王"的明确提法，但"内圣外王"也一直是儒家的理想和使命。正如梁启超所说："儒家哲学范围广博，概括说起来，其用功所在，可以《论语》'修己安人'一语括之，其学问最高目的，可以《庄子》'内圣外王'一语括之。"② 因此，"内圣外王"是儒家修身治世的价值追求与理想境界。孔子有言："《书》云：'孝乎惟孝，友于兄弟，施于有政。'是亦为政，奚其为为政？"③ 朱熹解释此句曰："《书》言君陈能孝于亲，友于兄弟，又能广推此心以为一家之政。孔子引之，言如此则是亦为政矣，何必居位乃为为政乎。"④ 这就说明，先践履仁义忠孝的道德来进行内在修养，然后通过内在修养推至外在的治世，由"内圣"而"外王"，即"修己以安人""正己以正人"，最终实现"无为而治"。故《论语·宪问》载："子路问君子。子曰：'修己以敬。'曰：'如斯而已乎？'曰：'修己以安人。'曰：'如斯而已乎？'曰：'修己以安百姓。'"⑤《论语·子路》亦曰，"上好礼，则民莫敢不敬；上好义，则民莫敢不服；上好信，则民莫敢不用情。夫如是，则四方之民襁

---

① 熊十力：《十力语要》卷二《与贺昌群》，上海：上海书店出版社，2007 年，第 178 页。

② 梁启超：《饮冰室合集·专集之一百三》，北京：中华书局，1989 年，第 2～3 页。

③ ［清］程树德撰；程俊英、蒋见元点校：《论语集释》（第一册），第 121 页。

④ ［清］程树德撰；程俊英、蒋见元点校：《论语集释》（第一册），第 124 页。

⑤ ［清］程树德撰；程俊英、蒋见元点校：《论语集释》（第三册），第 1041 页。

负其子而至矣，焉用稼"①，"其身正，不令而行；其身不正，虽令不从"②，"苟正其身矣，于从政乎何有？不能正其身，如正人何"③。《论语·卫灵公》又言："无为而治者其舜也与？夫何为哉？恭己正南面而已矣。"④ 在孔子看来，正己方可正人，内圣方可外王，无为（修身）方可无不为（治世）。

孟子继承了孔子"内圣外王"的思想，主张统治者要由内在的"仁心"推至外在的"仁政"。他说："人皆有不忍人之心。先王有不忍人之心，斯有不忍人之政矣。以不忍人之心，行不忍人之政，治天下可运之掌上。"⑤ 朱熹注此句曰："惟圣人全体此心，随感而应，故其所行无非不忍人之政。"⑥ 在孟子看来，理想的君主皆可将内在的"仁心"不断向外推扩，随感而应，实现外在的"仁政"，即所谓"君子之守，修其身而天下平"⑦。总的来说，儒家"内圣外王"的价值追求和理想境界可用《大学》中的话语概括，即"古之欲明明德于天下者，先治其国；欲治其国者，先齐其家；欲齐其家者，先修其身；欲修其身者，先正其心；欲正其心者，先诚其意；欲诚其意者，先致其知；致知在格物。物格而后知至，知至而后意诚，意诚而后心正，心正而后身修，身修而后家齐，家齐而后国治，国治而后天下平。自天子以至于庶人，壹是皆以修身为本"⑧。这就意味着"内圣"是修己的功夫，主要靠自己主观上的"格物""致知""诚意"与"正心"，这是力所能及的事情；而"外王"则要受外在客观条件的限制，但"外王"必须以"内圣"为基础。因此，儒家只是将"内圣外王"当作一种理想来加以执持，它更多关心的是"内圣"功夫的落实，所谓"自天子以至于庶人，壹是皆以修身为本"。

先秦儒家以"先圣后王"的路子成就"内圣外王"的理想圣人人格，且强调"能近取譬"及"道在伦常日用间"的实践方法在成就理

---

① ［清］程树德撰；程俊英、蒋见元点校：《论语集释》（第三册），第 897～898 页。
② ［清］程树德撰；程俊英、蒋见元点校：《论语集释》（第三册），第 901 页。
③ ［清］程树德撰；程俊英、蒋见元点校：《论语集释》（第三册），第 911 页。
④ ［清］程树德撰；程俊英、蒋见元点校：《论语集释》（第四册），第 1062 页。
⑤ ［宋］朱熹撰：《四书章句集注·孟子集注》，第 237 页。
⑥ ［宋］朱熹撰：《四书章句集注·孟子集注》，第 237 页。
⑦ ［宋］朱熹撰：《四书章句集注·孟子集注》，第 373 页。
⑧ ［宋］朱熹撰：《四书章句集注·大学章句》，第 3～4 页。

想人格与境界过程中的重要性，这亦是由人道上达天道的体现。《论语》雍也篇载孔子言："夫仁者，己欲立而立人，己欲达而达人。能近取譬，可谓仁之方也已。"① 在孔子看来，仁并不高远离人，只需近取诸身，从自我点滴小事做起，并推而广之，就是达至仁的最好良方。这种观点到孟子这里，则体现为"反求诸己"的功夫。孟子曰，"仁者如射，射者正己而后发。发而不中，不怨胜己者，反求诸己而已矣"②，"爱人不亲反其仁，治人不治反其智，礼人不答反其敬。行有不得者，皆反求诸己，其身正而天下归之"③。这里孟子以"射箭"来比喻道德修养，道德修养就像射箭的选手，射箭时关键是端正自己的姿态然后放箭，如果没有射中，不要去抱怨胜过自己的人，而要反躬自问自己的姿态是否正确、自己的技术是否娴熟。同样，如果自己爱别人而别人不亲近自己，那就得反问自己仁爱是不是做得不够；如果自己管理他人而他人不听从自己的管理，那就得反问自己智慧是否有所不足；自己礼貌地对待他人而得不到回应，那就得反问自己对别人的恭敬是否有所欠缺。总之，任何行为达不到预期目标时就得首先反省自身并加以改进，只有自己端正了，天下的人才会信服你。在孟子看来，仁义礼智信是内在于人的本心的，所以道德修养自然需要"反求诸己"。正如孟子言："万物皆备于我矣。反身而诚，乐莫大焉。强恕而行，求仁莫近焉。"④ 道德修养的自身责任感溢于孟子的字里行间，对孟子来说，道德的快乐是宇宙间最珍贵的东西，这种满足并非取决于外在的得到，而是以"反求诸己"的切身之法通往仁义的大道。孔孟"先圣后王""由近取譬"的成圣求仁之方在《中庸》里则体现为，"道也者，不可须臾离也，可离非道也"⑤，"道不远人。人之为道而远人，不可以为道"⑥。

道家亦讲"内圣外王"，但其"内圣外王"的实现路径与儒家恰恰相反，它是从天道而人道。从"道"的层面看，"天"与"人"一体，"内圣"与"外王"无别。因此，道家主张通过虚静功夫去除人心之

---

① [宋] 朱熹撰：《四书章句集注·论语集注》，第 92 页。
② [宋] 朱熹撰：《四书章句集注·孟子集注》，第 239 页。
③ [宋] 朱熹撰：《四书章句集注·孟子集注》，第 278 页。
④ [宋] 朱熹撰：《四书章句集注·孟子集注》，第 350 页。
⑤ [宋] 朱熹撰：《四书章句集注·中庸章句》，第 17 页。
⑥ [宋] 朱熹撰：《四书章句集注·中庸章句》，第 23 页。

欲，以人道效法天道，回归自然真实本性。

《老子》第五十四章有言："修之于身，其德乃真；修之于家，其德乃余；修之于乡，其德乃长；修之于国，其德乃丰；修之于天下，其德乃普；故以身观身，以家观家，以乡观乡，以国观国，以天下观天下。吾何以知天下然哉？以此。"①王弼注解此句曰："以身及人也。修之身则真，修之家则有余，修之不废，所施转大。彼皆然也。以天下百姓心，观天下之道也。天下之道，逆顺吉凶，亦皆如人之道也。此，上之所云也。言吾何以得知天下乎？察己以知之，不求于外也。"② 这里，身—家—乡—国—天下展现了"内圣"到"外王"的过程。因此，道家亦以"内圣"为本，强调统治者只有通过内在虚静去欲的功夫，才能达至"外王"。比如：

> 道常无为而无不为，侯王若能守之，万物将自化。化而欲作，吾将镇之以无名之朴。无名之朴，夫亦将无欲。不欲以静，天下将自定。③

> 故圣人云，我无为而民自化，我好静而民自正，我无事而民自富，我无欲而民自朴。④

> 以德为本，以道为门，兆于变化，谓之圣人。以仁为恩，以义为理，以礼为行，以乐为和，薰然慈仁，谓之君子。以法为分，以名为表，以参为验，以稽为决，其数一二三四是也，百官以此相齿，以事为常，以衣食为主，蕃息畜藏，老弱孤寡为意，皆有以养，民之理也。古之人其备乎！配神明，醇天地，育万物，和天下，泽及百姓，明于本数，系于末度，六通四辟，小大精粗，其运无乎不在。⑤

在道家看来，"内圣外王"的价值追求与理想境界的实现要求在上位的统治者必须以虚静无为的内修功夫才能最终达至外在的天下太平。

---

① ［魏］王弼著；楼宇烈校释：《老子道德经注校释》，第 144 页。
② ［魏］王弼著；楼宇烈校释：《老子道德经注校释》，第 144 页。
③ ［魏］王弼著；楼宇烈校释：《老子道德经注校释》，第 91～92 页。
④ ［魏］王弼著；楼宇烈校释：《老子道德经注校释》，第 150 页。
⑤ ［清］郭庆藩撰；王孝鱼点校：《庄子集释》，第 1061～1062 页。

正如庄子所说，内在的修身是"本数"，而外在的事功是"末度"，由内到外、由天道而人道，最终无所不通，即所谓"配神明，醇天地，育万物，和天下，泽及百姓，明于本数，系于末度，六通四辟，小大精粗，其运无乎不在"。在此情境下，"内圣"与"外王"等量齐观、一一俱现。

郭象借用庄子的"齐物论"将"内圣"与"外王"等量齐观，但这种等同背后却是将道家之"无为"改造为儒家之"有为"，认为君主"游外必弘内"及"寓无为于有为"。同时，郭象还主张以"冥不离俗""高不离迹"的方法由人道上达天道，以此成就"圣王合一""内外相冥"的理想人格及境界。他注《庄子·逍遥游》中"藐姑射之山，有神人居焉，肌肤若冰雪，绰约若处子"句曰：

> 夫神人即今所谓圣人也。夫圣人虽在庙堂之上，然其心无异于山林之中，世岂识之哉！徒见其戴黄屋，佩玉玺，便谓足以缨绂其心矣；见其历山川，同民事，便谓足以憔悴其神矣；岂知至至者之不亏哉！今言王德之人而寄之此山，将明世所无由识，故乃托之于绝垠之外而推之于视听之表耳。处子者，不以外伤内。[①]

这里，郭象把《庄子》原文中超尘脱俗的"神人"形象进行了改造，将其与"圣人"等同，即所谓"夫神人即今所谓圣人耳""神人即圣人也，圣言其外，神言其内"[②]。在郭象看来，圣人治理天下并非真不治，而是顺自然为治，以不治为治，庙堂即山林，名教即自然。圣人体无，而无又不可言，故只能通过有来体现。庄子言虽至矣，然未能任自然之极，天下亦未见其治，此谓知天而未尝能治人。圣人则能无心玄应，顺通万物之性，陶铸天下之化，统合天地之序，无行而不与百姓共，无往而不为天下君，即"明内圣外王之道，上知造物无物，下知有物之自造也"。郭象认为，圣人无心无欲的内在高深境界正是通过应对外在事务的状态显现出来。圣人虽然表现为务事，实际上却能不累于物而达"游心"。故他说：

---

① ［清］郭庆藩撰；王孝鱼点校：《庄子集释》，第32页。
② ［清］郭庆藩撰；王孝鱼点校：《庄子集释》，第937页。

　　夫理有至极，外内相冥，未有极游外之致而不冥于内者也，未有能冥于内而不游于外者也。故圣人常游外以（宏）[冥]内，无心以顺有，故虽终日（挥）[见]形而神气无变，俯仰万机而淡然自若。夫见形而不及神者，天下之常累也。是故睹其与群物并行，则莫能谓之遗物而离人矣；睹其体化而应务，则莫能谓之坐忘而自得矣。岂直谓圣人不然哉？乃必谓至理之无此……则夫游外（宏）[冥]内之道坦然自明，而《庄子》之书，故是涉俗盖世之谈矣。[①]

　　夫游外者依内，离人者合俗，故有天下者无以天下为也。是以遗物而后能入群，坐忘而后能应务，愈遗之，愈得之。苟居斯极，则虽欲释之而理固自来，斯乃天人之所不赦者也。[②]

　　郭象认为，真正的圣人固须宅心玄虚，而不必轻忽人事，当以养性命与治天下、名教与自然为一事，游外者必冥内，冥内者必游外。"圣人"并非要远离世俗隐居山林，而是"游外以冥内""无心以顺有""与群物并行而遗物离人""体化应务而坐忘自得"。此外，在郭象看来，《庄子》一书其实是涉俗盖世之谈，所谓"游外者依内""离人者合俗"，大抵是正言若反之意。因此，"游外"与"冥内"没有任何区别，二者是一致的，不可分割。其实，郭象将"圣人"设计成"外内相冥"的形象，目的仍在追求无为而无不为、天下太平的社会理想，即"故有天下者无以天下为也。是以遗物而后能入群，坐忘而后能应务，愈遗之，愈得之""所造虽异，其于由无事而得事者"。所以，在郭象这里，圣人"无为"不再是无所作为地拱默山林，而是身处朝廷、治平天下却又保持淡泊出世的心灵境界。他说：

　　所谓无为之业，非拱默而已；所谓尘垢之外，非伏于山林也……问所以游外共内之意……夫与内冥者，游于外也。独能游外以冥内，任万物之自然，使天性各足而帝王道成，斯乃畸于人而侔

---

① [清] 郭庆藩撰；王孝鱼点校：《庄子集释》，第273页。
② [清] 郭庆藩撰；王孝鱼点校：《庄子集释》，第277页。

于天也。①

在郭象眼里，圣人和理想的君王几乎没有区别。圣人并非高藐超世不食人间烟火，也不是一味地逃离俗世隐遁山林，恰恰是寓"无为"于"有为"，"外天下"实是"治天下"，"即世间而出世间"，这俨然就是儒家积极入世的理想君王模样。由此，郭象就从"神人即圣人"过渡到"圣人即圣王"，将神人与圣王等同。故郭象才对尧舜禹三代圣王报以大加赞赏的态度，这一点跟庄子有着很大的区别。他注"尧让许由"曰：

> 夫能令天下治，不治天下者也。故尧以不治治之，非治之而治者也。今许由方明既治，则无所代之。而治实由尧，故有子治之言，宜忘言以寻其所况。而或者遂云：治之而治者，尧也；不治而尧得以治者，许由也。斯失之远矣。夫治之由乎不治，为之出乎无为也，取于尧而足，岂借之许由哉！若谓拱默乎山林之中而后得称无为者，此庄老之谈所以见弃于当涂。［当涂］者自必于有为之域而不反者，斯之由也。夫自任者对物，而顺物者与物无对，故尧无对于天下，而许由与稷契为匹矣。何以言其然邪？夫与物冥者，故群物之所不能离也。②

《庄子》原文本意是批评尧之"有为"而赞赏许由之"无为"，而郭象却相反，他认为尧才是以"不治治之"的"无为"，而许由仅仅拱默于山林并未真正做到"外天下"，其恰恰是"以天下为对""殉名慕高"的"有为"，因为"治之由乎不治，为之出乎无为"，"与物冥者，故群物之所不能离也"，郭象这种冥不离迹、高不离俗的思想完全体现了儒家的"道在百姓日用伦常之间"与"极高明而道中庸"的精神旨趣。

郭象之所以主张圣王"不离世间"与"游外必弘内"，实出于强调圣王以礼治天下的必要性。他说：

---

① ［清］郭庆藩撰；王孝鱼点校：《庄子集释》，第276～278页。
② ［清］郭庆藩撰；王孝鱼点校：《庄子集释》，第27～28页。

自先明天以下,至形名而五,至赏罚而九,此自然先后之序也。治人者必顺序。治道先明天,不为弃赏罚也,但当不失其先后之序耳。夫用天下者,必大通顺序之道。寄此事于群才,斯乃畜下也。①

明夫尊卑先后之序,固有物之所不能无也。言非但人伦所尚也。所以取道,为〔其〕有序〔也〕。②

郭象认为,人伦礼序如天序一样自然而然,居于上位的圣王之本性就是要取法自然之道,因任众人之性而使众人践行君臣、夫妇、尊卑、上下之礼序,实现"各得其性"的理想境地。同时,圣王在天下达至"父父子子各归其所"③,"尊卑有别,旅酬有次"④的过程中,根据时势变化纵使不得已采取刑名赏罚或施行仁义教化,都属于"无为"。因此,他注《庄子·在宥》"昔日黄帝始以仁义撄人之心。尧舜于是乎股无胈,胫无毛,以养天下之形,愁其五藏以为仁义,矜其血气以规法度"曰:"夫黄帝非为仁义也,直与物冥,则仁义之迹自见。迹自见,则后世之心必自殉之,是亦黄帝之迹使物撄也……故夫尧舜者,岂直一尧舜而已哉!是以虽有矜愁之貌,仁义之迹,而所以迹者故全也。"⑤郭象又言:"比古今,则尧舜无为而汤武有事。然各用其性而天机玄发,则古今上下无为,谁有为也。"⑥也就是说,圣王本不是为了仁义,但在治国过程中仁义之迹自然显现,圣王有为的治国功绩也只是百姓追述过时的圣王之迹给予的名号而已,圣王顺应时代的需要,虽然采取的方式不一,但从全性的角度而言是一样的。因此,郭象本质上是从圣王能够让百姓"各得其性""各守其分"的角度来阐发礼之治国的功用,即所谓"若夫任自然而居当,则贤愚袭情而贵贱履位,君臣上下,莫匪尔极,而天下无患矣"⑦,"自然应礼,非由忌讳。事以(礼)〔理〕

①〔清〕郭庆藩撰;王孝鱼点校:《庄子集释》,第478页。
②〔清〕郭庆藩撰;王孝鱼点校:《庄子集释》,第475页。
③〔清〕郭庆藩撰;王孝鱼点校:《庄子集释》,第872页。
④〔清〕郭庆藩撰;王孝鱼点校:《庄子集释》,第165页。
⑤〔清〕郭庆藩撰;王孝鱼点校:《庄子集释》,第383~384页。
⑥〔清〕郭庆藩撰;王孝鱼点校:《庄子集释》,第470页。
⑦〔清〕郭庆藩撰;王孝鱼点校:《庄子集释》,第385页。

接，能否自任，应动而动，无所辞让"①。郭象认为，圣王以礼治天下的原则就是让事事都符合礼序，让众人都处于自己适合的社会分位中，而非逃避与辞让，从而实现"贤愚袭情""贵贱履位"与"君臣上下，莫匪尔极"的理想礼教秩序。为此，郭象用了一个形象的比喻：

> 夫工人无为于刻木而有为于用斧，主上无为于亲事而有为于用臣。臣能亲事，主能用臣；斧能刻木而工能用斧；各当其能，则天理自然，非有为也。若乃主代臣事，则非主矣；臣秉主用，则非臣矣。故各司其任，则上下咸得而无为之理至矣……但上之无为则用下，下之无为则自用也。②

在郭象看来，臣子能亲事、君主能用臣好比斧头能刻木、工匠能用斧一样，就是在自己特定的位分上发挥各自所能，且不能越居位分而行，这是天理自然。这里，郭象通过自然分工的不同将社会礼序的等级位分合理化，认为人人只要按照社会固有的位分行事即是无为，即所谓"上之无为则用下，下之无为则自用"，并以此实现"君逸臣劳""君主无为即臣民自为"及"天下自宾"的政治理想。

由此可知，郭象将"神人"与"圣王"等同，将"游外"与"冥内"融为一体，重在凸显君主积极有为的特质，为君主实施以礼治天下奠定理论基础。郭象"圣王合一"的主张实乃儒家正心、修身、治国平天下之道，正如汤用彤所言："虽则内圣之德不同，治国之术亦有殊，然正陛下之心乃能正天下之心，其说与儒家不异也。夫论自然名教同，乃晋代之通说；圣王合一，乃我国道德政治之原则。"③足见，郭象《庄子注》最终要解决的是道德政治的问题，要追求的是儒家圣王治国的理想，而道家的自然只是为重建儒家所代表的真正名教秩序寻求的外在形上支撑。此外，郭象以"圣王合一"展开对礼之治国向度的阐发，认为圣王施行仁义礼教使社会众人伦次有等是符合众人自然本性与社会发展内在需要的无为的，亦是以礼序拓宽天序、以人道达至天道

---

① ［清］郭庆藩撰；王孝鱼点校：《庄子集释》，第 407 页。
② ［清］郭庆藩撰；王孝鱼点校：《庄子集释》，第 470～471 页。
③ 汤用彤：《魏晋玄学论稿》（增订版），第 107 页。

的现实路径。足见，郭象"圣王合一""冥不离俗"的理想圣人人格及境界是对先秦儒家"先圣后王""以近取譬"之"通道说"的继承与发展。

三、先秦儒家的"道不离器"到郭象"冥不离迹"的理想圣人政治

"君子不器"出自《论语·为政》篇，包含丰富的思想内蕴和博大的人文精神。君子是儒家的理想人格，而"不器"是孔子君子观的一个重要内容。"君子"一词在西周原义是指贵族，《书·无逸》曰："君子所，其无逸。"郑玄注解道："君子指位在官长者。"而《论语》中的君子又兼具"道德之人"的含义，从德性修养层面被赋予新的意涵，常与小人相对，以此区分"有德者"与"无德者"。在《论语》中，"君子"共出现107处，全面地塑造出儒家所追求的理想人格。君子是载道、传道的典范，从这些鲜活的"君子"形象中，可以侧面反映出孔子的道德观念、价值取向、人生境界等。在此意义上，有学者指出："一部《论语》，一言以蔽之：君子之论。"① 孔子在《论语·为政》篇中强调"君子不器"②，将"不器"视作君子的道德品质，丰富了君子观的内涵，那到底什么是"不器"呢？

在《论语》中，"器"字共出现六次，考察相关条目，有利于了解"君子不器"的含义。《论语》共出现三次"以器喻人"，用器来表述人的内在品性，并提出君子的修养应达到"不器"。学界对"管仲之器"③ 的解释，多从器量的角度来理解，器表示固定容量的器皿。《卫灵公》篇中的"工欲善其事，必先利其器"④，和《子路》篇中的"及其使人也，器之"⑤，从"器用"的角度进一步拓展了"器"的含义。"器"原义指有特定用途的器皿，后来引申出量才器使的器用之意，君子根据特定职位来选拔有一技之长的人。但专业型人才往往局限于各自

① 杨淑明：《孔子的君子观》，载《随笔》1996年第5期，第104页。
② ［清］程树德撰；程俊英、蒋见元点校：《论语集释》（第一册），第96页。
③ ［清］程树德撰；程俊英、蒋见元点校：《论语集释》（第一册），第206页。
④ ［清］程树德撰；程俊英、蒋见元点校：《论语集释》（第四册），第1075页。
⑤ ［清］程树德撰；程俊英、蒋见元点校：《论语集释》（第三册），第937页。

精通的领域，正如器具偏于一用却无法相通，因此视域和空间都相对狭窄。这一方面表明，专业型人才能够在具体职务中发挥功用，另一方面却闭塞于固有的技术领域，难以取得全面发展。正如《子张》篇所言"致远恐泥，是以君子不为也"①，技术人才的缺点是泥于小道，而不知会通。在《公冶长》篇中，孔子以特定的礼器来评价子贡，瑚琏是宗庙中贵重的礼器，具有华美的特征，好比子贡能言善辩的外交才华，堪当国之重器。但孔子对此提出了更高的要求，不仅要发挥大器的政治才能，更要上升至"不器"的境界。唯有君子才能超越具体技术层面，担当起治国弘道的重任。孔子在《为政》篇明确提出"君子不器"，从器者"各周其用"的角度理解，"不器"就是突破特定才能的局限，强调君子应具有广博的视野和全面的素养。在中国传统社会，士阶层作为"社会脊梁"，不可能也不应该是某种专业人员，他们的目标是"治国平天下"，其职责是维系和指引整个社会的生存。②"君子不器"放在《为政》篇，反映出从政之人不能成为某种定型的技术人才，而要做全面发展的博通之人。

究其根本，君子能突破偏于一用的局限，成为"天下全才"，其内在基础是道德修养。所谓君子在德不在位，高尚的德性成为周遍万物、无所不施的支撑力量，承托起由"器"向"不器"的转变。《周易·系辞》云："形而上者谓之道，形而下者谓之器。"这指出了"器"的具象性和"不器"的抽象性。对比具体技能的器用层面，君子侧重于追求超越性的道德价值，因而说"大道不器"。《礼记·学记》载："君子曰：'大德不官，大道不器。'"③ 郑玄注："谓圣人之道，不如器施于一物。"孔颖达疏："大道不器者，大道亦谓之圣人之道也，器谓物堪其用者。夫器各施其用，而圣人之道宏大，勿所不施，故云不器。不器谓诸器之本也。"如果说"器"是具体固化的表象事物，那么"不器"就是超越于具物，对抽象根本法则的追求，也就是达于"道"的层面。在此意义上，"道"不仅是"不器"，也是诸器之本、万器之源。

孔子认为君子首先应"志于道"，树立高远的价值理想。《子张》

---

① ［清］程树德撰；程俊英、蒋见元点校：《论语集释》（第四册），第 1307 页。
② 李泽厚：《论语今读》，北京：生活·读书·新知三联书店，2004 年，第 61 页。
③ 王文锦译解：《礼记译解》，第 523 页。

篇载："百工居肆以成其事，君子学以致其道。"① 孔子反复强调道的重要性，说："朝闻道，夕死可矣。"② 又说："谁能出不由户？何莫由斯道也？"③ 所谓道，是人生的道路，是提升精神境界的根本。在孔子那里，也就是成为君子的必由之路，强调修身以达道。"君子不器"是对形下之器层面的超越，君子充分发挥内在的德性力量，突破器具固态化的局限。余英时曾用"哲学的突破"来评价："士固定在封建关系中各有职事……但'突破'以后，士已发展了这种精神凭借，即所谓'道'。"④ "君子不器"正是"志于道"的具体引申义。君子作为"弘道"的承担者，充沛的道德力量使他从器具般单一用途的局限中解脱出来，实现对具体技术领域的超越，真正成为"不器"的人。这背后的支撑力量就是对道的追求。在此基础上，孔子期图有道德超越精神的"不器"君子亦能够成为治理国家的君王，成就由内圣而后王、由仁心而仁政的道德政治。可见，孔子主张"君子不器"的背后是"成仁复礼"的理想人格与政治的诉求。在孔子这里，承载"道"之超越精神的"仁义"是礼的内在真实情感（礼质），表达"道"之"器"的约束限制则是礼的外在形式（礼文），"道""器"的统一才是君王以礼教化与治国的理想状态。

汉末以降，由于专制政体内在矛盾的全面爆发，造成了社会秩序的严重失调。正如曹丕《典论》所描述道："桓灵之际，阉寺专命于上，布衣横议于下。干禄者殚货以奉贵，要名者倾身以事势。位成乎私门，名定乎横巷。由是户异议，人殊论。论无常检，事无定价；长爱恶，兴朋党。"⑤ 因此，重建一套符合社会整体利益的政治体制成为当时最迫切的问题。魏晋时期的玄学家们亦是围绕着这个问题，对有与无、有为与无为、名教与自然、社会体制与个体自由等社会基本矛盾进行调节，企图为社会秩序的重建及个人身心的安顿提供具体的解决方案，从而确立起新的价值观及政治体制。郭象生活的西晋元康时期，出现了以王衍

---

① ［清］程树德撰；程俊英、蒋见元点校：《论语集释》（第四册），第 1312 页。
② ［清］程树德撰；程俊英、蒋见元点校：《论语集释》（第一册），第 244 页。
③ ［清］程树德撰；程俊英、蒋见元点校：《论语集释》（第二册），第 399 页。
④ 余英时：《士与中国文化》，上海：上海人民出版社，2003 年，第 89 页。
⑤ ［唐］马总撰；王天海校注：《意林校注》卷五《典论》，贵阳：贵州教育出版社，1998 年，第 337 页。

为代表的"贵无派"和以裴頠为代表的"崇有派"。"贵无派"行事放达,以一味追求个体精神自由的"治之道"为目标,导致了虚无放诞的弊端;"崇有派"针对"贵无派"造成的社会严重失控现象,强调有为务实,以一味追求礼法名教的"治之具"为目标,加重了名教异化的现象。作为魏晋玄学发展高峰的郭象玄学,既不同于当时的"贵无派",也不同于"崇有派",而是以"治之具"的礼法名教与"治之道"的自然法理相统一①为政治理想,从而解决当时社会有与无、有为与无为、名教与自然、社会体制与个体自由的矛盾。

"治之具"与"治之道"的说法源自《庄子·天道》。《庄子·天道》篇载:"夫尊卑先后,天地之行也,故圣人取象焉……宗庙尚亲,朝廷尚尊,乡党尚齿,行事尚贤,大道之序也。语道而非其序者,非其道也,语道而非其道者,安取道……骤而语形名赏罚,此有知治之具,非知治之道;可用于天下,不足以用天下;此之谓辩士,一曲之人也。礼法数度,形名比详,古人有之,此下之所以事上,非上之所以畜下也。"② 郭象注曰:"言此先后虽是人事,然皆在至理中来,非圣人之所作也。明夫尊卑先后之序,固有物之所不能无也。言非但人伦所尚也。所以取道,为〔其〕有序〔也〕……自先明天以下,至形名而五,至赏罚而九,此自然先后之序也。治人者必顺序。治道先明天,不为弃赏罚也,但当不失其先后之序耳。夫用天下者,必大通顺序之道。寄此事于群才,斯乃畜下也。"③ 郭象认为人世间的尊卑先后、刑名赏罚等礼法名教是圣人"取道""明天"的自然结果,"治之道"的精神就在"治之具"之中,并通过"治之具"表现出来。这里,"治之具"指礼法名教,"治之道"指天道法理。同时,郭象还将"圣人"直接等同于"圣王"④,认为人间的礼教秩序就是一种天成秩序,是"圣王"遵循

---

① 卢国龙:《郭象评传——理性的蔷薇》,南宁:广西教育出版社,1996年,第143页。
② [清]郭庆藩撰;王孝鱼点校:《庄子集释》,第474~477页。
③ [清]郭庆藩撰;王孝鱼点校:《庄子集释》,第474~478页。
④ 郭象注《庄子·逍遥游》"藐姑射之山,有神人居焉,肌肤若冰雪,绰约若处子"曰:"夫神人即今所谓圣人耳也。夫圣人虽在庙堂之上,然心无异于山林之中。"(《庄子·逍遥游》注)又注"是其尘垢秕糠,将犹陶铸尧舜者也,孰肯以物为事"曰:"故夫尧舜者,岂直尧舜而已哉?必有神人之实焉。"(《庄子·逍遥游》注)这显然是将"神人"等同于"圣人",又进而将世俗的"圣王"假托成超世的"圣人"。(参见王晓毅《郭象评传》,第300页。)

"治之道"的天道法理的自然结果，是"治之道"得以表现的载体，它是自然存在的，而非"圣王"的强权意志加以维持的结果，是"圣王"满足人们本性需求、实现天下安定太平必不可少的"治之具"，即所谓"明夫尊卑先后之序，固有物之所不能无也。言非但人伦所尚也"。这就意味着，郭象没有将"治之具"与"治之道"隔阂开来，他并未将"道"视为"器"之外或认为"器"之上别有一"道"，而是强调"道"在"器"中、"道"不离"器"、"器"以显"道"。

郭象强调"道不离器"还与他提出的"迹"与"所以迹"这对哲学范畴密切相关。郭象常以"迹"和"所以迹"来指代表礼法名教的"治之具"和代表人之"自性"的"治之道"，比如他注《大宗师》曰："仁者，兼爱之迹；义者，成物之功……礼者，形体之用，乐者，乐生之具。忘其具，未若忘其所以具也。夫坐忘者，奚所不忘哉！既忘其迹，又忘其所以迹者。"① 又注《人间世》曰："夫暴君非徒求恣其欲，复乃求名，但所求者非其道耳。"② 郭象将仁义礼乐的外在形式之"迹"等同于礼法名教功用之"具"，将仁义礼乐的内在真实情性之"所以迹"等同于礼法名教本质之"道"，目的就是更形象地说明二者关系。故他说："所以迹者，真性也。夫任物之真性者，其迹则六经也。"③ 郭象认为，"迹"是发用、是流行、是外在表现形式，"所以迹"是本体、是事物自身、是内在真性；"迹"与"所以迹"一体，"迹"是"所以迹"自行活动的必然结果，"所以迹"寓于"迹"之中，并通过"迹"呈现出来，"迹"也必须完全符合并呈现"所以迹"，二者相互联系、不可分割，是"体不离用，用以显体，即体即用"的"体用"关系。

因此，从某种意义上说，"所以迹"与"迹"、"自然本性"与"礼法名教"、"治之道"与"治之具"不是决定和被决定的关系，而是一种显露和被显露、呈现和被呈现的关系。故他说：

　　夫与物无伤者，非为仁也，而仁迹行焉；令万理皆当者，非为

---

① ［清］郭庆藩撰；王孝鱼点校：《庄子集释》，第288～290页。
② ［清］郭庆藩撰；王孝鱼点校：《庄子集释》，第146页。
③ ［清］郭庆藩撰；王孝鱼点校：《庄子集释》，第534页。

义也，而义功见焉。①

故夫尧舜者，岂直一尧舜而已哉！是以虽有矜愁之貌，仁义之迹，而所以迹者故全也。②

夫乘物非为迹而迹自彰，猖狂非招民而民自往，故为民所放效而不得已也。③

在郭象看来，"仁义之迹"并非圣人有意为之的结果，而是圣人无为顺任众人自然之性，最终因人们自为活动而必被标以一定的名迹。是谓"非为仁也，而仁迹行焉"，"非为义也，而义功见焉"，"非为迹而迹自彰"，"非招民而民自往"。从这个层面来说，圣人虽标以"仁义之迹"，但只要是顺性无为所自然生发的结果，就定能保全和呈现"所以迹"。因此，众人所谓的名迹正是圣人顺任众人自然本性的外在表现。正如郭象所说的"仁义发中，而还任本怀，则志得矣，志得矣，其迹则乐也。信行容体而顺乎自然之节文者，其迹则礼也"④，他认为礼乐是自然性情的外在表达和显现。由此可知，郭象并不反对"迹"。对于顺性无为所产生的"迹"，郭象还是持肯定态度的。他说：

率性而动，非常迹也。⑤

夫圣人者，诚能绝圣齐知而反冥物极，物极各冥，则其迹利物之迹也。⑥

圣人无心，任世之自成。成之淳薄，皆非圣也。圣能任世之自得耳，岂能使世得圣哉！故皇王之迹，与时俱迁，而圣人之道未始不全也。⑦

郭象认为，圣人若能率性无为、任世自成、与时俱迁，那么其活动产生之"迹"就并非"常迹"，而是"利物之迹"。同样，代表"名

---

① ［清］郭庆藩撰；王孝鱼点校：《庄子集释》，第331页。
② ［清］郭庆藩撰；王孝鱼点校：《庄子集释》，第384页。
③ ［清］郭庆藩撰；王孝鱼点校：《庄子集释》，第397页。
④ ［清］郭庆藩撰；王孝鱼点校：《庄子集释》，第550页。
⑤ ［清］郭庆藩撰；王孝鱼点校：《庄子集释》，第427页。
⑥ ［清］郭庆藩撰；王孝鱼点校：《庄子集释》，第363页。
⑦ ［清］郭庆藩撰；王孝鱼点校：《庄子集释》，第552页。

教"之仁义若能顺乎"自然"，回归"真性"，那么仁义所产生的礼乐之迹就不是虚伪的。在这个意义上说，"名教"（迹）正是"自然"（所以迹）的呈现。因此，郭象并非强硬地把仁义纳入自然本性中，而是认为仁义就是顺任自然本性表现出来的名迹罢了。

郭象将"迹"与"所以迹"视为显现与被显现的关系，这就在一定程度上论证了"治之具"存在的合理必然性。若顺着这条思路往下推论，又怎么能够解释现实社会中代表"治之具"的礼法名教的异化现象呢？在郭象看来，礼法名教的"治之具"虽然呈现着自然本性的"治之道"，但是绝不能崇尚名迹，人类社会一切的灾难就在于此。因此，郭象所反对的是不符合"所以迹"的"逐迹""尚迹""成迹"（"陈迹"）"执迹"等，而如果人们"逐迹""尚迹""成迹"（"陈迹"）"执迹"，最终就会带来失真的弊端与后果。他说：

> 夫仁义自是人情也。而三代以下，横共嚣嚣，弃情逐迹，如将不及，不亦多忧乎！[1]
>
> 兼爱之迹可尚，则天下之目乱矣。以可尚之迹，蒿令有患而遂忧之，此为陷人于难而后拯之也。然今世正谓此为仁也。[2]
>
> 法圣人者，法其迹耳。夫迹者，已去之物，非应变之具也，奚足尚而执之哉！执成迹以御乎无方，无方至而迹滞矣，所以守国而为人守之也。[3]

郭象认为，名迹呈现出自然本性，是圣人无心顺任众人自然之性而活动的外在表现。但由于众人不明白其中的道理，所以他们违背自己的自然本性去崇尚和彰显"名教"而最终导致自己真性丧失，进而导致"名教"异化、天下危乱，即所谓"弃情逐迹，犹将不及，不亦多忧乎"，"兼爱之迹可尚，则天下之目乱矣"，"执成迹以御乎无方，无方至而迹滞矣，所以守国而为人守之也"。郭象甚至蔑视那些墨守成迹的"腐儒"，他说："由腐儒守迹，故致斯祸。"[4] 由此可知，面对异化失

---

① ［清］郭庆藩撰；王孝鱼点校：《庄子集释》，第327页。
② ［清］郭庆藩撰；王孝鱼点校：《庄子集释》，第326页。
③ ［清］郭庆藩撰；王孝鱼点校：《庄子集释》，第353页。
④ ［清］郭庆藩撰；王孝鱼点校：《庄子集释》，第387页。

真的"名教",郭象是持否定态度的。郭象主张破除形式化、教条化的"名教",而渴望回归到呈现人之自然本性的"名教"。

根据郭象对"迹"的区分,我们知道,在郭象看来,造成天下动乱的原因并非圣人之名迹,而是统治者崇尚和墨守名迹。故他说:"不能大齐万物而人人自别,斯人自为种也。承百代之流而会乎当今之变,其弊至于斯者,非禹也,故曰天下耳。言圣知之迹非乱天下,而天下必有斯乱。"① 郭象认为,如今天下有危乱并非圣知之迹造成的,而是天下人自己崇尚名迹、执着名迹的结果,因为这些名迹已是过去圣人的陈旧之迹,并不适宜当今之世,若今人一味照搬成迹则只会不合时宜,难免造成天下大乱。所谓"故学者非为幻怪也,幻怪之生必由于学;礼者非为华藻也,而华藻之兴必由于礼。斯必然之理,至人之所无奈何,故以为己之桎梏也"②。此外,根据是否与时俱变,郭象还将"迹"分为了"殉世之迹"和"伤性之迹"。他说:

> 故与世常冥,唯变所适,其迹则殉世之迹也;所遇者或时有盘夷秃胫之变,其迹则伤性之迹也。然而虽挥斥八极而神气无变,手足盘夷而居形者不扰,则奚殉哉?无殉也,故乃不殉其所殉,而迹与世同殉也。③

这里,郭象把能够无为而与时俱变的"迹"称为"殉世之迹";把不能与时俱变而有为的"迹"称为"伤性之迹"。对于"殉世之迹"和"伤性之迹"二者,郭象认可前者而反对后者。

在郭象看来,正因为统治者喜欢效法过去"圣王"成功的治国形迹,所以容易陷入"执迹""崇迹""陈迹"当中,故郭象呼吁统治者要透过外在现象的"迹"而看到内在本质的"所以迹",从而"即器以求道"。他说:

> 莫知反一以息迹而逐迹以求一,愈得迹,愈失一,斯大

---

① [清] 郭庆藩撰;王孝鱼点校:《庄子集释》,第530页。
② [清] 郭庆藩撰;王孝鱼点校:《庄子集释》,第210～211页。
③ [清] 郭庆藩撰;王孝鱼点校:《庄子集释》,第332页。

谬矣。①

　　夫有虞氏之与泰氏，皆世事之迹耳，非所以迹者也。所以迹者，无迹也，世孰名之哉！②

　　对于代表礼法名教的"迹"（治之具）与代表自然本性的"所以迹"（治之道），郭象更看重后者，并以后者为前者实施的价值主导原则。郭象认为，圣人的"所以迹"就是"无迹"，即所谓"所以迹者，无迹也，世孰名之哉"，"无殉也，故乃不殉其所殉，而迹与世同殉也"。郭象"无迹"之说主要是针对当时"崇迹""尚迹""彰迹"等弊端导致"名教"严重异化的现象提出来的。故郭象说：

　　（王）[主]能任其自行，故无迹也。③

　　此真混沌也，故与世同波而不自失，则虽游于世俗而泯然无迹，岂必使汝惊哉！④

　　夫志各有趣，不可相效也。故因其自摇而摇之，则虽摇而非为也；因其自荡而荡之，则虽荡而非动也。故其贼心自灭，独志自进，教成俗易，闷然无迹，履性自为而不知所由，皆云我自然矣。⑤

　　在郭象这里，仁义等礼法名教的发生及成立皆以自然人性为基础，即"治之具"必须要符合"治之道"，以"治之道"为前提。正如郭象所说，"仁者，兼爱之名耳；无爱，故无所称仁"⑥，"政者，立常制以正民（者）也。刑者，兴法辟以割物者也。制有常则可矫，法辟兴则可避。可避则违情而苟免，可矫则去性而从制。从制外正而心内未服。人怀苟免则无耻于物，其于化不已（亦）博（薄）乎？故曰'民免而无耻也'。德者，得其性者也。礼者，体其情者也。情有可（所

---

① ［清］郭庆藩撰；王孝鱼点校：《庄子集释》，第555页。
② ［清］郭庆藩撰；王孝鱼点校：《庄子集释》，第294页。
③ ［清］郭庆藩撰；王孝鱼点校：《庄子集释》，第451页。
④ ［清］郭庆藩撰；王孝鱼点校：《庄子集释》，第444页。
⑤ ［清］郭庆藩撰；王孝鱼点校：《庄子集释》，第437页。
⑥ ［清］郭庆藩撰；王孝鱼点校：《庄子集释》，第467页。

耻）而性有所本。得其性，则本至；体其情，则知至。知耻则无刑而自齐；本至则无制而自正。是以'导之以德，齐之以体，有耻有格'"①。

由此可知，君主实施礼法名教时需"得性""体情"，且要随着人性的发展而发展，即所谓"夫仁义者，人之性也。人性有变，古今不同也。故游寄而过去则冥，若滞而系于一方则见。见则伪生，伪生而责多矣"②，"夫先王典礼，所以适时用也。时过而不弃。即为民妖，所以兴矫效之端也。时移世异，礼亦宜变，故因物而无所系焉，斯不劳而有功也……况夫礼义，当其时而用之，则西施也；时过而不弃，则丑人也"③。正因"治之具"需不断调整以适应新时代人性的发展，所以作为礼法名教的"治之具"的作用是极其有限的，只有"治之道"才是维系社会和谐稳定的根本，因此，"圣王"因时因地因人的治国之迹（"治之具"）虽不同，但其本性（"治之道"）都是相同的，都是以无心顺应民众之性及时代的变化。是谓"夫圣人道同而帝王殊迹者，诚世俗之惑不可解，故随而任之"④。在郭象看来，代表"治之道"的"自性"是第一位的，代表"治之具"的"仁义"等礼法名教是第二位的。若君主有意执着于外在"治之具"的礼法名教，便是"尚名""陈迹"，会违背"治之道"的自然人性。因此，"治之具"（礼法名教）必然符合"治之道"（自然本性），是"治之道"（自然本性）的自然显现。

针对统治者背弃"治之道"而徒留"治之具"的行为，郭象给予了激烈地批判。他说：

> 夫圣迹既彰，则仁义不真而礼乐离性，徒得形表而已矣。⑤
> 世以任自然而不加巧者为不善于治也，揉曲为直，厉骜习骥，能为规矩以矫拂其性，使死而后已，乃谓之善治也，不亦过乎！⑥

---

① ［清］马国翰辑：《玉函山房辑佚书·经编论语类》，载《续修四库全书》（子部杂家类，第1203册，清光绪九年嫏嬛馆刻本），第46页。
② ［清］郭庆藩撰；王孝鱼点校：《庄子集释》，第521页。
③ ［清］郭庆藩撰；王孝鱼点校：《庄子集释》，第515～517页。
④ ［清］郭庆藩撰；王孝鱼点校：《庄子集释》，第454页。
⑤ ［清］郭庆藩撰；王孝鱼点校：《庄子集释》，第345页。
⑥ ［清］郭庆藩撰；王孝鱼点校：《庄子集释》，第342页。

言暴乱之君，亦得据君人之威以戮贤人而莫之敢亢者，皆圣法之由也。①

所谓"善治"，绝不是单纯使用礼法名教的"治之具"而不与自然本性的"治之道"相符。若君主无视天下人的自然本性，而按照自己的意志行事，企图用"形名赏罚"一类的"治之具"去框定和驯服天下人，这就是弃本崇末、弃性逐迹，是站在天下人对立面的"逆计之徒""暴乱之君"，这根本达不到治理天下的目的。面对当时君主崇名尚迹和只采用"治之具"的现象，郭象不得不感慨："伤器存而道废，得有声而无时。"②

郭象一方面主张"治之具"乃圣人遵循"治之道"的自然结果，另一方面又强调"治之道"乃圣人实施"治之具"的价值主导原则，其最终目的是说明"治之具"与"治之道"相统一的圣王理想，这主要表现为"直道而行"。郭象说：

> 夫取富贵，必顺乎民望也，若挟奇说，乘天衢，以婴人主之心者，明主之所不受也。故如有所誉，必有所试，于斯民不违，金曰举之，以合万夫之望者，此三代所以直道而行之也。③
>
> 无心而付之天下者，直道也。有心而使天下从己，曲法。故直道而行者，毁誉不出于区区之身。善与不善，信之百姓、故曰吾之于人，谁毁谁誉，如有所誉，必试之斯民也。④
>
> 圣人无心，仕与不仕随世耳。阳虎劝仕，理无不诺。不能用我，则无自用，此直道而应者也。然危逊之理，亦在其中矣。⑤

作为礼法名教的"治之具"必须与人之自然本性的"治之道"相

---

① ［清］郭庆藩撰；王孝鱼点校：《庄子集释》，第 355 页。
② ［清］马国翰辑：《玉函山房辑佚书·经编论语类》，载《续修四库全书》（子部杂家类，第 1203 册，清光绪九年娜嬛馆刻本），第 47 页。
③ ［清］郭庆藩撰；王孝鱼点校：《庄子集释》，第 1057 页。
④ ［清］马国翰辑：《玉函山房辑佚书·经编论语类》，载《续修四库全书》（子部杂家类，第 1203 册，清光绪九年娜嬛馆刻本），第 47 页。
⑤ ［清］马国翰辑：《玉函山房辑佚书·经编论语类》，载《续修四库全书》（子部杂家类，第 1203 册，清光绪九年娜嬛馆刻本），第 48 页。

统一。为了满足人们的自然本性及时势变化的需要，"圣王"就算是在治国的过程中借助和实施了礼乐教化、刑名法术、军事战争等"治之具"的"有为"政治，也是符合"治之道"的"无为"原则，即所谓"任道而得，则抱朴独往，连连假物，无为其间也"①。

这里，郭象以"顺乎民望"作为"直道"的标准，这种"直道"是道统文化所赋予的道德良知，其又以"与时俱化"的顺世态度对待社会历史，以"无为而治"的治国方针解决社会矛盾，以"各司其职""各安其位""各得其性"的价值理念安顿社会人生。正如余敦康所说："这是一种本于儒家的浓郁的人文情怀和民本思想，因而判断统治者的决策是否正确，应以人人是否得性以及人民的满意程度为标准。"② 这种儒家的人文关怀及民本思想最直接的体现就是以解决人民生存的温饱问题为第一要务。正如郭象所说："夫民之德，小异而大同。故性之不可去者，衣食也；事之不可废者，耕织也；此天下之所同而为本者也。守斯道者，无为之至也。"③ 郭象认为，人民都是先有温饱然后才有美德，衣食就好比人性一样不可去掉，耕织就好比日常事务一样不可废除，这些基本的温饱生存问题就是天下根本，就是天下大道。统治者若能遵循此"道"，就能达到"无为"的最高境界了。

因此，在郭象看来，理想的君主应像尧、舜、禹之类的"圣王"一样，在治国理政中实施的"治之具"能体现、符合人民自然本性的"治之道"，并以人民生存的物质基础及民心意愿的"治之道"为基本价值原则与前提。在郭象这里，代表民心意愿的"治之道"就是"俗"，"俗"的客观必然性就在于：它不会畏惧任何权威与情感，不会谄媚奉承长上君亲，更不会为了表面尊严而随波逐流，它只是顺任民心民愿而已。故郭象说："言俗不为尊严于君亲而从俗，俗不谓之谄，明尊严不足以服物，则服物者更在于从俗也。是以圣人未尝独异于世，必与时消息，故在皇为皇，在王为王，岂有背俗而用我哉！"④ 郭象认为，君主顺从众人之性、听从众人之心就能让百姓从内心里自觉自愿地归依、信服于他，真正实现"百姓万品，万国殊风，以不治治之，乃得

① ［清］郭庆藩撰；王孝鱼点校：《庄子集释》，第329页。
② 余敦康：《魏晋玄学与儒道会通（代序）》，载《魏晋玄学史》，第15页。
③ ［清］郭庆藩撰；王孝鱼点校：《庄子集释》，第343页。
④ ［清］郭庆藩撰；王孝鱼点校：《庄子集释》，第453页。

其极……万物自无为而治"①，"臣能亲事，主能用臣；斧能刻木而工能用斧；各当其能，则天理自然，非有为也。若乃主代臣事，则非主矣；臣秉主用，则非臣矣。故各司其任，则上下咸得而无为之理至矣"② 的"治之具"与"治之道"相统一的政治理想，即"无为而治"。

由此可知，郭象将实现"治之具"与"治之道"相统一的政治理想寄托到了"圣王"这一主体上。他希望出现一个像尧、舜、禹一样的"圣王"，能够取法天序而成就自然人序；纵使是因顺任民众之性、与时俱变而不得已运用礼法名教的"治之具"，也是遵循天道至理的"治之道"的自然结果，并完全体现"治之道"的价值主导原则。在郭象眼里，"直道而行"的文化理想就表现为"圣人无为即臣民自治"，使"治之具"完全呈现出"治之道"，使"名教"必然符合"自然"，以此重新恢复社会秩序和安顿个人身心。郭象针对"圣人无为即臣民自治"这一理想政治结构模式描述道：

> 圣人在上，非有为也，恣之使各自得而已耳。自得其为，则众务自适，群生自足，天下安得不各自忘我哉！各自忘矣，主其安在乎？斯所谓兼忘也。③
>
> 宥使自在则治，治之则乱也……故所贵圣王者，非贵其能治也，贵其无为而任物之自为也。④
>
> 君位无为而委百官，百官有所司而君不与焉。二者俱以不为而自得，则君道逸，臣道劳，劳逸之间，不可同日而论之也。⑤

在郭象看来，圣人"无为"的关键在于"因天下之自为而任耳"。正是圣人的"无为""无迹"，才构成了臣民的"自得""自足""自治""自为""有迹"。因此，就现实的国家政治架构来看，君主的权力不再是绝对的，君主与臣民的关系也不再是绝对服从和被服从、治理和

---

① ［清］马国翰辑：《玉函山房辑佚书·经编论语类》，载《续修四库全书》（子部杂家类，第 1203 册，清光绪九年娜嬛馆刻本），第 47 页。

② ［清］郭庆藩撰；王孝鱼点校：《庄子集释》，第 470 页。

③ ［清］郭庆藩撰；王孝鱼点校：《庄子集释》，第 502～503 页。

④ ［清］郭庆藩撰；王孝鱼点校：《庄子集释》，第 374 页。

⑤ ［清］郭庆藩撰；王孝鱼点校：《庄子集释》，第 408 页。

被治理的关系，而是各自在不同岗位上实现自我的"自治"。郭象认为，君主无为而因任臣民之性，就能实现"各安其业""各司其职""各得其性"的太平局面。这种"君逸臣劳""君主无为即臣民自治"的和谐政治模式的价值在于：每个人都能在适合自己才性的职位上实现各自的价值，发挥各自的功能，达到足性逍遥的境界。

郭象"君主无为即臣民自治"的政治体制结构的设想体现了他对合理社会秩序的追求，也体现了其"治之具"与"治之道"相统一的政治理想，即君主是因顺人民之自然情性、满足人民生存发展的基本物质需要来设置国家礼法名教的，君主的政治决策是人民意愿和主张的体现，君主的治国行迹实际上就是人民自治的行迹。郭象"君主无为即臣民自治"的理想政治模式意味着削弱君主的权力，扩大臣民自主的权力，确立臣民的政治主体地位。

由上所述，郭象为纠正"贵无派"产生的虚无放诞弊端，将"治之具"看成是圣王遵循"治之道"的自然结果，强调"道不离器"；同时，为缓解"崇有派"导致的礼教异化现象，郭象将"治之道"看成是圣王实施"治之具"的价值主导原则，强调"即器求道"。此外，郭象亦以"迹"与"所以迹"来说明"治之具"与"治之道"的关系，并认为二者不是决定和被决定的关系，而是一种显露和被显露、呈现和被呈现的关系。这就肯定了作为"治之具"的"礼文"存在的合理性与必要性，确立了作为"治之道"的"礼质"的价值主导原则，进而更好地发挥礼的教化与治国功效。在此基础上，郭象提出了"治之具"与"治之道"相统一的"君主无为即臣民自治"的政治理想，为调和当时社会的"贵无"与"崇有"两派以及缓解有与无、有为与无为、名教与自然、社会体制与个体自由之间的矛盾提供了一套理论方案。从某种程度上说，郭象关于"治之道"与"治之具"相统一的主张是对先秦儒家"君子不器"政治哲学的继承与发展，他从本体论高度对礼序的肯定及整合礼文与礼质的倾向更是折射出其人文道德主义的现实关怀。

综合而言，孔子的仁学思想体系包含"内圣"和"外王"两个向度，孟子致力于从心性论深化孔子重教的内圣之学以成就理想道德人格，荀子则侧重从礼论推进孔子重政的外王之学以实现理想王道政治。先秦儒家以道器关系及文质之辨展开对礼的建构，用体现民众内在共同情感的风俗习惯代表礼质，用符合民心民意的外在道德规范形式代表礼文，将礼俗、名实、文质、道器的统一看成礼的理想状态，以先圣而后王的实践路径达至礼乐大同的理想社会。郭象看重礼之道德教化与治国理政的实用功效，保存了荀子"礼"起源于"俗"的观点，并进一步将"礼"看成满足人之自性需要、调节人之"性分不一"而"因俗自生"的自然结果。因此，"各当其性""各守其分"及"从俗时变"就构成"君主无为即臣民自为"的各安其位、各司其职和合礼序的具体实现路径。同时，郭象将"言"与"意"、"迹"与"所以迹"、"治之具"与"治之道"看成呈现与被呈现的关系，并用这些哲学范畴来表达其"内圣"与"外王"合一的理想圣人人格及方内与方外、礼文与礼质、"治之具"与"治之道"统一的理想政治追求。整体而言，郭象玄学从"体用一如"的视角论证了先秦儒家之礼的内外两个向度，并进一步阐发了礼之教化治国的双重功效，建构起"迹"与"所以迹"相统一的礼论，其实质是对先秦儒家重政的"外王学"王道政治理想的延续。

第四章　郭象玄学的价值取向、矛盾及其影响

郭象会通儒道的思想体系是其所处社会时代的产物。魏晋是一个篡乱相循、战事不断的不幸年代，人民生活在弥漫着战火、饥寒、疫痢的社会中。一方面，魏晋名士们希望获得稳定的社会名教秩序；另一方面，他们又希望寻得精神的自由，以此为个人的安身立命提供一条出路。在这样政局极其不稳的时代，统治者政失准的，士人毫无操守，人民苦不堪言。作为士族代表的郭象，一方面要推崇儒家名教以此维护自身阶层的利益；另一方面也要推崇道家自然，以此限制君权而扩张士族阶层的权力。这些社会时代背景就促发了郭象始终以会通儒道为己任，以确立一套新的社会价值体系和建构合乎自然的名教秩序为目标。因此，从本质上说，郭象会通儒道的最终目的是力图将儒家的道德伦理、纲常名教与积极有为的内容纳入道家自然无名、消极无为的框架内，并通过借用道家的"自然"从形上层面来论证儒家名教存在的合理性，这实际上是儒家内部对其名教走向穷途末路所作的一种自我挽救。

第一节　"以道明儒"的价值取向

郭象通过"自性""自为""玄冥"等概念分别从本体论、心性论、价值论方面将儒道会通起来。但从整体来说，郭象是借用道家"自然"的外在框架，而重在表达儒家"名教"的内容。他在人性论方面视仁义为人的自然本性、在社会秩序方面以人伦为天序、在理想人格方面立孔子为圣人榜样、在圣王系统方面对儒家三皇五帝三王极力推崇、在政治理想方面以"民本"为治之道的主张展现了其"以道明儒"的价值取向。

一、立孔子为圣人榜样

魏晋玄学家在对待老庄及孔子的地位上，大都呈现出"尊孔"的趋向，这与他们将孔子以来士阶层一直承担"以天下为己任"的社会责任，自觉转化为当时重建合乎自然的新名教秩序的时代使命是息息相关的。

《世说新语·文学篇》曾记载王弼对孔老地位评价的一段话："王辅嗣弱冠诣裴徽，徽问曰：'夫无者，诚万物之所资，圣人莫肯致言，而老子申之无已，何邪？'弼曰：'圣人体无，无又不可以训，故言必及有；老、庄未免于有，恒训其所不足。'"① 王弼认为，圣人体无，而无不能致言，老庄于体无有所不足，故退而求其次，乃申之无已，而发为狂言。在王弼看来，孔子作为圣人是不言无但体无的，而老庄反复言无，因此从境界上言，老庄不及孔子。《广弘明集》载道安《二教论》言："《论语》曰：'生而知之者，上也；学而知之者，次也。'依前《汉书》品孔子为上上类皆是圣，以老氏为中上流并是贤。又何晏、王弼咸云：'老未及圣。'"② 紧接着，道安还谈到孔子问礼于老子一事。他借孔子的口吻表现孔子无常师的好学态度。在道安看来，孔子问礼于老子就像他请教农事于老农、请教园艺于老圃、请教朝庙之事于守庙之人一样，并不能说孔子就不如老农、老圃及守庙之人，其地位就低于老子，而是孔子谦虚好学、不以圣人自居、不以外在名迹自累罢了。这也就印证了《世说新语》的上述说法，即在王弼眼里，孔子是上上类的"生而知之"的圣人，而老庄不及圣人孔子，最多只能算是"学而知之"的"贤人"。又据陆希声《道德真经传序》言，王弼和阮籍都认为老子"未能体道"，是"上贤亚圣之人"③。

可见，魏晋玄学家们大体承认孔子为"圣人"，而老庄为次于圣人

① ［南朝宋］刘义庆撰；［南朝梁］刘孝标注；余嘉锡笺疏：《世说新语笺疏》上册，第235页。
② ［唐］释道宣撰：《广弘明集》卷8，《景印文渊阁四库全书》（子部释家类，第1048册），台北：台湾商务印书馆，1986年，第325页。
③ ［明］张宇初编：《正统道藏》（涵芬楼影印本）368册，洞神部玉诀类（必上），北京：九州出版社，2016年，第7页。

孔子的"贤人"。《毛诗·周颂·清庙之什疏》载:"王弼云:'不曰圣人者,圣人体无不可以人名而名,故易简之主,皆以贤人名之。'然则以贤是圣之次,故寄贤以为名。"① 这段话的意思是说:就本性(体)而言,圣人是能穷尽易简之理与乾坤之奥的,即体无之极,而贤人作为次于圣人的人,是试图通过"名"来言说和表达本体之"无"的,故圣贤有本质上的差异;就事功(用)而言,贤人亦可通过"言尽意"(寄言出意)的方式回归本体之"无",取得与圣人相同的效果,二者乃殊途同归。

据《世说新语·言语篇》注引《孙放别传》记载,太尉庾亮问八岁的孙放:"何不慕仲尼而慕庄周?"孙放回答说孔子是"生而知之"的圣人、是通过后天努力所无法达到的,而作为"上贤"的庄子是可以通过后天努力达到的。庾亮因此而赞叹:"王辅嗣应答,恐不能胜之!"② 这里,就连八岁的儿童孙放都将孔子放在圣人之列,而将庄子则放在圣人之次的上贤之列,足见老庄不及圣人孔子已成为魏晋时人的一种共识。

作为玄学集大成者的郭象亦将孔子的地位看得比庄子要高。郭象在《庄子序》中言:"夫庄子者,可谓知本矣,故未始藏其狂言,言虽无会而独应者也。夫应而非会,则虽当无用;言非物事,则虽高不行……此其所以不经而为百家之冠也。然庄生虽未体之,言则至矣。"③ 在郭象看来,庄子仅是"知本"而未"体本",庄子言高远离俗的"无"乃是有执于"无",并未真正兼化,没有做到随感而应且未体会到万物一体的境界,其一味追求方外的逍遥仍然是与世间万物存在隔阂的。郭象认为,真正圣人的无心无为是高不离俗、冥不离迹、应随其时、与化为体,不会将方内与方外刻意区分,实现内圣外王之道。因而,庄子仅是知至知本,而未体道体本,这是庄子的思想不能成为"经"而只能成为"百家之首"的原因。由此可知,庄子是不及"不言本但体本"的圣人孔子。正如汤用彤所说:"郭象注《庄子》是讲政治学说,至于

① [汉]毛亨传;[汉]郑玄笺;[唐]孔颖达疏;十三经注疏编委会编:《毛诗正义》第3册第19卷,北京:北京大学出版社,2000年,第1523页。
② 参见[南朝宋]刘义庆撰;[南朝梁]刘孝标注;余嘉锡笺疏《世说新语笺疏》上册,第130页。
③ [清]郭庆藩撰;王孝鱼点校:《庄子集释》上册,第3页。

其讲形上学乃欲完成其政治学说也。他们对庄子学说并不甚满意，乃因政治学说如此之故。庄子能知而不能行，故《庄子》书只可以为百家之冠，尚不能达到'经'的地步，唯孔子则能行，所以说郭象讲形上学为政治之根本。"① 显然，在郭象眼里，庄子的言论是"虽当无用""虽高不行"的，仅知圣言本耳，于为圣人则有所不及；而孔子则能通过"体本"来达至"随感而应""游外弘内"②，乃为真正的圣人。因此，郭象许孔子为圣人，而不许庄子为圣人，足见其尊孔抑庄之意。

王弼、郭象巧妙地将"言有""知本"与"体无""体本"对应起来，"言有""知本"变成"体无""体本"的外在表现，这就将道家的"无"植入儒家圣人的内涵中，孔子在境界上也比老庄高了一个层次。这种改造实质上为儒家理想的普遍性奠定了本体论的基础。王弼、郭象正是通过"体无""体本"改儒家圣人"行""立""制""言""教"等诸种作为，使孔子变成儒道相融、名教自然合一的理想人格代表。此外，郭象还通过对"素王"概念的重新界定，实现对孔子形象的"自然化"处理，进而立孔子为圣人榜样。

"素王"之说，最早见于《庄子·天道》篇。《天道》篇曰："夫虚静恬淡寂漠无为者，万物之本也。明此以南乡，尧之为君也；明此以北面，舜之为臣也。以此处上，帝王天子之德也；以此处下，玄圣素王之道也。"③此处"素王"意指虚静恬淡寂漠无为之圣人，"素王"之"素"可训为"朴素"。《庄子·天道》篇有云："静而圣，动而王，无为也而尊，朴素而天下莫能与之争美。"④《淮南子·原道训》言："所谓天者，纯粹朴素，质直皓白，未始有与杂糅者也。所谓人者，偶[目差]智故，曲巧伪诈，所以俛仰于世人而与俗交者也。"⑤《释名》

---

① 汤用彤：《魏晋玄学论稿》（增订版），第 246 页。

② 郭象注《庄子·大宗师》"孔子曰：'彼，游方之外者也；而丘，游方之内者也。外内不相及，而丘使女往吊之，丘则陋矣'"说："夫理有至极，外内相冥，未有极游外之致而不冥于内者也，未有能冥于内而不游于外者也。故圣人常游外以（宏）[冥]内，无心以顺有……是故庄子将明流统之所宗以释天下之可悟，若直就称仲尼之如此，或者将据所见以排之，故超圣人之内迹，而寄方外于数子。"（[清] 郭庆藩撰；王孝鱼点校：《庄子集释》，第 273 页。）郭象认为，庄子恰恰是通过寄言出意的方式来指出孔子就是外内相冥的圣人。

③ [清] 郭庆藩撰；王孝鱼点校：《庄子集释》，第 462～463 页。

④ [清] 郭庆藩撰；王孝鱼点校：《庄子集释》，第 463 页。

⑤ 刘文典撰；冯逸、乔华点校：《淮南鸿烈集解》上册，北京：中华书局，1989 年，第 20 页。

卷四《释彩帛》云："素，朴素也。已织则供用，不复加巧饰也。又物不加饰，皆自谓之素，此色然也。"① 因此，道家的"素王"说重在强调朴素自然、虚静无为。

儒家的"素王"说则与道家的"素王"说截然不同。儒家自董仲舒始，大抵皆尊孔子为"素王"，可见其"素王"说的发端与孔孟的思想密切相关。孔子曾多次说："不在其位，不谋之政。"② 曾子亦云："君子思不出其位。"③ 《易经·艮卦》有言："君子以思不出其位。"④ 在此基础上，《中庸》及《孟子》直接将"素"解读成"素位而行"。⑤ 《中庸》曰："君子素其位而行，不愿乎其外。素富贵，行乎富贵；素贫贱，行乎贫贱；素夷狄，行乎夷狄；素患难，行乎患难；君子无入而不自得焉。在上位不陵下，在下位不援上，正己而不求于人则无怨。上不怨天，下不尤人。故君子居易以俟命，小人行险以徼幸。子曰：'射有似乎君子，失诸正鹄，反求诸其身。'"⑥ 孟子言："位卑而言高，罪也；立乎人之本朝，而道不行，耻也。"⑦ 这里，将"素"解读成"素位而行"的实质即是"敦促人们安于本位、恪尽职守，做好自己分内之事，在什么样的社会角色上就干好什么样的事情，不要有非分之想"⑧。

在先秦儒家"素位而行"思想的影响下，董仲舒和《淮南子》尊孔子为"素王"。《汉书·董仲舒传》载，董仲舒对曰："孔子作《春秋》，先正王而系万事，见素王之文焉。"⑨ 董仲舒指出孔子作《春秋》是为了"先正王而系万事"，认为孔子本身是有德而无位的"素王"。

---

① 任继昉纂：《释名汇校》，济南：齐鲁书社，2006年，第229页。

② ［清］程树德撰；程俊英、蒋见元点校：《论语集释》第二册，第541页。或见程树德撰；程俊英、蒋见元点校《论语集释》第三册，第1008页。

③ ［清］程树德撰；程俊英、蒋见元点校：《论语集释》第三册，第1008页。

④ ［清］阮元校刻：《十三经注疏（附校勘记）》上册，北京：中华书局，1980年，第62～63页。

⑤ 此观点具体参见杨海文：《"孟轲敦素"：南朝孟学史上的点睛之笔》，载《海岱学刊》2015年第2期。

⑥ ［宋］朱熹撰：《四书章句集注·中庸章句》，第24页。

⑦ ［宋］朱熹撰：《四书章句集注·孟子集注》，第321页。

⑧ 杨海文：《"孟轲敦素"：南朝孟学史上的点睛之笔》，载《海岱学刊》2015年第2期。

⑨ ［汉］班固：《汉书·董仲舒传》，北京：中华书局，1962年，第2509页。

儒家尊孔子为"素王"一方面是为了告诫统治者要重视道德教化；另一方面是为了告诫人们要安于本分，俟命以待。正如《淮南子·主术训》所言："孔子之通，智过于苌宏，勇服于孟贲，足蹑效菟，力招城关，能亦多矣。然而勇力不闻，伎巧不知，专行教道，以成素王，事亦鲜矣。……然为鲁司寇，听狱必为断，作为《春秋》，不道鬼神，不敢专己。"① 这就塑造了孔子德才兼备、"专行教道"但"勇力不闻""伎巧不知""事亦鲜矣"的有德无位的"素王"形象。

儒道两家均提倡"素王"之说，但郭象继承并发挥了儒家"素王"的思想，着重强调"素王"之"素位而行"的含义，而非"朴素"的含义。郭象注《庄子·天道》篇"夫虚静恬淡寂漠无为者，万物之本也。明此以南乡，尧之为君也；明此以北面，舜之为臣也。以此处上，帝王天子之德也；以此处下，玄圣素王之道也"曰：

> 夫无为也，则群才万品，各任其事而自当其责矣。故曰巍巍乎舜禹之有天下而不与焉，此之谓也。俞俞然，从容自得之貌。寻其本皆在不为中来。此皆无为之至也。有其道为天下所归而无其爵者，所谓素王自贵也。此又其次也。故退则巢许之流，进则伊望之伦也。夫无为之体大矣，天下何所不（无）为哉！故主上不为冢宰之任，则伊吕静而司尹矣；冢宰不为百官之所执，则百官静而御事矣；百官不为万民之所务，则万民静而安其业矣；万民不易彼我之所能，则天下之彼我静而自得矣。故自天子以下至于庶人，下及昆虫，孰能有为而成哉！是故弥无为而弥尊也。时行则行，时止则止。②

在郭象这里，"素王"之"素"不再是庄子的朴素自然、虚静无为之意了，而是变成了"各任其事""自当其责""各安其业"的"素位而行"了，这明显是继承了孔孟及《中庸》的观点。郭象亦认为"有其道为天下所归而无其爵者"谓之"素王"，这是继承了董仲舒"素王"的观点。在郭象看来，"素王"之"素"就是安于本分，恪尽职

---

① 何宁撰：《淮南子集释》，北京：中华书局，1998年，第695～696页。
② ［清］郭庆藩撰；王孝鱼点校：《庄子集释》，第465～466页。

守，即所谓"主上不为冢宰之任，则伊吕静而司尹矣；冢宰不为百官之所执，则百官静而御事矣；百官不为万民之所务，则万民静而安其业矣；万民不易彼我之所能，则天下之彼我静而自得矣"，这与其"性分"的观点密切相关。

郭象的"性分"说是对儒家"素王"说的一种发展。他将"素王"之"素"理解成"素位而行"，同时又将"素位"所代表的社会等级身份内化为先天不可改变的"自性"。这样，郭象就顺理成章地将"素位而行"转换成了"各安其性""保其素分"，即"今言小大之辩，各有自然之素，既非跂慕之所及，亦各安其天性"①，"聪明之用，各有本分，故多方不为有余，少方不为不足。然情欲之所荡，未尝不贱少而贵多也，见夫可贵而矫以尚之，则自多于本用而困其自然之性。若乃忘其所贵而保其素分，则与性无多而异方俱全矣"②。

郭象认为，任何人皆有固定的、不可改变的性分（包含先天才能、后天社会角色和等级身份等等），即"言性各有分，故知者守知以待终，而愚者抱愚以至死，岂有能中易其性者也"③，"夫时之所贤者为君，才不应世者为臣。若天之自高，地之自卑，首自在上，足自居下，岂有递哉！虽无错于当而必自当也"④。只有人人各司其职、各尽其能、各安其业，才能实现稳定、和谐的社会秩序，即"物各任性，乃正正也"⑤，"庖人尸祝，各安其所司；鸟兽万物，各足于所受；帝尧许由，各静其所遇；此乃天下之至实也"⑥。

郭象将"素王"之"素"解读成"各安其性""保其素分"，意在告诫人们要在自身性分范围之内行为，要安于本分，恪守己职，不要做非分之想和越位行为，更不能羡慕自身性分之外的东西。唯有这样，才能实现自身逍遥，即所谓"物各有性，性各有极，皆如年知，岂跂尚之所及哉"⑦，"夫物未尝以大欲小，而必以小羡大，故举小大之殊各有

① ［清］郭庆藩撰；王孝鱼点校：《庄子集释》，第18～19页。
② ［清］郭庆藩撰；王孝鱼点校：《庄子集释》，第320页。
③ ［清］郭庆藩撰；王孝鱼点校：《庄子集释》，第65页。
④ ［清］郭庆藩撰；王孝鱼点校：《庄子集释》，第64页。
⑤ ［清］郭庆藩撰；王孝鱼点校：《庄子集释》，第324页。
⑥ ［清］郭庆藩撰；王孝鱼点校：《庄子集释》，第29页。
⑦ ［清］郭庆藩撰；王孝鱼点校：《庄子集释》，第13页。

定分，非羡欲所及，则羡欲之累可以绝矣"①，"夫小大虽殊，而放于自得之场，则物任其性，事称其能，各当其分，逍遥一也，岂容胜负于其间哉"②。因此，郭象强调"素王"之"自贵"的一面即要求人人按照自身"性分"活动，在自己所处的社会角色和等级身份内干好自己的事情，正如他所说："臣妾之才，而不安臣妾之任，则失矣。故知君臣上下，手足外内，乃天理自然，岂真人之所为哉！夫臣妾但各当其分耳，未为不足以相治也。相治者，若手足耳目，四肢百体，各有所司而更相御用也……凡得真性，用其自为者，虽复皂隶，犹不顾毁誉而自安其业。故知与不知，皆自若也。"③

由此可知，郭象塑造的"素王"形象意在突出和推崇以孔子为代表的圣人是"素位而行""安于性分"，其实质是为人们树立一种道德榜样，告诫人们要在各自的职位上安于本分、恪尽职守，以此实现等级分明、安定和谐的社会秩序。

因此，魏晋玄学尊孔的趋向在某种意义上是对儒学的"承接"；而郭象通过"素王"概念的重新界定，对圣人形象进行"自然化"处理、实现援道入儒则是对儒学的"发展"。从圣人人格的确立来看，以王弼、郭象为代表的魏晋玄学家以孔子为"圣人"，以老庄为"上贤"，本质上是对儒家历来视孔子为圣人榜样之传统的一种延续。

二、视三纲五常为人之情性的自然显现

郭象将以"三纲五常"为核心的社会名教秩序视为人之自然本性的内容。

首先，他将以仁义为主的"五常"视为人之自然本性。他说，"夫仁义自是人之情性，但当任之耳"④，"夫仁义自是人情也。而三代以下，横共嚣嚣，弃情逐迹，如将不及，不亦多忧乎"⑤，"夫仁义者，人之性也。人性有变，古今不同也。故游寄而过去则冥，若滞而系于一方

---

① ［清］郭庆藩撰；王孝鱼点校：《庄子集释》，第 15 页。
② ［清］郭庆藩撰；王孝鱼点校：《庄子集释》，第 1 页。
③ ［清］郭庆藩撰；王孝鱼点校：《庄子集释》，第 63～64 页。
④ ［清］郭庆藩撰；王孝鱼点校：《庄子集释》，第 325 页。
⑤ ［清］郭庆藩撰；王孝鱼点校：《庄子集释》，第 327 页。

则见。见则伪生，伪生而责多矣"①，"凡所谓天，皆明不为而自然。言自然则自然矣，人安能故有此自然哉？自然耳，故曰性"②。这里，以"仁义"为主的"五常"之德成了人之内在情性，而人之内在情性又是自然而然的。因此，"仁义"的发生就是出于人之自然情性，行"仁义"就是顺任人之自然情性。这就既为"仁义"的存在找到了合理性依据，同时也为"仁义"的发生找到了"自然"的基础。

其次，仁义礼乐既是人的"自性"，尽"自性"之极则自然地显示自然分位。③ 因此，郭象亦将标识上下尊卑等级的"三纲"看成人尽"自性"这一天地自然理序展现的必然结果。他说，"臣妾之才，而不安臣妾之任，则失矣。故知君臣上下，手足外内，乃天理自然，岂真人之所为哉……夫时之所贤者为君，才不应世者为臣。若天之自高，地之自卑，首自在上，足自居下，岂有递哉！虽无错于当而必自当也"④，"而首自在上，足自处下，府藏居内，皮毛在外；外内上下，尊卑贵贱，于其体中各任其极，而未有亲爱于其间也。然至仁足矣，故五亲六族，贤愚远近，不失分于天下者，理自然也，又奚取于有亲哉"⑤，"若夫任自然而居当，则贤愚袭情而贵贱履位，君臣上下，莫匪尔极，而天下无患矣"⑥，"明夫尊卑先后之序，固有物之所不能无也。言非但人伦所尚也。所以取道，为［其］有序［也］"⑦。在郭象看来，标识尊卑先后的"三纲"之序是取法天地自然之道，这就好比"天之自高，地之自卑"一样自然而然。既然天地万物都不能缺少尊卑先后之序，那么人间社会更不能缺少。这样，标识上下尊卑等级的"三纲"就具备了存在的合理性，因为它是人尽"自性"之极、行仁义礼乐之德而自然地显示出的自然分位，是天地自然秩序的延伸。

至此，郭象就将"三纲五常"的内容纳入人的自然本性之中。他认为，尊卑先后之序既是人伦，也是天序，它是自然存在的，而非强权

---

① ［清］郭庆藩撰；王孝鱼点校：《庄子集释》，第 521 页。
② ［清］郭庆藩撰；王孝鱼点校：《庄子集释》，第 692 页。
③ 吴重庆：《儒道互补——中国人的心灵建构》，第 136 页。
④ ［清］郭庆藩撰；王孝鱼点校：《庄子集释》，第 63～64 页。
⑤ ［清］郭庆藩撰；王孝鱼点校：《庄子集释》，第 501 页。
⑥ ［清］郭庆藩撰；王孝鱼点校：《庄子集释》，第 385 页。
⑦ ［清］郭庆藩撰；王孝鱼点校：《庄子集释》，第 475 页。

意志加以维持的结果①。所谓"任其天性而动，则人理亦自全矣"②，任自然天性即是全人伦之理。因此，郭象主张统治者以常静之心对待人伦天序，随世任性，反对主观任意妄为。他说，"夫君人者，动必乘人，一怒则伏尸流血，一喜则轩冕塞路。故君人者之用国，不可轻之也"③，"今以一己而专制天下，则天下塞矣，己岂通哉"④，"圣人无心仕与不仕，随世耳。阳虎劝仕，理无不诺，不能用我，则无自用，此直道而应者也"⑤，"人伦有智慧之变，故难也。然其智慧自相齿耳，但当从而任之"⑥，"因其性而任之则治，反其性而凌之则乱"⑦，"治人者必顺序……夫用天下者，必大通顺序之道"⑧。

所以，在郭象的思想中，"性"不仅仅包含人之自然属性（第一天性），也包含以"三纲五常"为核心的社会属性（第二天性），这就将"性"的范围大大扩展了。而"安顺"也不再是指像庄子那样消极地避世或游世，而是指在"自性"范围内积极地有为入世和践履自然人伦道德，以此重建名教秩序和安顿个人身心。故郭象说，"无为之言，不可不察也。夫用天下者，亦有用之为耳。然自得此为，率性而动，故谓之无为也"，⑨"无为者，非拱默之谓也，直各任其自为，则性命安矣"。⑩这就说明，郭象着重于"有为"中发现"无为"的真谛，寓"无为"于"有为"中，企图将道家之"无为"改造成儒家之"无不为"。

郭象将儒家的"三纲五常"安置于道家的自然人性内，以道家的"自然"来论证儒家"名教"存在的合理性，并为儒家的"名教"找

---

① 吴重庆：《儒道互补——中国人的心灵建构》，第 136 页。
② ［清］郭庆藩撰；王孝鱼点校：《庄子集释》，637 页。
③ ［清］郭庆藩撰；王孝鱼点校：《庄子集释》，第 138 页。
④ ［清］郭庆藩撰；王孝鱼点校：《庄子集释》，第 402 页。
⑤ ［清］马国翰辑：《玉函山房辑佚书·经编论语类》，载《续修四库全书》（子部杂家类，第 1203 册，清光绪九年娜嬛馆刻本），第 48 页。
⑥ ［清］郭庆藩撰；王孝鱼点校：《庄子集释》，第 741 页。
⑦ ［清］郭庆藩撰；王孝鱼点校：《庄子集释》，第 406 页。
⑧ ［清］郭庆藩撰；王孝鱼点校：《庄子集释》，第 478 页。
⑨ ［清］郭庆藩撰；王孝鱼点校：《庄子集释》，第 471 页。
⑩ ［清］郭庆藩撰；王孝鱼点校：《庄子集释》，第 379 页。

到了形上依据，实现了"无为"向"有为"的转变①，其最终目的和归宿仍是为了重建以儒家为代表的人伦道德与社会秩序。

三、对儒家圣王系统的推崇

在道家看来，人的自然本性是随"三皇""五帝""三王"②的有为政治不断沉沦与逐渐丧失的。《老子》第三十八章言："故失道而后德，失德而后仁，失仁而后义，失义而后礼。"③《庄子·在宥》曰："昔日黄帝始以仁义撄人之心，尧舜于是乎股无胈，胫无毛，以养天下之形，愁其五藏以为仁义，矜其血气以规法度。然犹有不胜也……夫施及三王而天下大骇矣。"④在老庄看来，原始混沌的上古及三皇时期是"道"未分化及道生万物后有德而无德之名的"上德"时期，均秉持了虚无之道的"无为"精神，这时的人们是朴素敦厚、无执无欲的，生活在没有名利纷争和矫饰造作的简单幸福中。到五帝、三王及之后的时期，社会因标榜仁义礼智而使人们陷入不断追逐仁义礼智等外在名利的争夺中，这反而使人们丧失了自然本真及"道德"的精神。足见，老庄为首的道家是推崇上古无君和三皇时期的做法的，并以此为理想图景来呼吁统治者及民众回归这样的"淳朴""无为"社会。因此，道家是贬低五帝和三王的，认为正是由于五帝三王这样的统治者"有为"地设立和制定仁义礼智等名目规范，才使得人性失真、社会混乱。

---

① 傅伟勋认为："郭象以创造的诠释家姿态故意误读庄子原文旨趣，以正庄子超脱主义偏差，为他一一化除内（入世）与外（出世）之别，而谓庄子'涉俗盖世'，实有澄清道家并非逃避主义之功。郭象拉回'彼岸'到'此岸'，强调'无心以顺有'，而于日常有为探现自然无为的深意，可以说预取了后来中国大乘佛学'生死即涅盘'乃至禅宗所倡'在家亦得，不由在寺'（六祖坛经）的现世解脱精神，充分表现中国哲学的大地性、日常性与即时落实性。我们在这里不但看到郭象打通早期道家到中国禅宗的一条发展理路所作的哲理突破，更可以看到他从道家'无为'转进儒家'有为'的思想胎动。"（具体参见傅伟勋《老庄、郭象与禅宗——禅道哲理联贯性的诠释学试探（节选）》，载汤一介、胡仲平编《魏晋玄学研究》，第428页。）

② 关于"三皇"的传说，古代文献所载并不一致，比较通行的说法是指伏羲、神农、燧人；根据司马迁《史记·五帝本纪》的记载，"五帝"具体是指黄帝、颛顼、帝喾、尧、舜；"三王"一般是指夏禹、商汤、周文王及周武王。（参见黄开国《三皇五帝连称出现的时间辨正》，载《船山学刊》2018年第6期。）

③ ［魏］王弼撰；楼宇烈校释：《王弼集校释》上册，第93页。

④ ［清］郭庆藩撰；王孝鱼点校：《庄子集释》中册，第382页。

儒家的立场与道家不一样，《汉书·艺文志》评价儒家的特点为"祖述尧舜，宪章文武"。儒家更推崇五帝和三王时代，认为正是由于五帝、三王创制了仁、义、礼、智来教化民众，才使得民众知廉耻、守规矩和有道德，社会才能有序稳定地运行，这才是人之为人的根本，也是人区别于禽兽的最根本之处。

到魏晋时期，相较之前儒、道两家，玄学家们对"三皇""五帝""三王"的评价有了新变化。何晏《景福殿赋》言："方四三皇而六五帝，曾何周夏之足言！"① 这里，何晏主张魏帝效仿三皇五帝，使三皇增加到四，使五帝增加到六，因为夏商周三代的政治是不值得称道的。可见，何晏是尊崇三皇五帝的治国之道，贬低三代的教化之行的。

正始时期的王、何并称，王弼的看法与何晏类似。王弼在《论语释疑》中亦表明，圣人中最为高明的当属五帝之唐尧。其注《论语·泰伯》曰："圣人有则天之德。所以称唯尧则之者，唯尧于时全则天之道也。荡荡，无形无名之称也。"② 在王弼看来，唐尧是能因循天道自然规则及配天之德的，有制令而无刑罚以实现"无为而治"，这具体表现为政权传递上的"禅让"及政治教化效果上的"公天下"（天下大同）的社会图景。王弼向往的"不私其子而君其臣""功成无名"的理想社会，与《礼记·礼运》描绘的儒家"不独亲其亲，不独子其子""各有所归"③ 的大同理想社会有一定的契合性，二者皆认为以禹为代表的"三王"开启的"家天下"的"小康之世"，是对"三皇""五帝"开创的"公天下"的"大同之世"的一种退化。故王弼是站在"禅让"的角度，推崇"三皇""五帝"而贬低"三王"，这与其维护当时以"禅让"解释政权合法性的曹魏集团之统治相关。

作为玄学集大成的郭象，在王弼认同的"三皇""五帝"圣人系统基础上，进一步肯定了"三王"。郭象注《庄子》"是其尘垢粃糠，将犹陶铸尧舜者也，孰肯以物为事！宋人资章甫而适诸越，越人断发文身，无所用之。尧治天下之民，平海内之政，往见四子藐姑射之山，汾水之阳，窅然丧其天下焉"句曰：

① ［魏］何晏：《何平叔景福殿赋》，［南朝梁］萧统撰；［唐］李善注：《文选》第 2 册第 11 卷，上海：上海古籍出版社，2019 年，第 547 页。
② ［魏］王弼撰；楼宇烈校释：《王弼集校释》下册，第 626 页。
③ 王文锦译解：《礼记译解》上册，第 287 页。

> 尧舜者，世事之名耳；为名者，非名也。故夫尧舜者，岂直尧舜而已哉？必有神人之实焉。今所称尧舜者，徒名其尘垢秕糠耳。夫尧之无用天下为，亦犹越人之无所用章甫耳。然遗天下者，固天下之所宗。天下虽宗尧，而尧未尝有天下也，故窅然丧之，而尝游心于绝冥之境，虽寄坐万物之上而未始不逍遥也。四子者盖寄言，以明尧之不一于尧耳。夫尧实冥矣，其迹则尧也。自迹观冥，内外异域，未足为怪也。世徒见尧之为尧，岂识其冥哉！故将求四子于海外而据尧于所见，因谓与物同波者，失其所以逍遥也。然未知至远之（迹）[所] 顺者更近，而至高之所会者反下也。若乃厉然以独高为至而不夷乎俗累，斯山谷之士，非无待者也，奚足以语至极而游无穷哉！①

这里，庄子的原意是批评尧舜有为治天下，这就好比宋人用礼教文明去矫正断发文身的越人一样，纯属无用之功。在庄子看来，尧舜应该向姑射山之方外四子学习，视世事之功名为尘垢秕糠。而郭象则认为，我们看到治理世事的尧舜只是尧舜之名迹，而非尧舜真性本身。因此，尧舜之天下是天下人宗奉名迹的结果，而尧舜未尝拥有天下，尧舜的真性是冥极逍遥的。在郭象看来，方外四子反而不能逍遥，因为他们不知道冥不离迹，高不离俗，而尧舜恰恰懂得寓"无为"于"有为"，"外天下"实是"治天下"，"即世间而出世间"的道理。郭象强调圣人"不离世间"这点与庄子强调圣人应高邈超世的观点有很大不同，可体现出郭象在政治治理方面倾向于儒家的积极入世，这和王弼认同儒家之"五帝"的立场是一致的。在此基础上，郭象进一步将推崇的圣人系统范围由"无为"政治的"五帝"延伸至"有为"政治的"三王"。他说：

> 自三代以上，实有无为之迹。无为之迹，亦有为者之所尚也，尚之则失其自然之素。故虽圣人有不得已，或以盘夷之事易垂拱之性，而况悠悠者哉！②

---

① ［清］郭庆藩撰；王孝鱼点校：《庄子集释》，第37～38页。
② ［清］郭庆藩撰；王孝鱼点校：《庄子集释》，第331页。

> 而三代以下，横共嚣嚣，弃情逐迹，如将不及，不亦多忧乎！①

> 比古今，则尧舜无为而汤武有事。然各用其性而天机玄发，则古今上下无为，谁有为也！②

在郭象看来，人们之所以认为"三代以上"的君主行"无为之迹"，"三代以下"的君主行"有为之迹"，是因为"三代以下"的人们舍弃内在道德情感而追逐君主治国的外在形迹，"三王"与"三皇""五帝"的内在本质——"所以迹"是一样的，都是依据各自无为之性循道行事的结果，纵使像汤武以"有为"的革命手段推翻暴君统治，也是顺应民心时势的必然，故本质上也是因时顺世的"无为"。正如郭象注《论语·述而》云："舜禹相承，虽三圣故一尧耳。"③ 郭象认为，从表面看"三王"采取的仁义礼教与刑罚措施是"有为"政治，因此容易被误认为是"三皇""五帝"之"无为"政治的一种衰退，实质上尧舜禹三圣相承，"三王"与"三皇""五帝"一样，都是以无为之性因循时势变化采取不同治国方针的"圣人"。在郭象眼里，现实"有为"之"礼法名教"就是圣人"无为"之"自然本性"的呈现，二者不可分割。因此，随着时势的变化，"无为""有德"的圣人人格必须要下落到"有为""有位"的现实君主人格身上，才能发挥治国平天下的真实效果，这与他试图解决当时"元康放达派"带来的虚浮放诞的弊端有密切的关系。

郭象在论证了儒家之三皇、五帝、三王的政治合理性基础上，进一步总结道："言俗不为尊严于君亲而从俗，俗不谓之谄，明尊严不足以服物，则服物者更在于从俗也。是以圣人未尝独异于世，必与时消息，故在皇为皇，在王为王，岂有背俗而用我哉……夫圣人道同而帝王殊迹者，诚世俗之惑不可解，故随而任之。天下都惑，虽我有求向至道之情而终不可得。故尧舜汤武，随时而已。"④ 总之，郭象认为，"人类社会

---

① ［清］郭庆藩撰；王孝鱼点校：《庄子集释》，第 327 页。
② ［清］郭庆藩撰；王孝鱼点校：《庄子集释》，第 470 页。
③ ［清］马国翰辑：《玉函山房辑佚书·经编论语类》，载《续修四库全书》（子部杂家类，第 1203 册，清光绪九年娜嬛馆刻本），第 47 页。
④ ［清］郭庆藩撰；王孝鱼点校：《庄子集释》，第 453～454 页。

不存在必然性的历史退化，仅是世时各异。圣人治国之'迹'不同，而以无心顺应时代变化的治国之道'所以迹'却是相同的，因势利导实施礼乐教化、刑名法术甚至军事征服的'有为'政治同时都是'无为'政治。相反，面对动乱的社会局面，躲入山林不作为，才是'有为'"①。在郭象看来，不管"圣人"是"有为"还是"无为"，只要能因顺时势，拨乱反正，就都是"无为"。至此，郭象就为"圣王"存在的合理性作了有力的辩护。通过第三章的论述不难看出，郭象虽简单地将"圣王"等同于道家的"圣人""神人""至人"，但二者具体内涵却有很大差异。前者之"圣王"是顺世随俗，寓"无为"于"有为"；后者之"圣人"是超世脱俗，以"无为"消解"有为"。可以说，郭象将"道德"与"道术"进行了混淆。

可见，郭象的历史观与道家反对三代之制的观点颇为不同，其历史观明显是推崇儒家之圣王系统②。为了避免各执"自然"或"名教"一端的现象，郭象通过寓"无为"于"有为"的手法，将"名教"与"自然"视为"迹"与"所以迹"的体用关系，以此实现理想圣人人格与现实君主人格的结合，实现"无为"与"有为"的统一。郭象将三王的"有为"政治均解释为因循时势的自然"无为"，并在王弼的基础上将推崇的圣人系统由"三皇""五帝"拓展至"三王"，目的是解决时人面临的遵循社会秩序及追求个人自由之间的矛盾，更为根本的是站在士族阶层利益的立场来维护当时司马氏集团的统治。

由此可知，王弼推崇"三皇""五帝"，贬低"三王"；而郭象对"三皇""五帝""三王"均认同。根据学界大体将上古无君时期、三皇、五帝、三代这四个阶段看作是名教由未生到初生再到完备大成的阶梯的观点③，可以看出魏晋玄学家对儒家的"仁义礼智"之名教并非采取绝对摒弃的态度，而是通过自然随顺的解释一步步将儒家尊崇之圣人人格（无为）与现实君主人格（有为）相结合，实现了由三皇、五帝向三王之圣王系统的渐次认同。因此，名教就是圣人顺应时势民情以循

---

① 王晓毅：《郭象评传》，第 272 页。

② 王晓毅则认为，郭象的历史观与道家"先王"优于"后王"的观点颇为不同，其历史观明显具有儒家荀子"法后王"的倾向。（具体参见王晓毅《郭象评传》，第 265～266 页。）

③ 王葆玹：《王弼评传——玄学之祖　宋学之宗》，第 125 页。

道行事的自然结果，具有必要性与必然性。以郭象为代表的玄学家为儒家之圣人及其所创之名教进行重新"正名"，在一定意义上统合了无为与有为，其援道入儒的倾向是显而易见的。

四、以民本为治之道

就"民本"思想而言，儒家主张仁政爱民，以德和民，养民惠民等；道家主张君主"无为""无欲"而实现"民正""民朴""民富""民化"等；法家主张通过刑法来"导民""便民""利民"等。那么，"民本"[①] 的内涵究竟是什么？《说文》云："木下曰本。"[②] "本"最初的含义是指树根，后来引申为根本、根基之义。因此，"民本"可简单界定为国家政治以民众为根本、基础。金耀基在《中国民本思想史》一书中指出："儒家民本思想的内涵表现为以人民为政治主体、天之立君为民、以人民为最高价值性的存在、限制君主权力以保障人民的一般权利、以德服民、人民是一切政治活动的目的。"[③] 张分田、张鸿说："民本思想的核心理念是'以民为本'，基本思路是'立君为民''民为国本''政在养民'。"[④] 张分田还认为，"凡是核心理念、表达形式和基本思路符合上述特征的政治思想都属于民本思想范畴"[⑤]。郭象的"民本"思想主要是继承了儒家孔子"庶民"（使民以时）、"富民"（因民之所利而利之）、"教民"（道之以德）以及孟荀"重民""保民""养民"的思想。

郭象的"民本"思想首先表现为"因俗""从众"。他说，"时变则俗情亦变，乘物以游心者，岂异于俗哉……法律者，众人所为，圣人

---

① 学界普遍以《尚书·五子之歌》的"民为邦本，本固邦宁"作为民本思想在文献中最早出现的依据，这恐怕不妥当，因为《五子之歌》属伪古文《尚书》，不足为据。《晏子春秋》的"以民为本"（《内篇问下·第二十一》），《管子》的"以人为本"（《管子·霸言》），是当时比《五子之歌》更为可靠的文献依据。

② ［汉］许慎撰；［宋］徐铉校定：《说文解字》，第114页。

③ 金耀基：《中国民本思想史》，北京：法律出版社，2008年，第11～16页。

④ 张分田、张鸿：《中国"民本思想"的内涵与外延刍议》，载《西北大学学报（哲学社会科学版）》2005年第1期。

⑤ 张分田：《关于深化民本思想研究的若干问题》，载《江西社会科学》2004年第1期。

就用之耳，故无不当，而未之尝言，未之尝为也……口所以宣心，既用
众人之口，则众人之心用矣，我顺众心，则众心信矣，谁敢逆立哉"①，
"因人心之所欲亡而亡之，故不失人心也"②，"百姓之心，形声也；大
人之教，影响也。大人之于天下何心哉？犹影响之随形声耳"③，"言俗
不为尊严于君亲而从俗，俗不谓之诌，明尊严不足以服物，则服物者更
在于从俗。是以圣人未尝独异于世，必与时消息，故在皇为皇，在王
为王，岂有背俗而用我哉"④。郭象认为，统治者必须因随时俗之变，
从顺民众之心才能，真正使得民众信服、归依，才能最终获得长治久
安。在郭象看来，纵使是礼乐刑法等制度，也是统治者根据民众的需
要、听从民众的心声而制定的。同时，郭象还用"道"赋予了"民意"
以至上性、绝对性、权威性，他认为"从道"即"从百姓之心"，因
此，社会是非善恶的道德判断标准亦在民众。正如他所说，"无心而付
之天下者，直道也。有心而使天下从己，曲法。故直道而行者，毁誉不
出于区区之身。善与不善，信之百姓、故曰吾之于人，谁毁谁誉，如有
所誉，必试之斯民也"⑤，"圣人无心，仕与不仕随世耳。阳虎劝仕，理
无不诺。不能用我，则无自用，此直道而应者也。然危逊之理，亦在其
中矣"⑥，"夫取富贵，必顺乎民望也，若挟奇说，乘天衢，以婴人主之
心者，明主之所不受也。故如有所誉，必有所试，于斯民不违，金曰举
之，以合万夫之望者，此三代所以直道而行之也"⑦。在郭象看来，善
恶、仕与不仕、毁誉的判断标准皆在"民望"，是非公道自在"民心"
"民意"。这就是说，"道"即"民心""民意"，所谓"道听自我民听"
"道视自我民视""道行自我民行"，人民的意愿是一个国家立足的根本
与根基。

　　郭象的"民本"思想其次表现为"庶民""富民""养民""保

---

① ［清］郭庆藩撰；王孝鱼点校：《庄子集释》，第944～946页。

② ［清］郭庆藩撰；王孝鱼点校：《庄子集释》，第237页。

③ ［清］郭庆藩撰；王孝鱼点校：《庄子集释》，第403页。

④ ［清］郭庆藩撰；王孝鱼点校：《庄子集释》，第453页。

⑤ ［清］马国翰辑：《玉函山房辑佚书·经编论语类》，载《续修四库全书》（子部杂家
类，第1203册，清光绪九年娜嬛馆刻本），第47页。

⑥ ［清］马国翰辑：《玉函山房辑佚书·经编论语类》，载《续修四库全书》（子部杂家
类，第1203册，清光绪九年娜嬛馆刻本），第48页。

⑦ ［清］郭庆藩撰；王孝鱼点校：《庄子集释》，第1057页。

民"。他说，"因民所利而行之，随四时而成之，常与道理俱，故无疾无费也"①，"夫民之德，小异而大同。故性之不可去者，衣食也；事之不可废者，耕织也；此天下之所同而为本者也"②。这里，郭象指出了民之衣食、耕织等物质生存条件是国家的根本，并认为统治者应该以人民的利益为前提，满足人民物质上衣食的需要以及精神上德性的需要。正如余敦康所说："这是一种本于儒家的浓郁的人文情怀和民本思想，因而判断统治者的决策是否正确，应以人人是否得性以及人民的满意程度为标准。"③

最后，郭象的"民本"思想表现为"惠民""宽民""德民""教民"。他说，"不知民过之由己，故罪责于民而不自改"④，"言其将以刑教自亏残，而不能复游夫自得之场，无系之途也"⑤，"言天下皆不愿为恶，及其为恶，或迫于苛役，或迷而失性耳。然迷者自思复，而厉者自思善"⑥，"夫先王典礼，所以适时用也。时过而不弃。即为民妖，所以兴矫效之端也"⑦。在郭象看来，统治者应适时依照民众的具体情况实行"宽民"政策，而非以苛役、刑罚的方式矫正民性、统治民众。若一旦出现过错，统治者应责己而非责民。因此，郭象主张统治者在治国理政的过程中实行"德教"，通过因民性、从民心、体民情的方式教化民众。故他说，"万物皆得性，谓之德。夫为政者，奚事哉？得万物之性，故云德而已也。得其性，则归之；失其性，则违之"⑧，"政者，立常制以正民（者）也。刑者，兴法辟以割物者也。制有常则可矫，法辟兴则可避。可避则违情而苟免，可矫则去性而从制。从制外正而心内未服。人怀苟免则无耻于物，其于化不已（亦）博（薄）乎？故曰'民免而无耻也'。德者，得其性者也。礼者，体其情者也。情有可（所耻）而性有所本。得其性，则本至；体其情，则知至。知耻则无刑

① ［清］郭庆藩撰；王孝鱼点校：《庄子集释》，第 1090 页。
② ［清］郭庆藩撰；王孝鱼点校：《庄子集释》，第 343 页。
③ 余敦康：《魏晋玄学与儒道会通（代序）》，载《魏晋玄学史》，第 15 页。
④ ［清］郭庆藩撰；王孝鱼点校：《庄子集释》，第 170 页。
⑤ ［清］郭庆藩撰；王孝鱼点校：《庄子集释》，第 285 页。
⑥ ［清］郭庆藩撰；王孝鱼点校：《庄子集释》，第 457 页。
⑦ ［清］郭庆藩撰；王孝鱼点校：《庄子集释》，第 515 页。
⑧ ［清］马国翰辑：《玉函山房辑佚书·经编论语类》，载《续修四库全书》（子部杂家类，第 1203 册，清光绪九年嫏嬛馆刻本），第 46 页。

而自齐；本至则无制而自正。是以'导之以德，齐之以体，有耻有格'"①，"圣人无诡教，而云不寝不食以思者，何夫思而后通习，而后能者，百姓皆然也。圣人无事而不与百姓同事，事同则形同，是以见形以为异己，故谓圣人亦必勤思而力学，此百姓之情也。故用其情以教之。则圣人之教，因彼以教彼，安容诡哉"②，"任诸大夫而不自任，斯尽之也。斯须者，百姓之情，当悟未悟之顷，故文王循而发之，以合其大情也"③。

简单来说，郭象的"民本"思想主要表现为：以民之生存为基本权利，以民之性情为德教之本，以民之善恶为是非标准，以民之意愿为治国之道。这与儒家孔子的仁民爱物、孟子的民贵君轻、荀子的君舟民水的"民本"思想是一脉相承的。

以郭象为代表的魏晋玄学家通过对圣人的"体无""体本"以及"素王"概念的重新界定，对儒家之孔子赋予了道家的"自然化"色彩，巧妙地重构出儒道相融的孔子形象，确立了以孔子为圣人榜样的理想人格，重塑了儒家人与道同的境界，为儒家理想的普遍性奠定了本体论基础。同时，通过寓"无为"于"有为"的手法，将"有德"的圣人人格（无为）与"有位"的现实君主人格（有为）相结合，进而肯定了三皇、五帝到三王的圣王系统，阐明了儒家所倡导的圣人创制实有之名教的必要性，使得孔子的弘道精神得到具体落实。可以说，魏晋玄学家要做的是建立一种合乎自然的名教秩序，通过将仁义植入自然情性的本体中，构建出"以民为本"的"内圣外王"之王道政治，以此挽救僵死的名教，进而缓解遵循社会秩序与追求个人精神自由之间的紧张关系。因此，郭象建构的儒道会通的思想体系实际上是他以积极有为的态度对儒家思想自身进行内部改良所作的一种努力，他始终致力于论证名教存在的合理性，企图为社会名教秩序的重建和个人身心的安顿提供一套价值理念的支撑。

综合而言，郭象"以道明儒"的思想体系是以道家自然无为的思

---

① ［清］马国翰辑：《玉函山房辑佚书·经编论语类》，载《续修四库全书》（子部杂家类，第1203册，清光绪九年娜嬛馆刻本），第46页。

② ［清］马国翰辑：《玉函山房辑佚书·经编论语类》，载《续修四库全书》（子部杂家类，第1203册，清光绪九年娜嬛馆刻本），第47页。

③ ［清］郭庆藩撰；王孝鱼点校：《庄子集释》，第720页。

想为外在框架，以儒家经世治国的思想为主要内核，其最终目的在于重建一套合乎自然的名教秩序，进而解决有与无、有为与无为、名教与自然、社会体制与个体自由等一系列基本的矛盾，并为儒道两家的对话、交流、互补、融合提供了理论平台。这在一定程度上打破了儒道两家各自的界线和对立的局面，促进了儒道两家的发展。可以说，郭象借用道家自然无为的思想，实际上是对司马氏集团实行虚伪名教的一种无声批判与控诉，同时也是对儒家名教走到穷途末路的一种挽救。归根结底，他对回归儒家名教正途始终抱有一种热切渴望与积极情怀。为了会通儒道，郭象虽对儒家之仁义思想、圣人人格及圣王系统进行了"自然化"的阐释，但以孔子为尊、对儒家圣王系统的推崇、建构合乎自然的名教秩序及"以民为本"的王道理想始终表现出匡时济世的使命担当，这是对自孔子以来儒士一直倡导的"弘道"精神与坚守的儒家理想之延续。从这一点来看，郭象玄学是对先秦儒学的"接着讲"，也可被看成是儒学作为一种隐喻及另类表达在魏晋时期得以继续生存和发展的体现。

第二节　性分、性命、性极思想的局限

儒、道本是截然不同的两家，各有各的特质所在，因此，要完全地会通儒道两家自是一件极其困难的事情。郭象在会通儒道的工作上虽作出了一定的努力，但仍存在一些缺陷，这主要体现在性分是先天形成还是后天形成、性命是不由己还是由己、性极是无待独化还是有待逍遥三个问题上。

一、性分：先天形成还是后天形成

郭象思想中存在"性分"既是先天形成又是后天形成这一矛盾的根源在于，他将"性分"定义成既包含道家先天自然本性（第一天性）的内容，又包含儒家后天社会伦理道德（第二天性）的内容。因此，"性分"的自然属性与社会属性的边界就变得模糊，"性分"的具体内容也变得难以确定。

一方面，郭象认为，人之"性分"是指先天的自然才质，是先天一次性获得，不可抗拒亦不可改变的本性。他说，"言性各有分，故知者守知以待终，而愚者抱愚以至死，岂有能中易其性者也"①，"天性所受，各有本分，不可逃，亦不可加"②，"性之所能，不得不为也；性所不能，不得强为"③。这些都说明了人的智与愚、能与不能等都是先天决定的，乃天命所予，不能更改只能接受，是现实既定而不可学的。

另一方面，郭象又认为，人之"性分"包含后天社会身份角色、伦理道德、时命遭遇等内容。他说，"故知君臣上下，手足外内，乃天理自然，岂真人之所为哉……夫时之所贤者为君，才不应世者为臣"④，"故凡所不遇，弗能遇也，其所遇，弗能不遇也；[凡] 所不为，弗能为也，其所为，弗能不为也"⑤，"夫仁义自是人之情性，但当任之耳"⑥。"性分"之伦理纲常的内容既然是后天给予的，这就意味着"性分"具备某种潜在性，可通过后天"学习"将其发掘、显现出来。故郭象说，"言物虽有性，亦须数习而后能耳。习以成性，遂若自然"⑦，"言天下之物，未必皆自成也，自然之理，亦有须冶锻而为器者耳"⑧，"夫率性直往者，自然也；往而伤性，性伤而能改者，亦自然也"⑨。

道家与儒家关于"自然"与"人为"的分歧就造成了郭象"性分"内容中先天自然不可学不可更改与后天人为可学可更改之间的矛盾，虽然王晓毅试图解决这一矛盾，认为"尽管后天的学习实践会使性格才能发生变化，而这种变化并未超出'性分'的范围"⑩，但对每个人而言，其自身究竟具备什么样的"性分"、如何知道自己具备什么样的"性分"、如何保证自己后天所学习的内容恰好在自身"性分"范

① ［清］郭庆藩撰；王孝鱼点校：《庄子集释》，第 65 页。
② ［清］郭庆藩撰；王孝鱼点校：《庄子集释》，第 134 页。
③ ［清］郭庆藩撰；王孝鱼点校：《庄子集释》，第 930 页。
④ ［清］郭庆藩撰；王孝鱼点校：《庄子集释》，第 63～64 页。
⑤ ［清］郭庆藩撰；王孝鱼点校：《庄子集释》，第 218 页。
⑥ ［清］郭庆藩撰；王孝鱼点校：《庄子集释》，第 325 页。
⑦ ［清］郭庆藩撰；王孝鱼点校：《庄子集释》，第 640 页。
⑧ ［清］郭庆藩撰；王孝鱼点校：《庄子集释》，第 286 页。
⑨ ［清］郭庆藩撰；王孝鱼点校：《庄子集释》，第 286 页。
⑩ 王晓毅：《郭象评传》，第 275 页。

围之内、什么是"足性"以及如何实现"足性逍遥"等都无法确定。正是这一矛盾的存在，导致了之后支遁对郭象的批判和质疑。《高僧传》之《支遁传》载：

> 遁常在白马寺，与刘系之等谈《庄子》《逍遥篇》，云："各适性以为逍遥。"遁曰："不然，夫桀跖以残害为性，若适性为得者，彼亦逍遥矣。"于是退而注《逍遥篇》。群儒旧学，莫不叹服。①

若"性分"是先天形成，那么桀跖以残贼为性也是适性而为，也能自得"逍遥"，这就对桀跖残贼之性进行了合理化；若"性分"是后天形成，这又与郭象以仁义为人先天普遍之性的观点相冲突，即"夫仁义自是人之情性，但当任之耳。恐仁义非人情而忧之者，真可谓多忧也"②。人既然都具备普遍的仁义之情性，又怎么会出现像桀跖一样以残贼为性的人呢？这就无法解释现实中何以存在一些有着残贼之性的人。这些矛盾的形成正是由于郭象没有明确"性分"的具体内容究竟为何。

又《世说新语·文学篇》刘孝标注引支遁逍遥义云：

> 夫逍遥者，明至人之心也。庄生建言大道，而寄指鹏、鷃。鹏以营生之路旷，故失适于体外；鷃以在近而笑远，有矜伐于心内。至人乘天正而高兴，游无穷于放浪，物物而不物于物，则遥然不我得，玄感不为，不疾而速，则逍然靡不适，此所以为逍遥也。若夫有欲当其所足，足于所足，快然有似天真。犹饥者一饱，渴者一盈，岂忘蒸尝于糗粮，绝觞爵于醪醴哉？苟非至足，岂所以逍遥乎？③

郭象对"性分"内涵的模糊化处理也导致了支遁对他第二个方面的批判，即足性就是足欲。若"性分"的内涵就是本能的欲求，那么

---

① [南朝梁] 慧皎撰；汤用彤校注，汤一玄整理：《高僧传》，北京：中华书局，1992年，第160页。
② [清] 郭庆藩撰；王孝鱼点校：《庄子集释》，第325页。
③ 余嘉锡笺疏：《世说新语笺疏》上册，《文学第四》，第260页。

足性就是欲望的满足，是对"性分"之欠缺的一种补充，即所谓"饥者一饱，渴者一盈"。但人的欲望是无穷的，只能得到暂时的满足，"这也就意味着对于'饱''盈'的追逐之心亦无穷，出现'快然有似天真'而'岂忘蒸尝于糗粮，绝觞爵于醪醴'的情况也就是可能甚至必然的了"①。但我们很难想象这种欲望的满足就等同于足性的逍遥。因此，支循反问道："苟非至足，岂所以逍遥乎？"

二、性命：不由己还是由己

在"性命"问题上，郭象的思想中存在道家消极无为的"性命不由己"论和儒家积极有为的"性命由己"论两种相互矛盾的观点。

一方面，郭象吸收了道家消极无为的顺性安命观，他在《庄子注》中很多地方都明确指出"性命"不是由自己掌控的，即"性命不由己"。他说，"命非己制，故无所用其心也。夫安于命者，无往而非逍遥矣"②，"知不可奈何者命也而安之，则无哀无乐，何易施之有哉！故冥然以所遇为命而不施心于其间，泯然与至当为一而无休戚于其中"③，"明性命之固当"④，"直自性命不得不然，非以有用故然也"⑤。在郭象看来，"性命"非人力所能左右，不能抗拒亦不能改变，只是顺任。关于这点，郭象还用后羿射箭的故事来予以形象说明。他说："羿，古之善射者。弓矢所及为彀中。夫利害相攻，则天下皆羿也。自不遗身忘知与物同波者，皆游于羿之彀中……虽张毅之出，单豹之处，犹未免于中地，则中与不中，唯在命……而区区者各有所遇，而不知命之自尔。故免乎弓矢之害者，自以为巧，欣然多己，及至不免，则自恨其谬而志伤神辱，斯未能达命之情者也。夫我之生也，非我之所生也，则一生之内，百年之中，其坐起行止，动静趣舍，情性知能，凡所有者，凡所无者，凡所为者，凡所遇者，皆非我也，理自尔耳。而横生休戚乎其中，

---

① 黄圣平：《郭象玄学研究——沿着本体论的理路》，北京：华龄出版社，2007年，第210页。

② ［清］郭庆藩撰；王孝鱼点校：《庄子集释》，第596页。

③ ［清］郭庆藩撰；王孝鱼点校：《庄子集释》，第162页。

④ ［清］郭庆藩撰；王孝鱼点校：《庄子集释》，第196页。

⑤ ［清］郭庆藩撰；王孝鱼点校：《庄子集释》，第319页。

斯又逆自然而失者也。"① 意思是，人类社会就好比一个大的射箭场，后羿象征着主宰人类的命运，他击中与不击中任何一个人，都是命运使然。因此，郭象告诫人们要面对必然而不可更改的"性命"，不要做无用的挣扎和改变，更不要有主观意念的妄作，因为"性命"都是天然已定的，而非人类自己可以人为掌控的。

另一方面，郭象又汲取了儒家积极有为的尽性知命观，强调在"性命"范围内，个人可通过正确的"冥极"途径，因循自己的"性分"而最终获得"逍遥"，即"性命由己"。他说，"夫物皆先有其命，故来事可知也"②，"各正性命之分也"③，"无为者，非拱默之谓也，直各任其自为，则性命安矣"④。这里的"知"并非理性意义上的"认知"，而是通过无心无欲的直觉体悟来"冥极"，最终与自身"性分"完全契合。郭象认为，事物生成变化的决定性动因皆在每个个体的内在本性之中，而非依靠外在的东西，即所谓"故造物者无主，而物各自造，物各自造而无所待焉，此天地之正也。故彼我相因，形景俱生，虽复玄合，而非待也。明斯理也，将使万物各反所宗于体中而不待乎外，外无所谢而内无所矜"⑤。因此，"能否掌握自己的'性命'的主动权，取决于个人的觉悟"⑥，即个人可通过按照其自身"性分"以及安任其自身"性命"的活动来实现自足的"逍遥"。这些都体现了郭象"性命由己"的思想。郭象"性命由己"的观点还可在萧统所编的《文选》中得到印证。刘峻在《辩命论》中评价前代各家命运理论时说："萧统论其本而不畅其流，子玄语其流而未详其本。"李善注云："李萧远作《运命论》，言治乱在天，故曰论其本；郭子玄作《致命由己》之论，言吉凶由己，故曰语其流。"⑦ 因郭象《致命由己》久佚，故我们现今已无法看到此论的内容。但我们从篇名可知，郭象主张"性命由己"的观点。

---

① ［清］郭庆藩撰；王孝鱼点校：《庄子集释》，第 205 页。
② ［清］郭庆藩撰；王孝鱼点校：《庄子集释》，第 900 页。
③ ［清］郭庆藩撰；王孝鱼点校：《庄子集释》，第 298 页。
④ ［清］郭庆藩撰；王孝鱼点校：《庄子集释》，第 379 页。
⑤ ［清］郭庆藩撰；王孝鱼点校：《庄子集释》，第 118 页。
⑥ 王晓毅：《郭象评传》，第 319 页。
⑦ ［梁］刘峻：《辩命论》；［梁］萧统编；［唐］李善注：《文选》卷五十四，第 747页。

儒家之"性命由己"与道家之"性命不由己"互相抵牾，这也是郭象在"性命"问题上出现自相矛盾的原因所在。但我们如何来弥合或解除这一矛盾呢？这就需要回到郭象最初对"性命"内涵的界定上，这一点我们在前文已做介绍，在此不再赘述。郭象认为，从人之本性发生的角度说，是自生自尔，是"不知其所以然而然"，因此可说"性命不由己"；从人之本性实现的角度说，是"全我而不效彼"，是"依自不依他"，因此可说"性命由己"。另外，在郭象看来，道家消极无为的"性命不由己"思想与儒家积极有为的"性命由己"思想也可实现辩证统一，即在有限固定的"性分"范围内（"性命不由己"）实现无限自足的"性极"之逍遥（"性命由己"）。

三、性极：无待独化还是有待逍遥

郭象的"冥极"往往与"独化""逍遥"等同，均指事物按照自身本性活动，最终与自身本性相冥合的境界。但具体而言，郭象思想中又存在道家超越式的"无待"和儒家现世式的"有待"的矛盾。郭象认为，从万物"独化"的本性而言，万物是"无待"的，即"是以涉有物之域，虽复罔两，未有不独化于玄冥者也。故造物者无主，而物各自造，物各自造而无所待焉，此天地之正也"①，"若责其所待而寻其所由，则寻责无极，（而）［卒］至于无待，而独化之理明矣"②，"夫死者独化而死耳，非夫生者生此死也。生者亦独化而生耳。独化而足"③；而从万物逍遥的境界言，除了无待圣人外，万物又均是"有待"的，即"故必得其所待，然后逍遥耳"④，"一物不具，则生者无由得生；一理不至，则天年无缘得终"⑤。这就意味着，郭象在本性之发生问题上主张道家超越式的无待独化论，以此确立个体的独立性；而在本性之实现问题上则主张儒家现世式的有待逍遥论，以此为俗世的平民大众通往逍遥之路提供一种可能。但问题是：本性的发生与实现过程不是一体的

---

① ［清］郭庆藩撰；王孝鱼点校：《庄子集释》，第118页。
② ［清］郭庆藩撰；王孝鱼点校：《庄子集释》，第117页。
③ ［清］郭庆藩撰；王孝鱼点校：《庄子集释》，第759页。
④ ［清］郭庆藩撰；王孝鱼点校：《庄子集释》，第23页。
⑤ ［清］郭庆藩撰；王孝鱼点校：《庄子集释》，第230页。

吗？难道可以判然区分吗？对此互相抵牾的观点，我们当如何解读？

首先，涉及对"待"字作何理解的问题。在郭象的哲学里，"有待"就是"有对"的意思①。他说，"夫自是而非彼，彼我之常情也"②，"夫自任者对物，而顺物者与物无对，故尧无对于天下，而许由与稷契为匹矣。"③ 这就是说，从客观现实上看，每一物都处在与他物的对待和联系中，即"自任者对物"。虽然这种联系不是出于主观意愿与目的，而是按照自身本性活动产生的偶然结果，但此物要尽到"自性"，要发挥此物的功能作用就不能离开其对象物，这是物之功能作用的客观上的相关。这就好比一个玻璃杯具备空间、容量这一"自性"，而空间、容量必须在玻璃杯盛水时才能充分体现出来。所以，玻璃杯要尽到自身这一"自性"，就不能离开其对象物——水（液体），只有在与其对象联系起来时，才能把"自性"圆满地尽到极致④。万物只有在"有待"中才能穷尽和显现自身的本性，才能实现儒家现世式的有待逍遥。对照而言，"无待"则是"无对"的意思。郭象说，"天下莫不自是而莫不相非，故一是一非，两行无穷。唯涉空得中者，旷然无怀，乘之以游也"⑤，"夫怀豁者，因天下之是非而自无是非也。故不由是非之途而是非无患不当者，直明其天然而无所夺故也"⑥。这就是说，从主观心性上看，我们不是要消除客观是非，而只是要无执于是非，顺是顺非，不依赖于自身"性分"之外的东西，即"顺物者与物无对""不由是非之途而是非无患不当者"。在郭象看来，万物间的"相为于无相为""相与于无相与"，就是每一物从主观心性上顺任客观现实中有无、是非、彼我的对待而达至无对待，在不知其所以然的冥然之境中自动地实现道家超越式的无待独化。因此，我们可从客观现实与主观心性两个不同角度来理解郭象思想中存在的儒家现世式的"有待"与道家超越式的"无待"之间的矛盾。

其次，涉及评判的标准问题。刘笑敢说："就'独化'二字来说，

① 杨立华：《郭象〈庄子注〉研究》，第139页。
② ［清］郭庆藩撰；王孝鱼点校：《庄子集释》，第74页。
③ ［清］郭庆藩撰；王孝鱼点校：《庄子集释》，第28页。
④ 吴重庆：《儒道互补——中国人心灵的建构》，第130页。
⑤ ［清］郭庆藩撰；王孝鱼点校：《庄子集释》，第74页。
⑥ ［清］郭庆藩撰；王孝鱼点校：《庄子集释》，第73页。

郭象似乎应该坚持'无待'就是'无所待',但是,他强调不是'无所待',而是'无所不待',这是因为他认为现存的秩序是合理的,其中的一切个体都是缺一不可的。因此,郭象的'无待'主张的不是西方式个体主义的,更不是个体中心的,而是总体秩序结构中的个体独立。"① 这里虽也涉及对"无待"的理解问题,但重点仍旧是评判的标准问题。若以儒家的整体大于部分之和作为评判的标准,那么郭象的"冥极"就是有待逍遥;若以道家的个体自我的自足性与至上性作为评判的标准,那么郭象的"冥极"就是无待独化。因此,这种整体与个体的双重评价标准可以作为尝试理解郭象思想中"有待"与"无待"之间的矛盾。

第三节 郭象玄学对宋明理学的影响

郭象通过性本论为先秦儒家性善说寻求到"自然"这一形上本体("一体"),通过"依性自为"的心性论及"迹""所以迹"相统一的礼论从内外两个维度("两翼")完成了对先秦儒家"内圣学"与"外王学"的继承与发展。郭象玄学在"一体两翼"的架构下展现出其"以道明儒"的价值取向,这具体表现为:立孔子为圣人榜样,视三纲五常为人之情性的自然显现,推崇儒家之圣王系统及以民本为治之道。郭象"以道明儒"的思想体系虽在一定程度上调和了儒道,但仍然存在性分是先天还是后天形成、性命是由己还是不由己、性极是无待独化还是有待逍遥的矛盾。整体而言,郭象所主张的对仁义之性的成就、仁义之礼的践行及理想道德人格与王道政治的追求上是与先秦儒家的"道统"一脉相承。此外,郭象"以道明儒"的思想体系对之后南北朝儒学的重振、宋明理学本体论与心性论的开启、三教合流趋势下儒学为宗及三教并存的中国文化基本路向的确立、士人儒道兼修的传统及中国人儒道互补心灵结构的形成产生了重要影响。

从先秦儒学到魏晋玄学,再到宋明理学,中国传统学术思想发展所具有的内在理路充分体现出中国思想文化阶段性与连续性的统一。作为

---

① 刘笑敢:《诠释与定向——中国哲学研究方法之探究》,第 189 页。

玄学集大成者的郭象充分汲取了先秦儒家的思想成分，并为后续宋明理学的兴起奠定了基础。关于玄学与理学的关联，主要体现在二者有一个共同点：对先秦儒道两家学说的会通。这也体现了秦汉以后中国学术思想逐渐走向融合发展的大趋势。故冯友兰言："道学的主题是讲'理'，这是接着玄学讲的"，"在'穷理尽性'这一方面，道学和玄学就联结起来了"。"道学批判了玄学，也继承了玄学"，"由玄学一转语，便是道学"。①冯友兰这里所说的"道学"就是指"宋明理学"，其明确指出了玄学与理学的内在关联。因此，作为玄学集大成者的郭象自是对宋明理学的产生与发展起到了重要作用。

一、高扬士大夫的主体精神：从名士风度到圣贤气象

在中国古代社会，士大夫这一群体具备学者和官僚的双重身份，兼具文化功能与政治功能。因此，士大夫在人格境界上往往展现出一种独特的精神风貌，即一方面维护现有名教秩序，表现出忠君尽孝、匡时济世的积极入世趋向；另一方面又超越世俗礼教束缚，追求精神自由，表现出独立自在、从道而行的个性洒落特质。

东汉后期"亦儒亦吏"的士大夫社会阶层完全形成，此后一直延续到中华帝国的末期。②东汉士人以"匹夫抗愤，处世横议"的精神与外戚和宦官斗争，以高风亮节赢得百姓尊重和推崇。但他们一腔忠君爱国之心却得不到君主的认同，反而遭到暴君的迫害与杀戮，这主要以党锢之祸的悲剧为代表。从东汉末期到魏晋初期，社会的动荡不安、天人感应系统的崩塌、君主权威的瓦解等造成士人们对纲常名教失去了信心，他们开始寻求新的价值理念，将目光转向了对个体的关注。

这种对个体的关注主要表现为：通过"傅粉施朱"来追求风姿飘逸；通过服用"五食散"来实现养性益寿；通过口谈"清言"来表现智识才华；通过忤逆常规常礼的纵情而为、放荡不羁来彰显个性洒脱等。因此，礼教道德不再是他们鉴识人物的标准，对个体生命的关注、

---

① 冯友兰：《中国哲学》第八辑，北京：生活·读书·新知三联书店，1982年，第89页。
② 具体参见阎步克《波峰与波谷：秦汉魏晋南北朝的政治文明》，北京：北京大学出版社，2017年，第82页。

个性情感的张扬、精神自由的追逐才是名士风度的标志。刘劭在《人物志》中就言："盖人物之本，出乎性情，性情之理，甚微而玄，非圣人之察，其孰能究之哉！"① 这里，刘劭就明确将个人性情作为鉴别人物的根本。向秀在《难养生论》中言："有生则有情，称情则自然。"② 在向秀看来，人之性情生而有之，是自然而然的，所以称情而往就是顺从自然之性、遵从自然之道，具有天然的合理性。嵇康在《养生论》中亦云："修性以保神，安心以全身，爱憎不栖于情，忧喜不留于意，泊然无感，而体气和平。又呼吸吐纳，服食养身，使形神相亲，表里俱济也。"③ 嵇康认为，身与心、形与神对个体生命而言都十分重要，我们可通过呼吸吐纳、服食丹药等养生之道来实现修性保神、安心全身。这些都体现出魏晋名士对个体生命及性情的珍视与推崇。

作为玄学集大成者的郭象更是将个体自性上升到本体论的高度。他说，"故造物者无主，而物各自造"④，"块然而自生耳。自生者，非我生也。我既不能生物，物亦不能生我，则我自然矣"⑤。这里，郭象否认了一切外在造物主的存在，将"自生"看成是事物的本性。在此基础上，他进一步指出事物的自然之性（自性）就是自身存在的依据。他说，"不知其然而自然者，非性如何"⑥，"言自然则自然矣，人安能故有此自然哉？自然耳，故曰性"⑦。这样，郭象就把"自性"看成是个体事物产生、变化的一切动因，并认为这一本体"自性"是自为自足、无待至上的，这就在形而上层面将个体事物自身确立为"本体"，在精神文化上凸显了魏晋名士张扬个体自我与个人自由的风度。因此，郭象主张"全我而不效彼""纵心直前""不役志以经世"。郭象对个体自我价值的强烈认同与阮籍、嵇康等人主张"任心无穷""显情无措"的个体价值倾向是一致的。

魏晋名士高扬个体生命及精神自由的风度代表士大夫阶层自我意识

---

① 刘劭：《人物志》卷上，《九征第一》，郑州：中州古籍出版社，2007年，第31页。

② 向秀：《难养生论》，载《魏晋全书》第2册，长春：吉林文史出版社，2007年，第552页。

③ 嵇康：《养生论》，载《魏晋全书》第2册，第440页。

④ ［清］郭庆藩撰；王孝鱼点校：《庄子集释》，第118页。

⑤ ［清］郭庆藩撰；王孝鱼点校：《庄子集释》，第55页。

⑥ ［清］郭庆藩撰；王孝鱼点校：《庄子集释》，第873页。

⑦ ［清］郭庆藩撰；王孝鱼点校：《庄子集释》，第692页。

的觉醒。① 当然，魏晋名士的个体自由是脱离不了家族本位的群体纲纪，仍然以名教礼序为最基本的保障，这与他们兼顾政治与文化的双重身份密切相关。以王弼、郭象为代表的玄学家，通过本末、有无、一多等范畴来会通儒道、统一名教与自然，这正是魏晋名士维护名教礼法之群体自觉与倡导个人自由之个体自觉综合起来的表现，只是他们对群体与个体之着重点不同而已。如郭象虽主张个体"性分自足"的观点，但其"性分"是内含君臣上下、尊卑先后之社会等级身份与名教礼法规范的，并且他将"性分"看成是"天理自然"的表现。他称："臣妾之才，而不安臣妾之任，则失矣。故知君臣上下，手足外内，乃天理自然。"② 这种"安性守分"思想就成为其维护与稳定封建纲常名教的体现。可见，魏晋名士的立足点虽是个体自由，但仍然是兼顾群体纲纪的。

魏晋名士虽侧重于个体生命与精神的表达，但其对名教与自然、群体与个体价值之调和所作的努力对宋明士大夫形成"圣贤气象"的精神风貌有重要影响。此种"圣贤气象"体现在宋儒追求修身、齐家、治国、平天下的理想中，用孔子的话来说即是"天下有道则见，无道则隐"③。朱熹注此句言："天下举一世而言，无道则隐其身而不见也。此惟笃信好学，守死善道者能之。"这意味着，在宋儒眼里，士大夫应胸怀天下、匡时济世、以天下为己任，即在天下有道之时要有治国平天下之志。从范仲淹的"先天下之忧而忧，后天下之乐而乐"，到朱熹的"做得尧舜事业"，再到张载的"民胞物与"等，均体现了宋儒经世济民的社会担当与责任意识，这与他们政治地位的显著提高及重建儒家纲常名教的宗旨紧密相关。因此，宋明士大夫是高扬群体价值的。此外，他们在"天下无道"时，则主张修身养性、安贫乐道。所以，宋儒亦非常推崇"孔颜乐处"的精神，即所谓"笃信好学，守死善道"。《论语》记载孔子赞扬颜回说："贤哉，回也！一箪食，一瓢饮，在陋巷，人不堪其忧，回也不改其乐。贤哉，回也！"④ 在孔子看来，颜回纵使身处贫困之中，亦能坚守和践行仁义道德的修养功夫，达到体道的快乐

---

① 具体参见余英时《士与中国文化》，第 269～286 页。
② ［清］郭庆藩撰；王孝鱼点校：《庄子集释》，第 63 页。
③ ［清］程树德撰；程俊英、蒋见元点校：《论语集释》（第二册），第 540 页。
④ ［清］程树德撰；程俊英、蒋见元点校：《论语集释》（第二册），第 386 页。

境界。此时，天地万物为一体，精神充盈饱满，知足而无欲。因此，颜回是以道充为贵，身安为富，进而达到"常泰无不足"的。正如二程在教弟子读儒家经典时言："凡看文字，非只是要理会语言，要识得圣贤气象。如孔子曰：'盍各言尔志。'而由曰：'愿车马，衣轻裘，与朋友共，敝之而无憾。'颜子曰：'愿无伐善，无施劳。'孔子曰：'老者安之，朋友信之，少者怀之。'观此数句，便见圣贤气象大段不同。若读此不见得圣贤气象，他处也难见。学者须要理会得圣贤气象。"① 宋儒追求的此种"圣贤气象"既有得道顺意时的积极救时济世，又有无道困顿时的悠游自处。前者侧重的是政治功业与纲常名教（群体价值），后者侧重的则是德性功夫与个性洒落（个体价值）。因此，这一"圣贤气象"融通了儒家之名教与道家之自然，统合了社会责任与个体自由。

由此可见，宋代士大夫所追求的"圣贤气象"不仅仅有群体价值本位的心怀天下、道义担当的一面，又有个体精神境界的自由自在、自得自乐的一面。这是对魏晋士大夫兼综儒道、追求"名士风度"的继承与发展。但不同的是：魏晋士大夫追求的"名士风度"大体是重个体之自由而不危及人伦之秩序；宋明士大夫推崇的"圣贤气象"大体是遵群体之纲纪而无妨于自我之逍遥。这从朱熹注解《论语》"曾点气象"可窥得一二。他说："曾点气象固是从容洒落，然须见得它因甚到得如此始得。若见得此意，自然见得它做得尧舜事业处。"② 在此基础上，朱熹进一步强调："曾点意思，与庄周相似。"③ 朱熹认为，圣贤的从容洒落、精神自由必须与体认人伦天理、格物致知的道德功夫以及"做得尧舜事业"的实际行动相结合，才不会消解儒家名教纲纪之人文价值，否则就与道家无异。同时，宋儒如只讲经世之业，就会没了自然天理的本根，像无源之水、无本之木一样，因沾染政治功利之习气而迷失自我，丧失圣贤的精神境界。因此，以朱熹为代表的宋明士大夫追求的"圣贤气象"是将儒家立德、立功、立言之功绩名业与道家个体逍

---

① ［宋］程颢、程颐：《二程集》，《河南程氏遗书》卷22上，北京：中华书局，1981年，第284页。

② ［宋］朱熹：《朱子全书》第23册，《晦庵先生朱文公文集》卷61，《答欧阳希逊》，上海：上海古籍出版社；合肥：安徽教育出版社，2002年，第2951页。

③ ［宋］朱熹：《朱子全书》第15册，《朱子语类》卷40，第1427页。

遥之自由精神统一起来的，但侧重点在儒家尧舜之事业上。

无论是魏晋"名士风度"象征的个体意识的觉醒，还是宋明"圣贤气象"代表的群体价值的高扬，都标志着士大夫这一阶层主体精神的挺立。这种主体意识的彰显与魏晋及宋明士大夫面对的一个共同问题相关，即如何会通儒家之名教与道家之自然，统合群体之纲纪与个体之自由，以此重整人伦秩序，安顿社会人心。因此，从魏晋士人追求的"名士风度"到宋明儒士推崇的"圣贤气象"，其内在发展的进路有很强的关联性、一致性。可以说，宋明士大夫以"圣贤气象"作为理想人格追求是对魏晋"名士风度"的继承与发展。

二、会通儒道的意识：从"山林庙堂无异"到"名教可乐"

关于玄学与理学的关系如何，目前学界更多侧重探讨的是理学对玄学的批判，而就理学对玄学的汲取继承方面则谈论较少。理学与玄学究竟有何种内在关联，我们不能绕开二者的一个重要共同点，即对儒家之名教与道家之自然的会通，以此解决一直困扰士大夫阶层内心，关于从道还是从君、出世还是入世、遵循社会秩序还是追求个体自由的纠葛与矛盾。士大夫具备学者与官僚的双重身份，这迫使他们必须同时兼顾"魏阙"与"江湖"，但二者往往又很难统和，因此就产生了"山林庙堂有异无异""名教可不可乐"等问题。

从晋人袁宏《三国名臣颂》赞夏侯玄的"君亲自然，匪由名教。爱敬既同，情理兼到"①，到何晏的"孔老无异"②，再到乐广的"名教内自有乐地"③，再到郭象的"夫圣人虽在庙堂之上，然其心无异于山林之中"④"故圣人常游外以（宏）[冥]内，无心以顺有"⑤，都体现出魏晋士人既希望在政治活动中匡时济世、大展宏图、建功立业，又希望能超脱于世俗礼法之外，以获得个体精神自由。简而言之就是调和名教礼法与自然性情。在魏晋士人眼里，"名教"来源于"自然"，是人

---

① ［唐］房玄龄等撰：《晋书·袁宏传》（卷九十二），第 2396 页。
② 余嘉锡笺疏：《世说新语》上册，《文学第四》，第 237 页。
③ ［唐］房玄龄等撰：《晋书·乐广传》（卷四十三），第 1245 页。
④ ［清］郭庆藩撰；王孝鱼点校：《庄子集释》，第 32 页。
⑤ ［清］郭庆藩撰；王孝鱼点校：《庄子集释》，第 273 页。

之自然性情需要发展的结果，我们可在遵循仁义礼法、纲常名教中实现内在的超越，获得个体心灵的自由。正如郭象言："夫仁义自是人之情性，但当任之耳"①"夫知礼意者，必游外以经内，守母以存子，称情而直往也"②。郭象认为，名教人伦根植于人之内在情性，仁义礼法是人之情性的内容，符合天理自然，我们可在合乎自然性情的真名教内达到"称情直往""任性"逍遥的境界。由此可见，魏晋名士大体强调"自然"是"名教"的基础，通过化"当然"为"自然"的方法，最终使"名教"复归于"自然"。与之相反，宋儒则强调"名教"是"自然"的基础，通过化"自然"为"当然"、将"名教"等同于"天道""天理自然"的方法，最终使"名教"成为人之自然性情是否合理的标准。③

据《宋史·道学传》记载张载年少时喜谈兵，"年二十一，以书谒范仲淹，一见知其远器，乃警之曰：'儒者自有名教可乐，何事于兵！'因劝读《中庸》"。可见，"名教是否可乐"这一命题是宋明士人探讨的重要问题，是对魏晋名士"山林庙堂有异无异"问题的延续。这里，宋儒并没有将名教与自然看成是对立的紧张关系，而是试图将名教安放在人之内在的天然本性之中，这样才能从内心深处真正体悟到名教之乐。正如程灏所言："学者须先识仁。仁者，浑然与物同体……孟子言：'万物皆备于我'，须反身而诚，乃为大乐。若反身未诚，则犹是二物有对，以己合彼，终未有之，又安得乐？"④在程灏看来，以仁为代表的人伦道德就是天道，就是人之内在自然本性，并非外在于人的强制性法则。所以通过反求诸己的"诚"之修养功夫来践行仁义道德，最终贯通天道与人性，打通名教与自然，达到与天地万物同体的"天人合一"境界，这便是"与道为一"的快乐。故朱熹亦言："曾点之学，盖有以见夫人欲尽处天理浑然，日用之间随处发见，故其动静之际从容如此。"⑤朱熹认为，既然仁义礼智等名教纲纪是天理，那么其就

---

① ［清］郭庆藩撰；王孝鱼点校：《庄子集释》，第 325 页。

② ［清］郭庆藩撰；王孝鱼点校：《庄子集释》，第 272 页。

③ 具体参见朱汉民《玄学与理学的学术思想理路研究》，北京：中国社会科学出版社，2012 年，第 21 页。

④ ［宋］程颢、程颐：《二程集》，《河南程氏遗书》卷 2 上，第 16～17 页。

⑤ ［宋］朱熹：《朱子全书》第 22 册，《晦庵先生朱文公文集》卷 51，《答万正淳》，第 2389 页。

在人性之中，并表现在百姓的人伦日用之间。因此，"名教可乐"是宋儒对以郭象为代表的魏晋名士提出的"山林庙堂无异"命题的进一步拓展与升华。魏晋名士与宋明理学家都将个体自然性情的表达建立在对名教纲纪遵循的基础上来实现，以对现实荣辱得失、是非功过、生死问题的内在超越，达到个体精神的逍遥境界，进而会通儒道，调和名教与自然、社会秩序与个体自由之间的矛盾。只不过魏晋名士与宋明理学家在看待"名教"与"自然"何为基础的问题上存在些许差异。

三、性与理的问题：从"性内理表"到"性即理"的性理学之发展

玄学与理学通过哲学思辨从宇宙本体论的视角来试图解决先秦儒学提出的"性与天道不可得而闻"的问题，以期为士大夫们所追求的理想人格与人生境界寻求一终极存在依据。

"性"（人性）与"理"（天理）的关系问题贯穿整个中国古代哲学史与思想史，思想家们大体都将"性"与"理"的关系放置在"天人合一"的视域中来看待，且认为二者是贯通一体的。可以说，先秦诸子对性、理的思考是中国古代性理学说的萌芽期，魏晋名士对性、理思想的发展是中国古代性理学说的形成期，宋明儒士对性、理思想的系统升华则是中国古代性理学说的成熟完成期。因此，宋明理学有时又被称为"性理学"①。

先秦儒家有一些关于"性"与"理"关系问题的初步探讨。《论语·公冶长》载子贡言："夫子之文章，可得而闻也。夫子之言性与天道，不可得而闻也。"②朱熹注此句曰："文章，德之见于外者，威仪文辞皆是也。性者，人所受之天理。天道者，天理自然之本体。其实一理也。"这里，"天道"就是"天理"，而"人性"是禀受于"天理"而生的，因此，"性"与"理"是相互贯通的。在孔子弟子的评价中可知，孔子的文章是见于外的，学者可闻可知；但"性"与"理"不是靠言说而可闻的，而是靠个体对"仁"的体悟与践行来印证，进而上

---

① 具体参见朱汉民《玄学与理学的学术思想理路研究》，第101～104页

② ［清］程树德撰；程俊英、蒋见元点校：《论语集释》（第一册），第318页。

达"天理",实现"性"与"理"的贯通。《郭店楚简》中早期儒学著作亦道明"性"的来源与必然的"天"有关系,即所谓"性自命出,命自天降"。① 这与《尚书》《左传》以"天""命"言"性"的说法一致。《中庸》《孟子》则进一步赋予了"性"与"理"以人伦道德内涵。《中庸》言,"天命之谓性,率性之谓道,修道之谓教"②,"喜怒哀乐之未发,谓之中;发而皆中节,谓之和"③。这里说明了"人性"是由"天命"给定的,并将喜怒哀乐所表现出来的"中节"(适度、合适)看成是"性"的内涵。因此,《中庸》赋予了"性"以道德之"善",而这份"性善"是先天禀赋,即来源于"天"(天理)或"命"。《中庸》认为,这一天理善性可概括为"诚",是谓"诚者非自成己而已也,所以成物也。成己,仁也;成物,知也。性之德也,合外内之道也"④。这份成己、成物的"存诚尽性"功夫就是贯通天与人、内与外、天理与性命的关键所在,是人成为有伦理道德的人之根本。孟子在此基础上进一步以"心善"言"性善",且把"性"与"理"联系起来。孟子言:"尽其心者,知其性也。知其性,则知天矣。存其心,养其性,所以事天也"。⑤ 在孟子看来,"心"与"性"是同一的,尽自己的道德本心去行事,就可认识到自己的本性是善的。存养道德本心本性,就是"知天""事天"。这样,"天"(天理)就是显示主体本心本性的善之价值取向的形上依据,具备了道德的先验性,"天"与"人"、"性"与"理"也得以贯通。

由此可见,先秦儒家大体将"性"与"理"看成是一体贯通的,并将"性"与"理"逐渐赋予了仁义礼智等道德人文的属性,使"性"与"理"在先秦儒家的人性论及宇宙论中处于核心地位。

魏晋玄学继承与发展了先秦儒学关于"性"与"理"的学说,将"性"提升到了本体论的高度,并用本末、体用、内外等范畴来说明"性"与"理"之关系。如玄学代表性人物王弼言:"道不违自然,乃

---

① 李零:《郭店楚简校读记》,北京:人民出版社,2007年,第136页。
② [宋]朱熹撰:《四书章句集注·中庸章句》,第17页。
③ [宋]朱熹撰:《四书章句集注·中庸章句》,第18页。
④ [宋]朱熹撰:《四书章句集注·中庸章句》,第34页。
⑤ [宋]朱熹撰:《四书章句集注·孟子集注》,第349页。

得其性，〔法自然也〕。"① 这里的"性"既指人之自然本性，又指天理、天道的自然本性。此处，王弼明确指出了人性与天道、天理的自然本性在本质上是一样的。因此，"道""自然""性"是等同的，并且是万物存在的本根、本原。关于这一点，在其他玄学家那里论述得更为清楚。可见，魏晋玄学家大体是将"人性"的内涵设定为自然属性，又把自然之性归结为天理自然，从而使人性与天道得以贯通。郭象在王弼的基础上重新定义"性"的内涵，并提出了独具特色的"性本论"。

郭象称，"人之生也，可不服牛乘马乎？服牛乘马，可不穿落之乎？牛马不辞穿落者，天命之固当也。苟当乎天命，则虽寄之人事，而本在乎天也"②，"故知君臣上下，手足外内，乃天理自然"③，"以性言之，则性之本也。夫物各有足，足于本也。付群德之自循，斯与有足者至于本也，本至而理尽矣"④。在郭象看来，于动物而言，牛穿鼻、马落首是天理自然；于人而言，君臣上下、尊卑贵贱等级纲常也是天理自然。万事万物只要安于其"性"，就是遵循天理的表现。可见，郭象将伦理纲常、名教等级包括在内的人之社会属性也纳入自然之性、天然之理的范畴。这是通过化"当然"为"自然"的手法来贯通"人性"与"天道"，甚至将"性"与"理"等同。在"性"与"理"等同的前提下，郭象又将二者上升到本体论的高度，即所谓"以性言之，则性之本也"，"本至而理尽矣"。因此，郭象在王弼的基础上进一步赋予了"性"与"理"以儒家道德伦常的内容。

在《庄子注》中，郭象常常将"性"与"理"均看成表达天地万物本体的范畴。他说，"任其天性而动，则人理亦自全矣"⑤，"夫六合之外，谓万物性分之表耳。夫物之性表，虽有理存焉，而非性分之内，则未尝以感圣人也，故圣人未尝论之"⑥。郭象认为，"性"是内在与潜在的"质"，即所谓"任其天性而动"；"理"是外在与显在的"象"，不在"性分之内"，而在"性分之表"。因此，郭象虽将"性"与

① 〔魏〕王弼著；楼宇烈校释：《王弼集校释》，第65页。
② 〔清〕郭庆藩撰；王孝鱼点校：《庄子集释》，第589页。
③ 〔清〕郭庆藩撰；王孝鱼点校：《庄子集释》，第63页。
④ 〔清〕郭庆藩撰；王孝鱼点校：《庄子集释》，第244页。
⑤ 〔清〕郭庆藩撰；王孝鱼点校：《庄子集释》，第637页。
⑥ 〔清〕郭庆藩撰；王孝鱼点校：《庄子集释》，第91页。

"理"看成"被显现"与"显现"的一体关系,但仍然从体与用的角度将二者在空间形态及逻辑先后方面进行了区分。所以,"性"与"理"的关系是由内到外、由潜在到显在的体用一如关系,亦是由"人性"上达"天理"的过程。

郭象的性理学说,无论是思维方式还是理论内容,都深深地影响着数百年后宋明理学家对性理学说的系统化构建。宋明理学家亦是用体与用、形上与形下的本体论思维统一"性"与"理",并延续了郭象对"性""理"加以儒家伦理化的基本进路。但唯一的不同点是,宋明理学家是以双向建构的方式,即由"天理—人性",再由"人性—天理"的双向过程来彻底贯通"性"与"理"。二程言,"上天之载,无声无臭,其体则谓之易,其理则谓之道,其用则谓之神,其命于人则谓之性"[①],"性即理也,所谓理,性是也"[②]。朱熹亦曰,"性即理也,天以阴阳五行化生万物,气以成形,而理亦赋焉,犹命令也。于是人物之生,因各得其所赋之理,以为健顺五常之得,所谓性也"[③],"性则有一个根苗,生出君臣之义,父子之仁,性虽虚,都是实理"[④],"然其本然之理,则纯粹至善而已。所谓天地之性者也。孟子谓性善,程子谓性之本,所谓极本穷原之性,皆谓此者也"[⑤]。在宋明理学家看来,人性是在宇宙运行、天理化生中形成,所以,"性"乃"天地之性",具备"本然之理",这是从宇宙论意义上来说"性即理"。另外,仁义礼智的伦常法则既是主宰宇宙大化的"天理",又是主宰人情的"性",人性是禀赋天理而成的,人通过对道德的践行来立乎其大,进而上达天理,以德配天。此时,"性"中涵盖"万理",人人通过存心养性功夫,让"万理"在"人性"中呈现。正如朱熹所言:"尽心知性而知天,所以造其理也。"[⑥] 因此,宋明理学家常用"月映万川""理一分殊"来表达"性"(体)与"理"(用)豁然贯通的境界。这是从本体论层面以"体用一如"来说"性即理"。

---

① [宋]程颢、程颐:《二程集》,《遗书》卷1,第4页。
② [宋]程颢、程颐:《二程集》,《遗书》卷22,第292页。
③ [宋]朱熹:《朱子全书》第6册,《四书集注·中庸章句集注》,第28页。
④ [宋]朱熹:《朱子全书》第14册,《朱子语类》卷5,第223页。
⑤ [宋]朱熹:《朱子全书》第6册,《论语或问》卷10,第875页。
⑥ [宋]朱熹:《朱子全书》第6册,《孟子集注》卷13,第425页。

宋明理学家以体与用、内与外、一与多的范畴来统一"性"与"理"，并对"性"与"理"赋予道德伦理属性而构建起本体论，是对魏晋玄学集大成者郭象的性理学说之继承发挥。但不同的是，以郭象为代表的玄学家只是从本体论层面完成了"人性—天理"的单向度建构，而宋明理学家在构建"性本体"之前，还设定了一个"天理—人性"理气演化的宇宙论化生的过程与前提。因此，"天理"与"人性"是内在互通的。正如元代理学家吴澄所说："所谓性理之学，既知得吾之性，皆是天地之理，即当用功以知其性，以养其性。"① 唐君毅亦言："然宋明理学之言理，主要者是言性理，由此以及于天理。宋明儒之言天理，非只视为外在之物质之天地构造之理。如只视为外在之物质之天地构造之理，便只是物理而非天理。真正之天理，当是由心性之理通上去，而后发现之贯通内外之人我及心理之理。故性理是宋明理学家之所最重之理。"② 这指明了宋明理学性理之说的两个维度：一是宇宙论，即由天地之理的宇宙本体下落到人性本体的过程，"吾之性"皆是"天地之理"；二是本体论，即由人之性体认和上通天地之理，以"知性""养性"的功夫印证与呈现"天理"。

由此可知，宋明的性理学是对魏晋的性理说继承与发展的结果，体现了玄学与理学在贯通人性与天理的思维模式及理论体系上的内在脉络及传承关系。性理学说作为中国古代先贤立足于人的主体性来思考天人关系的重要命题，具有很强的思辨性与形而上学性，是中国哲学主体性精神的学术表达，其强调人在历史进程中能主动认识到宇宙演化进程，发现、遵循并利用天道自然规律来参赞天地之化育，进而挺立人之主体，彰显人的实践精神。

---

① ［元］吴澄：《草庐学案·草庐精语》，见［清］黄宗羲著；［清］全祖望补《宋元学案》卷92，北京：中华书局，1986年，第3038页。

② 唐君毅：《中国哲学原论》（导论篇），北京：中国社会科学出版社，2005年，第32页。

余　论

　　魏晋玄学发展到郭象，已经基本完成了会通儒道的时代任务。郭象"以道明儒"的玄学思想奠定了经典注释中的郭象注《庄子》与《庄子》注郭象的两种基本方法。郭象注《庄子》与《庄子》注郭象作为经典注释的两种基本方法源于对郭象《庄子注》的评价，其比"六经注我"之说出现得更早，在古代也更为流行。① 郭象注《庄子》与《庄子》注郭象之说的创始者可能是宋代的无著妙总禅师（？—1163），她说："曾见郭象注《庄子》，识者曰，却是《庄子》注郭象。"② 无著于 1163 年圆寂，当时陆九渊（1139—1193）可能在 26 岁上下。假使无著讲这句话是在他圆寂前几年，那么那时陆九渊还很年轻③。因此，"无著之'郭象注庄子'和'庄子注郭象'之说应该早于陆九渊'我注六经'和'六经注我'之说"④。

　　关于郭象《庄子注》的评价，历来有两种不同的说法，一为褒，一为贬。我们可由古人对郭象《庄子注》的两种截然不同评价来知晓两种注释方法的形成过程及其影响。

　　对郭象《庄子注》较早的赞评见于晋张骘，他说："象作庄子注，最有清辞遒旨。"⑤ 这是从文辞风格和内容宗旨两方面褒扬了郭象注《庄子》。唐代陆德明说："唯子玄所注特会庄生之旨，故为世所贵。"⑥

---

　　① 刘笑敢：《诠释与定向——中国哲学研究方法之探究》，第 68 页。

　　② ［宋］普济著；苏渊雷点校：《五灯会元》卷二十，北京：中华书局，1984 年，第 1348 页。

　　③ 据陆九渊年谱，陆九渊在 34 岁以前没有重要学术活动，因此不太可能提出"六经注我"的说法。年谱记载杨简尝闻或谓陆先生云："胡不注六经？"先生云："六经当注我，我何注六经。"（具体参见［宋］陆九渊著；钟哲点校《陆九渊集》，北京：中华书局，1980 年，第 522 页。）

　　④ 刘笑敢：《诠释与定向——中国哲学研究方法之探究》，第 68 页。

　　⑤ ［晋］张骘：《文士传》，转引自《世说新语·文学》刘孝标注。（参见余嘉锡《世说新语校笺》，第 206 页。）

　　⑥ ［唐］陆德明撰：《经典释文·序录》，北京：中华书局，1983 年，第 17 页。

这就指出了郭象注《庄子》乃精准领会了庄子思想的精神。明代焦竑认为向、郭之注"旨味渊玄，花烂映发，自可与《庄》书并辔而驰，非独注书之冠也。嗣后解者数十家，如林疑独、陈详道、黄几复、吕惠卿、王元泽、林希逸、褚秀海、朱得之诸本，互有得失。然视子玄，奚啻盖壤"①。他认为郭象注《庄子》的水平是所有注本中水平最高的，甚至可与《庄子》本身"并辔而驰"。元代的刘埙有言："郭象注《庄子》，议论高简，殊有义味。凡庄生千百言不能了者，象以一语了之。余尝爱其注混沌凿七窍一段，惟以一语断之曰'为者败之'，止用四字，辞简意足，一段章旨无复遗论，盖其妙若此。世谓《庄子》注郭象，亦是一说。"②刘埙之言意在赞扬郭象注《庄子》乃"辞简意足"，世人所说的《庄子》注郭象乃可备为一说。明代陶宗仪亦云："晋郭象注《庄子》，人言《庄子》注郭象，妙处果然……其言真足羽翼庄氏而独行天地间。"③杨慎也说："昔人谓郭象注《庄子》，乃《庄子》注郭象耳。盖其襟怀笔力，略不相下，今观其注，时出俊语。"④冯梦祯在《庄子郭注序》中则言："注《庄子》者，郭子玄而下凡数十家，而精奥渊深，其高处有发庄义所未及者，莫如子玄氏。盖庄文日也，子玄之注月也，诸家繁星也，甚则爝火、荧光也……昔人曰：'非郭象注《庄子》，乃《庄子》注郭象。'知言哉！余故进之，进之与《庄子》等也。"⑤这就指明了郭象注《庄子》之水平高超，可与《庄子》原作并驾齐驱。正如明代文震孟所说："自晋宋清谈炽盛……独郭象注流传至今，而说者犹谓《庄子》注郭象也。夫惟《庄子》注郭象，象注所以传；若使郭注《庄子》，则吐弃时贤久矣。"⑥按照文震孟的说法，正因为是《庄子》注郭象而非郭象注《庄子》，才能使得郭象的注得以流传至今。

---

① [明]焦竑：《焦氏笔乘》卷二，《续修四库全书》第1129册，上海：上海古籍出版社，1995年，第525页上栏。
② [元]刘埙：《隐居通议》卷十九，《四库全书》子部杂家类172，第866册，台北：台湾商务印书馆，1983年，第166页下栏。
③ [明]陶宗仪编：《翼庄》，见《说郛》（一）卷三下，《四库全书》子部杂家类182，第876册，第167页上栏。
④ [明]杨慎：《升庵集》卷四十六，《四库全书》第1270册，第352页下栏，第353页上栏。
⑤ [明]冯梦祯：《快雪堂集》卷一，第9页。（具体参见《四库全书存目丛书》集部第164册，济南：齐鲁书社，1997年，第49页下栏。）
⑥ [明]文震孟：《南华经评注》（序），杭州：杭州古旧书店，1983年，第1页。

此外，还有一些人对郭象《庄子注》持批评的态度。唐代文如海认为"郭象《注》放乎自然而绝学习，失庄生之旨"①。魏了翁在批评王弼易注时说："辅嗣注《易》，不但为玄虚语，又间出己意。一段易反晦而难明，故世谓郭象注《庄子》，反似《庄子》注郭象。"② 这里，魏了翁用"《庄子》注郭象"来批评王弼易注发挥己意而违背了经典本义。宋儒熊朋来言："汉儒以汉法解经，如周礼中五齐二酒，皆以东汉时地名酒名言之，更代易世，但见经文易通，而注语难晓，使人有《庄子》注郭象之叹。"③ 熊朋来以"《庄子》注郭象"来批评汉儒解经多发己意，使人"注语难晓"。元人陈天祥在批评朱熹《中庸注》时说："又观圣人天地所不能尽之一句……犹有可说，然已几于《庄子》注郭象矣。"④ 明末郭良翰亦云："盖自《南华》之尊为经也，解者无虑数十家，愈解愈不可解也……于是世始尽诎诸子，孤行郭子玄之说。昔之人至谓非郭注《庄》，乃《庄》注郭。迨于今，玄风大畅，辩围竞驰……于是乎，昔之注《庄》易，《庄》注难也者；而今也，《庄》注易，注《庄》难矣。非诚注之难易也，师心于一己易，肖神于作者难也。"⑤ 由此可见，在郭良翰的时代，以《庄》注郭者多，以郭注《庄》者少，这样就造成了师心自用的流弊。正如清代宣颖所说："愚谓圣贤经籍虽以意义为重，然未有文理不能畅晓而意义得明者。"⑥

对郭象《庄子注》的评价涉及评价标准问题。大抵褒扬郭象《庄子注》的人往往着眼于郭象本身的思想，而不太在意郭象思想与《庄子》原书是否一致；大抵贬低郭象《庄子注》的人往往着眼于《庄子》原书本身，而认为郭象《庄子注》与《庄子》原书思想背离太远，完全丧失了《庄子》原有的思想精髓。因此，褒贬不一的两种评价背后实际隐含了两种完全不同的标准，一种是忠实于原文或者符合原文宗旨的标准；另一种则是重视注释者本身思想创新的标准。正如刘笑敢所

---

① ［宋］晁说之引唐代文如海《庄子疏》，见［元］马端临撰《文献通考·经籍三十八》卷二百十一（子部），北京：中华书局，1986 年，第 1734 页上栏。

② ［宋］魏了翁：《鹤山集》卷一〇八，《四库全书》第 1173 册，第 583 页下栏。

③ ［宋］熊朋来：《经说》卷四，《四库全书》第 184 册，第 307 页上栏。

④ ［元］陈天祥：《四书辨疑》卷十五，《四库全书》第 202 册，第 521 页下栏。

⑤ ［明］郭良翰：《南华经荟解说》，载严灵峰主编《无求备斋庄子集成》初编，第 13 册，台北：艺文印书馆，1972 年，第 17～19 页。

⑥ ［清］宣颖：《庄解小言》，《庄子南华经解》，台北：宏业书局，1969 年，第 3 页。

说："以两重标准的角度来看，郭象《庄子注》在思想创造和建构方面成绩卓著，在回归文本、尊重历史方面则明显不足。从两种定向的角度看，郭象《庄子注》所体现之诠释活动显然以独标新意、自我表达为依归，而不以真正揭示庄生之旨为宗旨。"①

郭象"以道明儒"的思想体系产生了深远的影响，具有一定的理论价值与现实意义。就其方法而言，郭象注《庄子》与《庄子》注郭象奠定了中国古代两种基本经典注释的路径与方法。同时，这也为我们今天建构属于我们自己的解释学提供了借鉴意义，包括如何创造性继承、引申、批判、转化、运用和评价这两种注释方法等。

就其思想内容而言，郭象"以道明儒"思想体系调和了当时社会有与无、有为与无为、名教与自然、社会体制与个人自由等一系列基本的矛盾，为当时社会秩序的重建和个人身心的安顿提供了一套理论方案。他提出的"名当其实"的新名教观是对司马氏集团实施虚伪名教的一种无声控诉，并试图建立一种"君主无为即臣民自治"的合乎自然的社会名教秩序，以此限制、虚化君主权力而扩张臣民的权力，缓解上下等级之间的紧张关系与矛盾。同时，郭象提出的"有待逍遥"及"安性即逍遥"的思想，虽有为封建等级专制辩护的成分，但也为凡夫俗子通往逍遥之路提供了一种可能。在郭象看来，无论是草野莽夫还是圣人君主，只要安于性分、恪尽职守，就能足性而逍遥。若每个人都能做到这样，就可实现"各安其业""各得其性""各任其能""各司其职"的"和合"社会秩序。从某种意义上说，在社会体制范围内追求有限的个人自由，是郭象在清醒认识社会现实的基础上尽其所能地为当时人们的安身立命谋求的一条出路。另外，郭象提出的"性分"思想、"君主无为即臣民自治"以及"足性逍遥"等理念对我们今天社会的分层管理、个体在现实社会生活角色中具体权利与义务的确立、个人身心的安顿都有一定的现实指导意义。同时，郭象"以道明儒"的思想体系为儒道两家各自的新发展提供了理论平台，为当代中国人儒道互补的和谐心灵结构的形成，以及中国文化与世界其他文化之间的相互交流、对话、融合提供了思想资源与动力。

----

① 刘笑敢：《诠释与定向——中国哲学研究方法之探究》，第 198 页。

附录一　主要参考文献

（一）古籍

［1］（清）王先谦：《庄子集解》，北京，中华书局，1987。

［2］（梁）萧统编，（唐）李善注：《文选》，北京：中华书局，1977。

［3］（清）郭庆藩撰，王孝鱼点校：《庄子集释》，北京，中华书局，2012。

［4］（魏）王弼著，楼宇烈校释：《王弼集校释》，北京，中华书局，1980。

［5］（魏）嵇康著，戴明扬校注：《嵇康集校注》，北京，中华书局，2014。

［6］（魏）阮籍著，陈伯君校注：《阮籍集校注》，北京，中华书局，1987。

［7］（晋）陈寿：《三国志》，北京，中华书局，1959。

［8］（唐）房玄龄等撰：《晋书》，北京，中华书局，1974。

［9］（唐）杜光庭：《道德真经广圣义》，上海，上海古籍出版社，1989。

［10］（唐）陆德明：《经典释文》，北京，中华书局，1961。

［11］（晋）张湛著，杨伯峻撰：《列子集释》，北京，中华书局，1979。

［12］（清）程树德撰，程俊英、蒋见元点校：《论语集释》，北京，中华书局，1990。

［13］（魏）刘邵：《人物志》，上海，上海古籍出版社，1990。

［14］（唐）僧肇著，张春波校释：《肇论校释》，北京，中华书局，2010。

［15］余嘉锡：《余嘉锡笺疏·世说新语笺疏》，北京，中华书局，2007。

［16］（清）严可均：《全上古三代秦汉三国六朝文（第二册）》，北京，中华书局，1958。

[17] （清）马国翰辑：《玉函山房辑佚书》//《续修四库全书：第1203册》，上海，上海古籍出版社，2002。

（二）研究性著作

[1] 汤用彤：《魏晋玄学论稿》，上海，上海古籍出版社，2001。

[2] 汤一介：《郭象》，台北，东大图书馆，1999。

[3] 汤一介：《郭象与魏晋玄学（增订本）》，北京，北京大学出版社，2000。

[4] 汤一介，胡仲平编：《魏晋玄学研究》，武汉，湖北教育出版社，2008。

[5] 余敦康：《魏晋玄学史》，北京，北京大学出版社，2004。

[6] 王晓毅：《中国文化的清流》，北京，中国社会科学出版社，1991。

[7] 王晓毅：《儒释道与魏晋玄学形成》，北京，中华书局，2003。

[8] 王晓毅：《郭象评传》，南京，南京大学出版社，2006。

[9] 黄圣平：《郭象玄学研究——沿着本体论的理路》，北京，华龄出版社，2007。

[10] 王江松：《郭象个体主义哲学的现代阐释》，北京，中国社会科学出版社，2008。

[11] 杨立华：《郭象〈庄子注〉研究》，北京，北京大学出版社，2010。

[12] 暴庆刚：《反思与重构：郭象〈庄子注〉研究》，南京，南京大学出版社，2013。

[13] 康中乾：《有无之辨——魏晋玄学本体思想再解读》，北京，人民出版社，2003。

[14] 康中乾：《魏晋玄学》，北京，人民出版社，2008。

[15] 康中乾：《从庄子到郭象——〈庄子〉与〈庄子注〉比较研究》，北京，人民出版社，2013。

[16] 王叔岷：《郭象庄子注校记》，上海，上海商务印书馆，1950。

[17] 苏新鋈：《郭象庄学评议》，台北，学生书局，1980。

[18] 林聪舜：《向郭庄学之研究》，台北，文史哲出版社，1981。

[19] 庄耀郎：《郭象玄学》，台北，里仁书局，1998。

[20] 卢国龙：《郭象评传：理性的蔷薇》，南宁，广西教育出版

社，1996。

[21] 牟宗三：《才性与玄理》，台北，学生书局，1985。

[22] 王葆玹：《正始玄学》，济南，齐鲁书社，1987。

[23] 许抗生：《魏晋玄学史》，西安，陕西人民出版社，1989。

[24] 罗宗强：《玄学与魏晋士人心态》，杭州，浙江人民出版社，1991。

[25] 唐长孺：《魏晋南北朝史论丛》，北京，商务印书馆，2010。

[26] 高晨阳：《儒道会通与正始玄学》，济南，齐鲁书社，2000。

[27] 刘笑敢：《庄子哲学及其演变》，北京，中国社会科学出版社，1988。

[28] 刘笑敢：《诠释与定向——中国哲学研究方法之探究》，北京，商务印书馆，2009。

[29] 崔大华：《庄学研究》，北京，人民出版社，1992。

[30] 吴重庆：《儒道互补——中国人的心灵建构》，广州，广东人民出版社，1993。

[31] 马晓乐：《魏晋南北朝庄学史论》，北京，中华书局，2012。

[32] 刘季冬：《儒道会通——王弼〈老子注〉之思想构建》，北京，人民出版社，2014。

[33] 孔繁：《魏晋玄谈》，沈阳，辽宁教育出版社，1991。

[34] 朱汉民：《玄学与理学的学术思想理路研究》，北京，中国社会科学出版社，2012。

（三）单篇论文

[1] 汤用彤：《向郭义之庄周与孔子》//《魏晋玄学论稿》，北京，人民出版社，1957。

[2] 汤用彤：《崇有之说与郭象学说》//《燕园论学集（汤用彤先生纪念文集）》，北京，北京大学出版社，1984。

[3] 汤一介：《略论郭象的唯心主义哲学体系》，《北京大学学报》1962 年第 2 期。

[4] 汤一介：《从向、郭〈庄子注〉看魏晋玄学的发展》//《中国哲学（第 4 辑）》，北京，生活·读书·新知三联书店，1980。

[5] 汤一介：《读郭象〈庄子注〉札记》，《文献》1981 年第 2 期。

［6］汤一介：《论郭象哲学的理论思维意义及其内在矛盾》，《哲学研究》1983 年第 4 期。

［7］汤一介：《论郭象注〈庄子〉的方法》，《中国文化研究》1998 年第 1 期。

［8］汤一介：《辩名析理：郭象注〈庄子〉的方法》，《中国社会科学》1998 年第 1 期。

［9］王晓毅：《郭象"性"本体论初探》，《哲学研究》2001 年第 9 期。

［10］王晓毅：《郭象历史哲学发微》，《文史哲》2002 年第 3 期。

［11］王晓毅：《浅论魏晋玄学对儒释道的影响》，《浙江社会科学》2002 年第 5 期。

［12］王晓毅：《郭象圣人论与心性哲学》，《哲学研究》2003 年第 2 期。

［13］王晓毅：《郭象命运论及其意义》，《文史哲》2005 年第 6 期。

［14］王江松：《郭象的个体主义本体论》，《中国哲学史》2006 年第 3 期。

［15］王江松：《论郭象的自性逍遥观》，《哲学研究》2006 年第 5 期。

［16］王江松：《郭象哲学的历史地位及其现代意义》，《吉首大学学报（社会科学版）》2006 年第 3 期。

［17］王江松：《论郭象的自然名教观》，《中国社会科学院研究生院学报》2009 年第 2 期。

［18］康中乾：《对郭象"独化"论的一种诠释》，《中国哲学史》1998 年第 3 期。

［19］康中乾：《郭象"独化"论的运思方式和逻辑结构——郭象"独化"本体论再诠释》，《中州学刊》2001 年第 4 期。

［20］康中乾：《从现象学的视野来理解郭象的"独化"论》，《天津社会科学》2003 年第 3 期。

［21］康中乾：《对向、郭〈庄子注〉疑案的一种判定》，《人文杂志》2005 年第 5 期。

［22］康中乾：《郭象认识论辨析》，《陕西师范大学学报》2006 年第 5 期。

［23］康中乾：《郭象"独化"范畴释义》，《哲学研究》2007 年第 11 期。

[24] 张立文:《郭象的独化自生哲学》,《黑龙江社会科学》2012 年第 6 期。

[25] 吕锡琛:《郭象认为"名教"即"自然"吗?》,《哲学研究》1999 年第 7 期。

[26] 任蜜林:《郭象哲学中以庄融儒的特色》,《中国哲学史》2006 年第 5 期。

[27] 暴庆刚:《境界形态与实然形态的双重涵摄——论郭象逍遥义的两个层次》,《人文杂志》2007 年第 3 期。

[28] 暴庆刚:《郭象的自然观论述》,《人文杂志》2009 年第 3 期。

[29] 暴庆刚:《郭象的性分论及其理论吊诡》,《人文杂志》2011 年第 1 期。

[30] 暴庆刚:《郭象的无为政治观论述》,《人文杂志》2008 年第 2 期。

[31] 暴庆刚:《郭象的自生说及其理论吊诡》,《河南大学学报》2011 年第 5 期。

[32] 暴庆刚:《论郭象对生死的知性阐释——兼与庄子的生死观作比较》,《人文杂志》2010 年第 4 期。

[33] 暴庆刚:《论郭象的是非观》,《安徽大学学报》2010 年第 3 期。

[34] 暴庆刚:《自由·自然·名教——郭象自由思想之论证逻辑探析》,《安徽大学学报》2005 年第 6 期。

[35] 黄圣平:《所谓〈庄子〉郭象〈序〉作者辨正》,《中国哲学史》2003 年第 2 期。

[36] 黄圣平:《无为与责任——略谈郭象圣人无为思想的管理学启示》,《领导科学》2010 年第 8 期。

[37] 黄圣平:《本性论视野下的郭象真知观》,《江西社会科学》2008 年第 1 期。

[38] 黄圣平:《郭象"神器"观微探》,《船山学刊》2006 年第 2 期。

[39] 王葆玹:《郭象庄注的改编及其与向注的混合——从一新角度看向郭庄注问题》,《中国哲学史》1993 年第 1 期。

[40] 余敦康:《郭象的时代与玄学的主题》,《孔子研究》1988 年第 5 期。

[41] 王利器:《〈庄子〉郭象序的真伪问题》,《哲学研究》1978 年第

9 期。

[42] 高晨阳：《郭象的认识论思想剖析》，《文史哲》1983 年第 5 期。

[43] 高晨阳：《郭象"逍遥"义辨析》，《辽宁大学学报（哲学社会科学版）》1986 年第 2 期。

[44] 马晓乐：《郭象"性分"观念探微》，《管子学刊》2004 年第 5 期。

[45] 马晓乐：《郭象"自然即名教"思想述论》，《理论学刊》2004 年第 1 期。

[46] 马晓乐：《庄子、郭象圣人观之比较》，《齐鲁学刊》2004 年第 4 期。

[47] 李耀南：《从人生论视角看郭象玄学体系》，《武汉大学学报（人文社会科学版）》2000 年第 2 期。

[48] 李耀南：《难"〈庄子序〉非郭象所作说"——兼与王晓毅和黄圣平二位先生商兑》，《中国哲学史》2005 年第 2 期。

[49] 许建良：《郭象"量力受用"的现代诠释》，《江淮论坛》2004 年第 1 期。

[50] 许建良：《郭象因循思想初探》，《江淮论坛》2003 年第 2 期。

[51] 许建良：《郭象"不损己为物"的理想人格论》，《江淮论坛》2002 年第 5 期。

[52] 冯达文：《郭象哲学的"有"范畴及其文化含蕴》//《道家文化研究（第 4 辑）》，上海，上海古籍出版社，1994。

[53] 冯达文：《庄子与郭象——从〈逍遥游〉〈齐物论〉及郭注谈起》，《中山大学学报》2013 年第 1 期。

[54] 敦鹏：《郭象政治哲学的内在逻辑》，《齐鲁学刊》2012 年第 6 期。

[55] 敦鹏：《郭象儒道会通的生存论阐释》，《烟台大学学报（哲学社会科学版）》2012 年第 1 期。

[56] 陈来：《不可知论与魏晋哲学的中间路线：郭象哲学思想述评》//《中国哲学（第 11 辑）》，北京，人民出版社，1984。

[57] 陈来：《郭象哲学及其在魏晋玄学中的地位》//汤一介、胡仲平：《魏晋玄学研究》，武汉，湖北教育出版社，2008。

[58] 唐君毅：《郭象〈庄子注〉中之自然独化及玄同彼我之道》，《中

国哲学史研究》1985 年第 3 期。

[59] 庞朴：《说"无"》//《一分为三——中国传统思想考释》，深圳，海天出版社，1995。

[60] 庞朴：《自然与名教之辨的辩证进展》//汤一介、胡仲平：《魏晋玄学研究》，武汉，湖北教育出版社，2008。

[61] 蒙培元：《论郭象的"玄冥之境"》//汤一介、胡仲平：《魏晋玄学研究》，武汉，湖北教育出版社，2008。

[62] 兰喜并：《试释郭象的"玄冥之境"》，《中国哲学史研究》1986 年第 2 期。

[63] 刘笑敢：《从超越逍遥到足性逍遥之转化——兼论郭象〈庄子注〉之诠释方法》，《中国哲学史》2006 年第 3 期。

[64] 耿加进，张琴：《"适性为治"——郭象基于性分论的无为管理哲学思想研究》，《河南社会科学》2013 年第 11 期。

[65] 仲寅：《1980 年以来中国大陆郭象〈庄子注〉研究述评》，《高校社科动态》2012 年第 3 期。

[66] 田丰：《郭象"理"字探源》，《哲学分析》2012 年第 6 期。

[67] 丁桢彦：《试论郭象方法论的特点》，《贵州大学学报（社会科学版)》，1992 年第 2 期。

[68] 李佳：《从"独化论"到"名教即自然"——郭象玄学体系的逻辑演化》，《南京林业大学学报（人文社会科学版)》2007 年第 3 期。

[69] 丁功谊：《魏晋玄学的总结与终结——论郭象〈庄子注〉》，《东方丛刊（第 4 辑)》，南宁，广西师范大学出版社，2004。

[70] 牛海芳：《论郭象的"适性"即"逍遥"》，《理论月刊》2009 第 12 期。

[71] 周广文：《试论郭象哲学中的直觉观念》，《河南师范大学学报（哲学社会科学版)》2007 年第 2 期。

[72] 马元龙：《郭象玄学与魏晋风度》，《中州学刊》2000 年第 4 期。

[73] 刘延苗：《郭象的圣人观》，《长安大学学报（社会科学版)》2008 年第 2 期。

[74] 刘延苗：《解析郭象之理想国》，《西北大学学报（哲学社会科学版)》2007 年第 2 期。

[75] 陈慧麒：《郭象〈庄子注〉中顺性论思想》，《兰州学刊》2009 年第 3 期。

[76] 刘思禾：《郭象之学的内部批判——以多元有机论的辨析为中心》，《古籍整理研究学刊》2011 年第 2 期。

[77] 刘思禾：《中国古典自由思想探源——以郭象政治思考为中心》，《古籍整理研究学刊》2015 年第 2 期。

[78] 温海明：《郭象"顺中以为常"的中道伦理观》，《文史哲》2010 年第 3 期。

[79] 詹冬华、许蔚：《绵延之流与生死超脱——郭象哲学中的时间意识》，《人文杂志》2008 年第 3 期。

[80] 李尚信：《〈庄子注〉中的"独化"说及其现代意义》，《管子学刊》2007 年第 1 期。

[81] 尚建飞：《郭象道德哲学思想引论》，《内蒙古大学学报》2010 年第 1 期。

[82] 王国炎：《郭象哲学性质研究中的几个方法论问题》，《江西社会科学》1985 年第 6 期。

[83] 张远山：《郭象所删〈庄子〉佚文概览》，《社会科学论坛》2010 年第 4 期。

[84] 臧要科：《郭象注〈庄子〉与〈庄子〉注郭象——诠释学视阈中〈庄子注〉的哲学意蕴》，《湖北社会科学》2010 年第 4 期。

[85] 李凯：《透析郭象〈庄子注〉中的矛盾论述——"有我"与"无我"自相抵牾》，《辽宁大学学报（哲学社会科学版）》2010 年第 4 期。

[86] 张立波：《郭象"足性逍遥"的伦理分析》，《安徽师范大学学报（人文社会科学版）》2009 年第 5 期。

[87] 蔡四桂：《郭象哲学唯物说》，《广东社会科学》1993 年第 5 期。

[88] 王云飞：《郭象"因循"思想与庄子》，《哲学分析》2013 年第 2 期。

[89] 程丽芳：《郭象玄学与东晋士人的诗意化人生》，《学术交流》2008 年第 5 期。

[90] 束际成：《郭象性分论》，《晋阳学刊》1995 年第 3 期。

[91] 黄明喜：《论郭象的教育哲学观》，《华南师范大学学报（社会科学

版)》2000 年第 2 期。

[92] 丁怀轸、丁怀超:《略论郭象的内圣外王之道》,《学术界》1990 年第 1 期。

[93] 中野达、牛中奇:《〈庄子〉郭象注中的坐忘》,《宗教学研究》1991 年第 1 期。

[94] 陈朝辉:《试析郭象〈庄子注〉之儒家思想》,《山东社会科学》1992 年第 2 期。

[95] 丁桢彦:《试论郭象方法论的特点》,《贵州大学学报(社会科学版)》1992 年第 2 期。

[96] 王德有:《郭象哲学的基点及相应的几个概念》,《文史哲》1987 年第 1 期。

[97] 刘金山:《论郭象的自然主义哲学思想》,《中国社会科学院研究生院学报》1988 年第 1 期。

[98] 张怀承、陈永豪:《论郭象的和善思想及其意义》,《湖南师范大学学报(社会科学版)》2014 年第 1 期。

[99] 杨义银:《郭象哲学的逻辑结构及对庄学的修正》,《江西社会科学》1989 年第 5 期。

[100] 张茂新:《试论郭象哲学思想的性质和地位》,《安徽师范大学学报(哲学社会科学版)》1981 年第 2 期。

[101] 田文棠:《郭象〈庄子注〉哲学思想探析》,《陕西师范大学学报(哲学社会科学版)》1982 年第 3 期。

[102] 田文棠:《论郭象〈庄子注〉的哲学范畴及其内在联系》,《陕西师范大学学报(哲学社会科学版)》1985 年第 3 期。

[103] 金龙秀:《郭象〈庄子注〉之"神器独化"考》//胡军、孙尚扬:《诠释与建构——汤一介先生 75 周年华诞暨从教 50 周年纪念文集》,北京,北京大学出版社,2001。

[104] 张荣明:《郭象政治观剖析》//谢阳举等:《中国思想史研究》,北京,中国社会科学出版社,2012。

[105] 楼宇烈:《郭象哲学思想剖析》//《中国哲学(第 1 辑)》,北京,生活·读书·新知三联书店,1979。

[106] 牟钟鉴:《郭象〈庄子注〉的唯心主义本质》//《中国哲学史研究集刊(第 1 辑)》上海,上海人民出版社,1980。

[107] 崔珍皙：《郭象“性”的解释及其在中国哲学史上的意义》，《中国哲学史》2006 年第 3 期。

[108] 胡江源：《论向秀、郭象两家〈庄子注〉的关系——兼与〈中国思想通史〉商榷（上、下）》，《成都大学学报》1981 年第 2 期。

[109] 周勤：《从庄子到郭象的历史之必然——试析魏晋玄学中的庄子思想》，《华东师范大学学报》1981 年第 4 期。

[110] 李中华：《郭象的“有无之辩”及其“造物者无主”思想浅析》，《北京大学学报（哲学社会科学版）》1984 年第 3 期。

[111] 李增：《向（秀）郭（象）注〈庄〉与庄子思想之比较——本文仅就有与无、道生万物两方面探讨其差异》，《中国哲学史研究》1984 年第 3 期。

[112] 马序：《论〈庄子注〉的两重化本体论》，《兰州大学学报》1985 年第 1 期。

[113] 胡绍军：《郭象哲学我见》，《文史哲》1985 年第 3 期。

[114] 张海燕：《魏晋玄学与儒学》，《河北学刊》1993 年第 2 期。

[115] 杨国荣：《论魏晋价值观的重建》//汤一介、胡仲平：《魏晋玄学研究》，武汉，湖北教育出版社，2008。

[116] 陈立旭：《儒学精神旨趣与魏晋玄学的兴起》，《福建论坛》1991 年第 1 期。

[117] 杨立华：《“本无”与“释无”：郭象本体论中的有无之辨》，《中国哲学史》2010 年第 1 期。

[118] 李昌舒：《自然与自由——论郭象哲学之“性”》，《中国哲学史》2005 年第 3 期。

[119] 陈明：《理想的圣人人格与理想的士人人格——郭象玄学新解》，《齐齐哈尔师范学院学报（哲学社会科学版)》1990 年第 3 期。

[120] 梁涛：《郭象玄学化的“内圣外王”观》，《中国哲学史》2015 年第 2 期。

[121] 魏义霞：《“物之生也，莫不块然而自生”——郭象玄学的思想主旨和逻辑主线》，《商丘师范学院学报》2014 年第 11 期。

[122] 李智福：《正言若反·捐迹返本·章句歧解——郭象解庄方法补苴》，《商丘师范学院学报》2015 年第 8 期。

[123] 王一帆：《王弼和郭象的自然观的比较研究》，《学理论》2014 年

第 15 期。

［124］刘国贞：《郭象玄学的生态意蕴》，《广西社会科学》2011 年第
8 期。

（四）学位论文

［1］黄圣平：《郭象玄学研究——沿着本性论的理路》，北京大学 2003 年
博士学位论文。

［2］金龙秀：《郭象庄学之研究——对郭象〈庄子注〉的“论史并重”
的理解》，北京大学 2000 年博士学位论文。

［3］陈琰：《郭象〈庄子注〉美学思想研究》，武汉大学 2010 年博士学位
论文。

［4］李希：《郭象哲学与中古的自然审美》，吉林大学 2011 年硕士学位
论文。

［5］刘兵：《游于边际——以孔老、郭象为参照的庄子诠说》，东北师范
大学 2010 年博士学位论文。

［6］邓联合：《庄子“逍遥游”释论》，北京大学 2008 年博士学位论文。

［7］马晓乐：《魏晋南北朝庄学研究》，山东大学 2006 年博士学位论文。

［8］臧要科：《三玄与诠释——魏晋诠释思想研究》，华东师范大学 2007
年博士学位论文。

［9］李延仓：《道体的失落与重建——〈庄子〉、郭〈注〉、成〈疏〉比
较研究》，山东大学 2005 年博士学位论文。

［10］张锦波：《自然与名教之辨初探——基于生存论层面的考察》，复旦
大学 2012 年博士学位论文。

［11］叶蓓卿：《庄子逍遥义演变研究》，华东师范大学 2009 年博士学位
论文。

附录二　文献综述

郭象思想研究及前瞻[*]

魏晋玄学上承两汉经学，下启隋唐佛学及宋明理学，在中国传统文化中占据着举足轻重的地位，对整个中国思想文化的发展有着深远影响。而对魏晋玄学发展到最后阶段作综合总结工作的郭象，其思想的重要性自是不言而喻。因此，整理、总结和分析学界关于郭象思想研究的现状，有利于我们从整体上把握郭象思想的背景、性质、内容、特点、地位、价值，窥视整个魏晋玄学的思想发展理路，并进一步了解郭象思想研究中存在的问题和继续研究的方向，以此推进郭象思想的研究及整个魏晋玄学的发展，充分挖掘郭象思想及魏晋玄学本身的巨大魅力与价值所在。

一、《庄子注》公案

《庄子注》公案包括两个核心问题：一是《庄子注》的作者究竟是向秀还是郭象；二是《庄子序》是否为郭象所作。而这两个问题又以前一个更重要，因为基本上任何一部中国哲学史或中国思想史都绕不开这个问题，或多或少都要对其进行判案。

关于《庄子注》的著者问题一直是学术界争论不休的话题，大家众说纷纭，莫衷一是，至今都没有定论。大体言，学术界有这样几种看法：一种根据《晋书·郭象传》及《世说新语·文学篇》的观点来断定《庄子注》的作者是向秀，郭象只是见"秀义不传于世，遂窃以为己用"（《晋书·郭象传》及《世说新语·文学篇》），纯属抄袭剽窃。一种则根据张湛《列子注》、陆德明《经典释文》等之后典籍对向、郭《庄子注》的分别称引认为今本《庄子注》作者是郭象，西晋至唐末各文献典籍中只引郭象《庄子注》而不引向秀《庄子注》，原因是在流传

　＊　拙文载于《深圳大学学报（人文社会科学版）》2015 年第 1 期。

过程中郭注更能适应社会发展需要而导致向注佚而郭注存。还有一种则比较折中，根据《晋书·向秀传》记载认为今本《庄子注》作者应属向、郭二人，郭象是在向秀《庄子注》基础上"述而广之"。

1. 《庄子注》作者为向秀。持这种观点的学者以钱穆、杨明照等为代表。钱穆在《庄老通辨》中通过论证郭象《庄子注》的主旨与向秀和嵇康辩论的《难养生论》一文意思大体相似而认定郭象窃取了向秀《庄子注》而为己所有。钱穆说："当时谓象窃秀注为己有，此殆未必直抄其文字，义解从同，即谓之窃矣。故《晋书》谓'今有向郭二书，其义一也。'今读郭注，颇多破庄义以就己说者。而其说乃颇有似于向秀之难嵇康。则郭之窃问，其狱自定矣。"① 杨明照在《郭象庄子注是否窃自向秀检讨》一文中考察了陆德明《经典释文》和张湛《列子注》中所引向秀注 89 则（不包括向有注郭无注之 37 则），其中向、郭注相同的有 47 则，相近的有 15 则，相异的有 27 则，因此他认为向、郭之注雷同之处甚多，故《世说》所载殆非诬枉。

2. 《庄子注》作者为郭象。持这种观点的学者以王叔岷、汤一介、王葆玹、王晓毅、康中乾为代表。王叔岷在《庄子向郭注异同考》一文中总结道："今据庄子释文、列子注，及他书所引，详加纂辑，得向有注郭无注者四十八条，向郭注全异者三十条，向郭注相近者三十二条，向郭注相同者二十八条，列此明证，然后知郭注之与向注，异者多而同者少，盖郭虽有所采于向，实能推而广之，以自成其说者也。"② 汤一介指出东晋张湛《列子注》、梁陶弘景《养生延命录》、唐陆德明《经典释文》以及李善《文选注》等都是将郭象与向秀的注分开来引用，而到了唐末（比如慧琳《一切经音义》）则只引郭象《庄子注》而不引向秀《庄子注》，因此他认为从晋到唐向、郭二《庄子注》同时并行，而此后则向秀《庄子注》流佚。另外，他还将向注和今本郭注进行文义上的对比，发现两者有些地方存在很大的不同，因此他断定今本《庄子注》的作者为郭象，虽然郭象注在很多地方继承了向秀注，但对其亦有所发展。③ 王葆玹认为今本《庄子注》是郭象的著作，但经

---

① 钱穆：《庄老通辨》，北京：生活·读书·新知三联书店，2005 年，第 372 页。
② 王叔岷：《庄学管窥》，台北：文艺印书馆，1978 年，第 112～130 页。
③ 汤一介：《郭象与魏晋玄学》（增订版），北京：北京大学出版社，2000 年，第 201～202 页。

过了唐人的编次，其中混有向秀注的文字，不过这件事与向、郭本人无关，乃系唐代的编辑者所为。① 王晓毅通过考证郭象注《庄子》的永康元年（300 年）至光熙元年（306 年）间，向秀儿子已经是仕途中人，因此他得出结论说向秀《庄子注》在西晋中后期被冷落不是因为儿子年幼以致向注被郭象剽窃，而是因为他的理论已经不再适合当时社会的需要。② 康中乾通过假设的方式来论证今本《庄子注》为郭象所作。他列了三点理由：第一，倘若今本是向秀的著作，则可能会在稽康和向秀之间引起一场激烈的关于"自然"和"名教"关系问题的争论；第二，倘若今本《庄子注》乃向秀所作，那么裴頠就没有必要作《崇有论》了；第三，倘若今本《庄子注》是向秀所作，那它就不可能有独化论思想。③ 另外，他还通过数据统计，指出向秀以后其他人对其《庄子注》的引用累计大约 210 条，只占今本《庄子注》（共 2950 条）注文的 7% 左右，因此他更加肯定了今本《庄子注》作者为郭象。④ 庞朴⑤、韦政通⑥、暴庆刚⑦、马晓乐⑧等人也赞同此种观点。

3.《庄子注》作者为向、郭二人。持这种观点的学者以汤用彤、冯友兰、黄圣平、杨立华、任继愈、冯契等为代表。汤用彤认为："郭钞向注，其例至多。……然据今所考，向、郭所用《庄子》版本，互有不同。而子玄之注不但文字上与向注有出入，其陈义亦有时似较子期圆到。则《晋书·向秀传》所谓郭因向注'述而广之'，固是事实。而向秀作注，自成一家，时人誉为庄周不死（《世说》注），依今所知，郭氏精义，似均源出向之《隐解》。虽尝述而广之，然根本论据，恐无差异。故《世说》曰：'向、郭二《庄》，其义一也。'"⑨ 因此，汤用

---

① 王葆玹：《郭象庄注的改编及其与向注的混合——从一新角度看向郭庄注的问题》，载《中国哲学史》1993 年第 1 期。

② 王晓毅：《郭象评传》，南京：南京大学出版社，2006 年，第 142 页。

③ 康中乾：《魏晋玄学》，北京：人民出版社，2008 年，第 163～166 页。

④ 康中乾：《魏晋玄学》，北京：人民出版社，2008 年，第 163～167 页。

⑤ 庞朴：《沉思集》，上海：上海人民出版社，1982 年，第 369 页。

⑥ 韦政通：《中国思想史》（上册），台北：水牛出版社，1986 年，第 676 页。

⑦ 暴庆刚：《反省与重构：郭象〈庄子注〉研究》，南京：南京大学出版社，2013 年，第 27～48 页。

⑧ 马晓乐：《魏晋南北朝庄学史论》，北京：中华书局，2012 年，第 113～117 页。

⑨ 汤用彤：《魏晋玄学论稿》（增订版），北京：生活·读书·新知三联书店，2009 年，第 105 页。

彤指出今本《庄子注》作者为向、郭二人。冯友兰在《中国哲学史》中就张湛《列子注》所引向、郭注的内容进行考察后说："其所引向秀注，固多与今《庄子》郭象注略同。然所引郭象注不及向秀注，或者向秀于此无注而郭象有之；或者向秀此处之注不及郭象。"他又接着说："张湛所引郭象注，皆不在《庄子》之《秋水》《至乐》《马蹄》三篇之内，则《晋书·郭象传》所谓郭象仅'自注《秋水》《至乐》两篇，又易《马蹄》一篇，其余众篇，或点定问句而已'，实不足信也。"因此，他得出结论："今之郭象《庄子注》，实向秀郭象二人之混合作品。"① 黄圣平从史料的比较和逻辑分析的结果认为在向、郭二家《庄子注》的关系上，所谓"述广"说和"盗窃"说是能够并存的，将今本《庄子注》视为向、郭两人作品。② 杨立华通过比较向注和郭注在篇目数量、编排、内容上的差异来反驳"窃以为己"说，而主张"述而广之"说，并具体指出"述"的方面有基本概念上的采纳、思想上的延承、某些具体文段的注释旨趣的相同、字义训诂上的择取，"广"的方面有本体论构建上的不同、圣人人格理解上的异趣、政治哲学上的殊途、对向注一些显见的错谬的匡正。③ 持此种观点的还有任继愈④、冯契⑤等人。

另外，还有一种看法值得一提。孙叔平主张对今本《庄子注》的公案存而不论，对著者不予追究，就《庄子注》来谈《庄子注》。⑥

个人认为，今本《庄子注》是郭象在向秀"述而广之"基础上所形成。理由有五：第一，据《列子注》《经典释文》《文选注》等文献对向、郭二《注》的称引，证明两者在卷数、篇数、编排次序及思想内容上存在差异，故认为《晋书·向秀传》所述情况更为属实，而《晋书·郭象传》《世说新语·文学》所载则或多或少受到了主观因素影响，将政治上对郭象人品的不良评价掺入了对郭象思想的评价中。第

---

① 冯友兰：《中国哲学史》（下册），上海：华东师范大学出版社，2000 年，第 94 页。

② 黄圣平：《郭象玄学研究：沿着本性论的理路》，北京：华龄出版社，2007 年，第 4 页。

③ 杨立华：《郭象〈庄子注〉研究》，北京：北京大学出版社，2010 年，第 43～57 页。

④ 任继愈：《中国哲学史》（第二册），北京：人民出版社，1979 年，第 210 页。

⑤ 冯契：《中国古代哲学的逻辑发展》（中册），上海：上海人民出版社，1984 年，第 540～541 页。

⑥ 孙叔平：《中国哲学史稿》，上海：上海人民出版社，1980 年，第 430～431 页。

二，《晋书·郭象传》完全是对《世说新语·文学》的转录，而历代对《世说新语》记载的真实性颇有争议，或以其为野史，不尽可信。第三，《晋书·郭象传》中有多处不能自圆其说。比如：郭象注《庄子》的惠帝之世，向秀儿子已是仕途中人，而《晋书·郭象传》却说成是向秀儿子年幼而使得向秀《庄子注》被郭象剽窃；另外，对比郭注和向注，郭象亦不是简单"注《秋水》《至乐》两篇，又易《马蹄》一篇，其余众篇或点定文句而已"。第四，按照思想史向前发展的一般规律，若今本《庄子注》为向秀所作，则裴頠就没必要再作《崇有论》。第五，任何哲学家都会对其之前哲学家的学说思想有所继承，这是不可避免的，加上中国古代并没有我们今天严格意义上所谓的版权、著作权问题，相互借用观点、思想也纯属司空见惯。而郭象《庄子注》对向秀《庄子注》既有继承也有发展，且创立了自身新的思想体系，使得《庄子》文本获得了新的生命意义，从而流传至今。因此，今本《庄子注》是郭象在向秀的基础上"述而广之"所形成。

关于《庄子序》是否为郭象所作这一问题，学术界观点分为肯定和否定两种。

1. 持否定态度的学者认为《庄子序》不是郭象所作，以王利器、王晓毅、黄圣平等为代表。王利器主要根据《宋会要辑稿》的一条记载而认为《庄子序》非郭象所作。这条记载讲述了宋真宗命国子监直讲孙奭与龙图阁待制杜镐等人一同校定《庄子》。在校定过程中，杜镐怀疑《庄子序》非郭象所作。王利器引用《玉海》"景德二年二月甲辰，命孙奭、杜镐等校定《庄子释文》"的记载来证实这一事件。王利器推测杜镐既已校定《庄子释文》，就一定研究过陆德明的《经典释文·叙录》。而《经典释文·叙录》里引用了郭象的一段文字："故郭子玄云：'一曲之才，妄窜奇说，若《阏奕》《意修》之首，《危言》《游凫》《子胥》之篇，凡诸杂巧，十分有三。'"王利器据此认为这段文字是郭象叙述他自己对《庄子》裁取三十三篇之旨，是序文中应有之义，但却不见于今本《庄子序》中，因此他断定杜镐等人的怀疑是正确的，《庄子序》非郭象所作。① 王晓毅从《庄子序》内容入手，列举了《庄子序》中五个方面的主张与《庄子注》内容不符。即"明内

---

① 王利器：《〈庄子〉郭象序的真伪问题》，载《哲学研究》1978 年第 9 期。

圣外王之道";"神器独化于玄冥之境而源流深长";"经昆仑,涉太虚,而游惚怳之庭";"探其远情而玩永年者";"遂绵邈清遐,去离尘埃,而返冥极者也"。① 因此,他认为《庄子序》非郭象所作。黄圣平则通过史料的引证及思想的剖析认为《庄子序》非郭象所作。黄圣平首先引用了《宋会要辑稿》之《崇儒四·勘书》、南宋程俱所撰之《麟台故事》卷二、南宋江少虞所撰之《事实类苑》卷三、《玉海》卷四十三及卷五十五来证明孙毓、杜镐对《庄子序》的处理无误,认为《庄子序》确非郭象所作。另外,他还从思想方面指出《庄子序》和《庄子注》的不同点。第一,《庄子序》作者认为《庄子》通篇都是狂言,而《庄子注》作者则认为《庄子》并非像表面言辞那样不切实际,而是涉世盖俗之书;第二,《庄子序》作者仍以儒家经典为崇高之作,而《庄子注》作者对儒家经典没有半点尊崇;第三,《庄子序》仍保留了《庄子》原意上对方外即世外自然的理解;而《庄子注》则完全把方外的境界改造成齐生死、忘哀乐、临尸而歌的境界;第四,《庄子序》有佛学影响的痕迹,而《庄子注》则没有;第五,《庄子序》文章风格是带有骈俪化特征之赋体风格,而《庄子注》则带有辩说特征之散文体裁。② 由此,黄圣平指出《庄子序》非郭象所作,而应该是东晋名流中的一位庄学名士所作。

2. 持肯定态度的学者认为《庄子序》是郭象所作,以余敦康、暴庆刚、杨立华等为代表。余敦康通过对王利器《〈庄子〉郭象序的真伪问题》一文的质疑而证明今本《庄子注》序文为郭象所作。他认为王利器先生的主张有几个疑难之处不能自圆其说:第一,作伪要有一个目的,即为了乱真而篡改原意。但《庄子序》的中心思想与散见于各篇的《庄子注》思想一致,脉络相承,没有篡改郭象思想。第二,北宋时见过《庄子注》的不止杜镐等一两人,如博学的苏轼、王雱都认为《庄子序》是郭象所作的,他们的识鉴能力不在于杜镐之下。第三,王利器认为伪造序文的原因是统治阶级的需要,但封建社会的地主阶级知识分子都是为封建地主阶级服务的。③ 另外,余敦康从"内证"着眼,

① 王晓毅:《郭象评传》,南京:南京大学出版社,2006年,第149～160页。

② 黄圣平:《郭象玄学研究——沿着本性论的理路》,北京:华龄出版社,2007年,第17～32页。

③ 余敦康:《魏晋玄学史》,北京:北京大学出版社,2004年,第417页。

仔细考察了《庄子序》的思想内容、文章风格、名词术语等，认为其与《庄子注》一致，因此他断定《庄子序》为郭象所作。① 暴庆刚通过对《庄子序》内容的分析及《宋会要辑稿》的考察一一反驳了王晓毅及黄圣平两位学者的观点，认为《庄子序》为郭象所作。② 杨立华则对王晓毅提出《庄子注》与《庄子序》思想不一致的五点质疑进行了反驳。第一，郭象《庄子注》中提出了"内圣"这一概念或思想，因《庄子·天下》篇本就明确提到了"内圣外王"。而且"圣"在郭象注释里，有用于指向内在的实例，如郭象注《庄子·外物》"然则无用之为用也亦明矣"曰："圣应其内，当事而发；己言其外，以畅事情。"因此，《庄子序》中的"内圣外王"与《庄子注》思想一致。第二，《庄子序》中的"神器"并非王晓毅所认为的"生命"，而是指不可知的神秘生成，因此"神器独化于玄冥之境而源深流长"中的"源深流长"并没有宇宙本原论意味，最多引入了时间的概念，与《庄子注》思想主旨一致。第三，《庄子序》中"经昆仑，涉太虚，而游惚怳之庭"的说法不是序文作者对《庄子》思想的概括，而是对《庄子》一书影响下观此书之人的描述，不能将此类思想与郭象《庄子注》思想等同。第四，《庄子序》中"况探其远情而玩永年者乎"的说法亦非序文作者自己的思想旨趣，而是讲述《庄子》一书对读者的影响，亦不能与郭象《庄子注》的思想等同。第五，不应把《庄子序》中"遂绵邈清遐，去离尘埃，而返冥极者也"中的"尘埃"像王晓毅所说的理解成"尘世"，而应理解成"尘垢"，就是要超脱那些逾越性分的东西，从而返回到人的真性，这种思想与郭象《庄子注》中的思想完全一致。③

个人认为，对《庄子序》作者之所以有不同的判定，主要原因在于对《庄子序》中个别词语理解的不同，这就导致了仁者见仁，智者见智，大家众说纷纭，莫衷一是。可见，从《庄子序》的思想内容来确定《庄子序》的作者并不能从根本上解决学界对这一问题存在的分歧，我们不妨从其他史料或整本《庄子注》（包括《庄子后序》）编排

---

① 余敦康：《魏晋玄学史》，北京：北京大学出版社，2004 年，第 418 页。
② 暴庆刚：《反省与重构：郭象〈庄子注〉研究》，南京：南京大学出版社，2013 年，第 48～65 页。
③ 杨立华：《郭象〈庄子注〉研究》，北京：北京大学出版社，2010 年，第 35～40 页。

的逻辑入手来尝试解决这一问题。

二、"独化"与"玄冥"

"独化"与"玄冥"作为郭象思想体系的核心范畴，一直以来都是学界研究郭象思想首要和重点关注的内容。"独化"与"玄冥"虽作为两个独立的范畴存在于郭象思想体系中，但两者又是密切联系的，即"神器独化于玄冥之境"。

汤用彤认为，"独化"是"有"的一面，而"玄冥"是"无"的一面，故"神器独化于玄冥之境"这一命题就是将有和无、自然和名教进行调和，具体指圣人之合"名教"与"自然"为一。同时，他又指出，"玄冥之境"相依于"独化"之理，"独化"即是事物自生的最高原理，而在此层次之内，即玄冥之境。[①] 汤用彤的分析并不十分明晰，究竟"独化"是指存"有"本身还是指事物自生的最高原理？若是前者，前面的"神器"又是指什么？汤用彤并没有解释这点。

汤一介认为郭象的"独化"论体系包括有、自性、自生、无待、自然、无心、顺物及独化八个范畴。他指出，有是指自身的存在，即依据自身之自性。每一事物都依据其自性而存在，以自生、无待、自然为条件。事物自身的存在是无待而自然的，既无待而自然则无心，无心则顺物，将这些观点坚持到底就必有一"独化"概念。[②] 汤一介对"独化"体系的划分使得各部分层次分明，有利于我们更好地把握"独化"这一核心范畴。

王晓毅认为，"神器独化于玄冥之境"这一命题强调的是每个事物依据自己的本性"自身独化"，意在否定一切外在生成者和割除掉宇宙本根的尾巴。"神器"指生命，"玄冥"表示一切无形的存在（本性也属"玄冥"这个大范畴），事物依据本性发生变化的过程就称为"独化于玄冥"。[③] 这里存在一些歧义，究竟"玄冥"是指无形存在的本性还

---

① 汤用彤：《崇有之学与向郭学说》，见《汤用彤全集》（第四卷），石家庄：河北人民出版社，2000 年，第 360～371 页。

② 汤一介：《郭象与魏晋玄学》（增订版），北京：北京大学出版社，2000 年，第 227～228 页。

③ 王晓毅：《儒释道与魏晋玄学形成》，北京：中华书局，2003 年，第 281～282 页。

是一种无形领域？

康中乾用现象学的视角来理解"独化"与"玄冥"。他认为，"独化"并不是简单描述存在者的自然而然的存在状态，而是对存在者之存在本质的一种现象、显现或显示，即对存在者之存在的所以然本质的"展露"和"敞开"。另外，他还从有与自生、相因、自性、玄冥、无心五个方面来分析郭象"独化"论的内在体系。他指出，有与自生是"独化"论的起点，事物之自生看似自然而然，但实质上它的存在和表现要以相因为条件，即事物之间的相互作用，这种作用有赖于事物自身中"有—无"一体的本质性，这就是事物的自性；事物自性的"有—无"一体是活的而非死的，这就叫作玄冥，而对玄冥之境的把握需要无心。① 因此，康中乾把"玄冥"看成是"独化"论结构的一个方面。但康中乾在另一篇文章《郭象"独化"范畴释义》中又将"玄冥"看成是"独化"的一种特点、性质。②

余敦康从儒道会通的角度来理解"神器独化于玄冥之境"这一命题。在他看来，"神器"指国家政治，"玄冥之境"指一种超越的精神境界。③ 因此，他认为郭象的这一命题就是将儒家代表的国家政治和道家代表的精神境界联系起来，将有为与无为、名教与自然联系起来，这也就意味着我们可在现实国家政治中实现自由的精神境界。同时，余敦康还将这个命题作一过程的理解，即国家政治最初是和谐的（原始和谐）—因君主的有为干预而破坏了国家政治的原始和谐—最终通过无心顺有、君主无为而臣民自为的方式而回归原始和谐。

李尚信认为，万物在"玄冥"之中独化而来，万物既不是由无产生，也不是由另一个有产生，万物的产生不依赖于他者，它是自身在产生的那一刹那，自身与自身冥合的结果。他又说："'玄冥'指一种昏暗幽深、混沌不分的状态，万物正是在这种玄冥的状态中各自独化，突然产生；同时，各自独化的万物又彼此相因，联系成为一个'玄冥之境'。"④ 因此，李尚信将"玄冥"既看成一种境界，又看成一种状态，

---

① 康中乾：《有无之辨——魏晋玄学本体思想再解读》，北京：人民出版社，2003年，第260页。

② 康中乾：《郭象"独化"范畴释义》，载《哲学研究》2007年第11期。

③ 余敦康：《魏晋玄学史》，北京：北京大学出版社，2004年，第355页。

④ 李尚信：《〈庄子注〉中的"独化"说及其现代意义》，载《管子学刊》2007年第1期。

是万物在其中产生、存在、变化、复归的场域。

对"玄冥之境"的理解学术界也存在很大争议。任继愈①、孙叔平②等学者将其看成是一种神秘主义宇宙观。楼宇烈则认为,"玄冥之境"并不是客观物质世界活生生的生成、变化场所,而只是一个抽象、空洞、无形无象、无迹可寻、不可奈何的"天理""性命"的彼岸世界图式。③ 余敦康认为"玄冥之境"就是整体性的和谐。④ 蒙培元将"玄冥之境"看成是一种心灵境界⑤,康中乾⑥、徐小跃⑦亦持此种观点。高晨阳则从本体论、人生论、历史哲学三个方面来界定"玄冥之境"。他指出,在本体论范围内,玄冥表征的是万有的独化状态;在人生论范围内,玄冥表征的是人的某种精神状态;在历史哲学范围内,玄冥又表征着社会存在的某种理想状态。⑧

以上学者的观点皆有可取及合理之处。个人认为,我们可尝试从郭象自身最终要解决的问题入手来从整体上理解"神器独化于玄冥之境"这一命题。郭象最终的目的是重建社会秩序及安顿个体身心,因此他为了解决当时社会政治秩序的混乱及个体身心失落的困境,提出了"神器独化于玄冥之境"这一重要命题。"神器"既指自生本体,也指个体生命及国家政治,"独化"则是"神器"生成变化的状态或最高原理,而"玄冥"则表征自生本体依据独化的最高原理在个体人生及社会政治层面所达到的理想境界。

三、自然与名教

整个魏晋时期玄学的主题就是围绕着自然与名教的关系展开而来

---

① 任继愈:《中国哲学史》(第二册),北京:人民出版社,1996 年,第 227 页。

② 孙叔平:《中国哲学史稿》(上册),上海:上海人民出版社,1980 年,第 432 页。

③ 楼宇烈:《郭象哲学剖析》,载《中国哲学》(第一辑),北京:生活·读书·新知三联书店,1979 年,第 186 页。

④ 余敦康:《魏晋玄学史》,北京:北京大学出版社,2004 年,第 358 页。

⑤ 蒙培元:《论郭象的"玄冥之境"—— 一种心灵境界》,载汤一介、胡仲平编《魏晋玄学研究》,武汉:湖北教育出版社,2008 年,第 460～476 页。

⑥ 康中乾:《有无之辨——魏晋玄学本体思想再解读》,北京:人民出版社,2003 年,第 277 页。

⑦ 徐小跃:《禅与老庄》,杭州:浙江人民出版社,1992 年,第 80 页。

⑧ 高晨阳:《玄冥》,载《中国哲学史研究》1989 年第 2 期。

的。目前学术界比较一致的看法是郭象主张"名教即自然"（也即内圣与外王统一）。冯友兰说："郭象的哲学，就是要证明，在自然界和社会中，凡是存在的都是合理的，这是他的'内圣外王之道'的主要内容。"① 因此，冯友兰认为郭象主张"名教即自然"的观点。庞朴亦认为，郭象的"自然"就是指"性"，就是"天"，就是万物现存的状态，也即一切现实的都是合理的。通过这种自然观来观察名教，名教也是自然的。因此，庞朴总结道："郭象的这种'任自然'的观点，其实也就是'任名教'，它不仅要求统治者善于治人，还要求被统治者自觉地治于人；这当然是'名教'。但它又宣称，如此去治人，便是'无为'，如此的治于人，便是'自任'，这却又成了'自然'。"② 暴庆刚将郭象"名教即自然"命题中的"名教"区分为"实然的名教"与"应然的名教"两种形态，认为"名教即自然"命题中的"名教"指的是应然的名教，这一命题成立的充分条件不是学界认为的圣人的"内外相冥"，而在于将"名教"所负载的精神实质收摄于人的情感本性之中，圣人的"内外相冥"只是郭象会通儒道的一个方面。③ 钱穆认为郭象之"自然"等同于"独化""道""理""性""天"，④ 故即体即用、即名教即自然。陈来亦持类似的观点。⑤ 王晓毅通过圣人观来论述郭象"自然即名教"的观点。他指出，郭象首先将圣人（圣王）等同于神人，然后又将圣人之迹理解成臣民自己的政治活动之迹，从而得出圣人无为而臣民自为的结论，这就从根本上将无为与有为、自然与名教、个体自由与社会秩序、内圣与外王统一起来。⑥ 卢国龙说："庄子的内圣外王之道是用以克服政治和政权的异化，而郭象所赋予它的新的

① 冯友兰：《中国哲学史新编》（第四册），北京：人民出版社，1986 年，第 179～180 页。

② 庞朴：《名教与自然之辩的辩证进展》，《中国哲学》（第一辑），北京：生活·读书·新知三联书店，1979 年，第 119～120 页。

③ 暴庆刚：《反省与重构：郭象〈庄子注〉研究》（导论），南京：南京大学出版社，2013 年，第 16 页。

④ 钱穆：《郭象〈庄子注〉中之自然义》，见《庄老同辨》，北京：生活·读书·新知三联书店，2005 年，第 436～462 页。

⑤ 陈来：《郭象哲学及其在魏晋玄学中的地位》，载汤一介、胡仲平编《魏晋玄学研究》，武汉：湖北教育出版社，2008 年，第 554～527 页。

⑥ 王晓毅：《郭象评传》，南京：南京大学出版社，2006 年，第 296～310 页。

时代内容就是化解已经彻底异化的专制政体内在矛盾的死结。"① 余敦康明确指出,郭象"名教即自然"的观点是对魏晋名教与自然之辨这一时代课题的解决,力求找到一种合乎自然的名教或合乎名教的自然。②

还有一种观点比较独特,认为郭象并非主张"名教即自然"而是主张"名教乃自然之迹"。这种观点以吕锡琛为代表。吕锡琛通过详细论证郭象"名教乃自然之迹"、自然高于君命、"以一正万,则万不正矣"、名教不足固守、"天性所受,各有本分"、"捐迹反一"的思想来反驳把郭象思想归为为腐朽的门阀士族制度辩护的"名教即自然"的观点。他认为,"名教乃自然之迹"或"捐迹反一"的命题较"名教即自然"更能确切地反映郭象对"名教"与"自然"关系的认识。③ 王兰、任万明从性分论、迹与所以迹两方面也对此观点进行了论证,他们认为:"郭象肯定的是真名教,而对现实中异化的名教亦痛心疾首,所以他并没有为现实名教辩护,而是通过迹和所以迹的范畴说明名教与自然的关系,进而解决价值观上的困惑,重建个体道德。"④ 因此,他们也不同意将郭象的观点概括为"名教即自然"。

目前学术界对这一问题的理解还没有达成一致的看法,因此仍有待我们进一步研究"自然"与"名教"二者的确切内涵、具体关系以及在郭象思想体系中充当的角色和所起的作用。

四、郭象思想体系的划分

学者们根据不同的标准将郭象的思想体系划分为不同的结构层次,概括起来说,有以下几种代表性的观点。

1. 五结构说。王晓毅根据内容领域不同的标准将郭象思想体系划分为"性"本论、历史观、心性论、政治学说、人生哲学。⑤ 许抗生根

---

① 卢国龙:《郭象评传:理性的蔷薇》,南宁:广西教育出版社,1996年,第164页。

② 余敦康:《魏晋玄学史》(增订版),北京:北京大学出版社,2004年,第352页。

③ 吕锡琛:《郭象认为"名教"即"自然"吗?》,载《哲学研究》1999年第7期。

④ 王兰、任万明:《郭象"名教乃自然之迹"论——兼论人文原则和自然原则的冲突在玄学中的解决》,载《甘肃广播电视大学学报》2001年第4期。

⑤ 王晓毅:《郭象评传》,南京:南京大学出版社,2006年,第235～325页。

据郭象崇有论将其玄学体系划分为"无不能生有"与"有之自生"、无待独化说、独化相因说、足性逍遥说、游外弘内说。① 王江松以个体主义为中心，将郭象思想体系划分为本体论、认识论、人生观、社会历史观及美学。② 同时，他又将郭象个体主义本体论具体划分为独有论、自性论、独化论、相因论和玄冥论。③

2. 四结构说。赵书廉在《魏晋玄学探微》一书中将郭象玄学"独化"论划分为"万物独化"的宇宙观、"率性而动"的运动观、"性分之外"的认识论、"无为逍遥"的政治观四个层次。④ 苏新鋈将郭象思想划分为宇宙—本体论、认识论、政治论、人生论四层次，重在论述郭注与庄书之义相一致。⑤

3. 三结构说。余敦康以《庄子序》为中心，将郭象的独化论体系划分为原始的和谐、原始和谐的破坏以及怎样复归于和谐三个层次。具体展开来说：首先，郭象用"上知造物无物，下知有物之自造"的独化论来证明自然和社会存在一种原始的和谐；其次，郭象从各个方面来探索破坏这种和谐的原因；最后，郭象提出一种如何在现实中超越的人生哲学，用来纠正人们的种种不正确思想，使自然和社会恢复原始的和谐。⑥ 张立文将郭象的学说概括为名教自然冥和说、独化自生论以及自因、自为、自得、自有、自性说三个方面。⑦ 傅伟勋认为郭象的哲学是"彻底的自然主义"，其深层结构包括万物独化论（即现象论）、性命论与解脱论三部分。这三部分没有这里推演上的本末次序，而应该看成"三事一时并了"。⑧

4. 两结构说。暴庆刚围绕自由这一主题将郭象《庄子注》的思想体系划分为实践内容和形上依据两个层次。而郭象自由理论之实践内容

① 许抗生：《三国两晋玄、佛、道简论》，济南：齐鲁书社，1991年，第139～157页。
② 王江松：《郭象个体主义哲学的现代阐释》，北京：中国社会科学出版社，2008年，第31～176页。
③ 王江松：《郭象的个体主义本体论》，载《中国哲学史》2006年第3期。
④ 赵书廉：《魏晋玄学探微》，郑州：河南人民出版社，1992年，第63～75页。
⑤ 苏新鋈：《郭象庄学评议》，台北：学生书局，1980年，第423～427页。
⑥ 余敦康：《魏晋玄学史》，北京：北京大学出版社，2004年，第354～381页。
⑦ 张立文：《郭象的独化自生哲学》，载《黑龙江社会科学》2012年第3期。
⑧ 傅伟勋：《老庄、郭象与禅宗》，载汤一介、胡仲平编《魏晋玄学研究》，武汉：湖北教育出版社，2008年，第424页。

又可划分为逍遥的核心内容——适性逍遥、逍遥的认知进路——齐物、逍遥的现实支撑——内圣外王三个部分。郭象自由理论之形上依据又可划分为自性的价值合理性预设——独化、自由的现实合理性论证——性分、本然的存在合理性确认——自然三个部分。①

五、郭象注《庄子》的哲学方法

郭象的思想体系的构建主要是通过注《庄子》来完成的。而在注解这部经典的过程中，郭象必然涉及方法论问题，然后借助于方法来引申出己意。关于郭象所使用的哲学方法，学术界大体有多类说、三类说、两类说、一类说这几种。

1. 多类说。马晓乐针对郭象诠释经典的形式，将其训释方法归纳为比喻式注释、类比式注释、问答式注释、反正式注释、援引式注释、综合式注释多种。② 汤一介在《郭象与魏晋玄学》（湖北人民出版社1983年版）中就郭象注《庄子》的"寄言出意""否定肯定""异中求同""对等取消""三段论证"五种方法进行了分析。而其中又对郭象采用"寄言出意"的哲学方法以证成"不废名教而任自然"中心命题的三个步骤进行了具体说明：第一，用"寄言出意"的方法撇开庄子的原意，肯定周孔之名教可废；第二，用"寄言出意"的方法，形式上容纳周孔之"名教"，实质上发挥老庄之"自然"；第三，用"寄言出意"的方法，齐一儒道，调和"自然"与"名教"，发明其玄学新旨。

2. 三类说。汤一介在2000年出版的《郭象与魏晋玄学》（增订版）中将郭象的哲学方法简化为寄言出意、辩名析理及否定的方法三类。③ 他认为，郭象正是通过这三种方法来齐一儒道，调和自然与名教，建立自身新的哲学体系。王晓毅将郭象与王弼进行比较，认为郭象继承和发展了王弼诠释儒道经典的方法，即将王弼的"本末体用"改

---

① 暴庆刚：《反省与重构：郭象〈庄子注〉研究》，南京：南京大学出版社，2013年，第96～273页。

② 马晓乐：《魏晋南北朝庄学史论》，北京：中华书局，2012年，第120～121页。

③ 汤一介：《郭象与魏晋玄学》（增订版），北京：北京大学出版社，2000年，第250～269页。

造为"迹与所以迹",以表述内在本性与外在表象的关系;将王弼的"得意忘言"改造为"寄言出意",为其忽略经典原意自由发挥己见服务;而"辩名析理"作为魏晋时期各学派共享的逻辑思维方式,郭象与王弼个人都不可能再改变规则,而只能在运用中创新,作为界定哲学范畴、构建理论体系的工具。① 马晓乐将郭象注释《庄子》的方法(针对内容而言)归纳为"寄言出意"、"辩名析理"及"六经注我"三类。② 刘笑敢则借鉴西方伽达默尔"视域融合"等理论,将郭象的诠释学方法归纳为跨文本诠释、融贯性诠释以及文本的异质性三种。③

3. 两类说。暴庆刚将郭象注《庄子》的基本方法概括为"辩名析理"和"寄言出意"两种。他认为:"'辩名析理'是《庄子注》的建构性原则,重在从正面立论,是郭象从正的方面建构其哲学体系所用的方法,可称之为正的方法;'寄言出意'则是《庄子注》的诠释性原则,是郭象将《庄子注》中不合己意的观点进行搁置,而通过寻求言外之意的方法阐释玄理,来表达自家之意,可称为负的方法。"④ 臧要科从诠释学的视角出发,认为郭象的《庄子注》是哲学性的诠释与诠释性的哲学相结合的方法,哲学性的诠释是指郭象在《庄子注》中所探讨的是天人之际这样的哲学问题,而且这种探讨是以注释的形式出现;诠释性的哲学是指郭象的《庄子注》便是郭象的《庄子注》,它深深打上了郭象的思想痕迹,是基于自己的时代境遇而对《庄子》做出的理解。简单地说,即诠释形式上的"以注合经"及理解形式上的"寄言出意"的方法。⑤

4. 一类说。汤用彤在《魏晋玄学论稿》中指出"言意之辨"为玄学家所发明的新方法,并提及"言意之辨"亦是郭象注《庄子》《论

---

① 王晓毅:《郭象评传》,南京:南京大学出版社,2006年,第199页。

② 马晓乐:《魏晋南北朝庄学史论》,北京:中华书局,2012年,第117~122页。

③ 刘笑敢:《诠释与定向——中国哲学研究方法之探析》,北京:商务印书馆,2009年,第199~207页。

④ 暴庆刚:《反省与重构:郭象〈庄子注〉研究》,南京:南京大学出版社,2013年,第277页。

⑤ 臧要科:《郭象注〈庄子〉与〈庄子〉注郭象——诠释学视域中〈庄子注〉的哲学意蕴》,载《湖北社会科学》2010年第4期。

语》之首要方法，但未对其进行具体分析。① 刘笑敢从诠释经典的定向出发，通过对比王弼诠释《老子注》的方法和郭象诠释《庄子注》的方法而得出这样的结论：王弼《老子注》属"文义引申式诠释"（也即"顺向诠释"），郭象《庄子注》属"自我表现式诠释"（也即"逆向诠释"）。② 徐蕾通过比较王弼与郭象的玄学方法指出，王弼创造性地提出并运用了"崇本息末""得意忘言"的方法来注《老子》和《周易》，创建了"以无为本"的理论体系，开创玄学之崭新局面；而郭象虽注《庄子》却建立了推崇"无无"的"独化"论体系，成功地运用"寄言出意"的方法，寄于《庄子》之言而出自己理论之意。③

六、《庄子注》与《庄子》思想的关系

关于郭象《庄子注》与《庄子》思想的关系问题，学术界观点大致分为两种：一是认为郭象《庄子注》是借《庄子》来发挥己说，在一些义理上与《庄子》相悖；二是认为郭象《庄子注》基本把握了《庄子》的思想，是对《庄子》思想更为明确、清晰的表达。

前一种观点以钱穆、李泽厚、汤一介、王中江等为代表。钱穆认为："故在庄书，则万物尽属有，而万物之外之先，尚若有以所谓无与道者为主，而郭象则谓天地间只此一有，只此万形万有，于此万形万有之外之先，不再有所谓至道与无之存在。……盖庄书犹谓流行之后有一本体，而郭象则主即流行即本体，流行之外不复再有一本体，此乃庄书与郭象注两者间一绝大之异趣也。"④ 李泽厚明确指出，郭象的《庄子注》曲解了庄子，片面发展了庄子哲学本身中含有的"顺时而应世""曳尾于泥中""处材不材之间"等消极因素，完全失去了庄学原有的批判黑暗现实的精神。⑤ 汤一介分别从"自性""无为""圣人""无"的问题来详细论证郭象《庄子注》与《庄子》的不同，认为它们实质

---

① 汤用彤：《魏晋玄学论稿》（增订版），北京：生活·读书·新知三联书店，2009年，第26～46页。

② 刘笑敢：《诠释与定向——中国哲学研究方法之探析》，北京：商务印书馆，2009年，第131～156页。

③ 徐蕾：《王弼与郭象玄学方法研究》，河南大学博士学位论文，2004年，第1页。

④ 钱穆：《庄老通辨》，北京：生活·读书·新知三联书店，2005年，第379页。

⑤ 李泽厚：《中国古代思想史论》，北京：人民出版社，1986年，第198页。

上属于两套不同的系统。他说："庄子对现实社会采取否定的态度，而郭象则要论证现实社会存在的合理性；庄子把天生的自然之性规定为事物的自性，而郭象则把某些社会所给予的成分称为自然之性；庄子认为最高理想的人格应是游外的神人，而郭象却认为最高的理想人格是内外相冥的圣人；庄子言无有，郭象阐崇有。"① 王中江指出："庄子彻底审查和否定了儒家的价值观念……郭象则是全面为儒家的价值观念进行辩护并要求重新恢复其有效性。"② 唐端正亦说："郭象注庄，以得其所待为无待，以性分之适为逍遥游，以天为万物之总名，以成心为真宰，以顺是非为无是非，竟然对庄子之悲悯情怀，完全颠倒过来，……简直是入室操戈，哪里是注解庄子呢？"③

　　后一种观点以牟宗三、苏新鋈、庄耀郎等为代表。牟宗三在《才性与玄理》一书中对郭象《庄子注》只是赞扬，完全没有批评。他似乎并没有注意到郭象注与庄子思想的不同，只说："魏晋所弘扬的玄理就是先秦道家的玄理。"④ 同时，牟宗三在《圆善论》中就《逍遥游》"尧让天下于许由"一条仍旧赞扬郭注甚美。另外，他引《论语》赞尧之语印证"向、郭注庄即本此而圆明镜在尧也。……庄子本人是不是如此则难说，也许庄子本人只是愤世嫉俗、一往不返之狂者，未能就尧以明迹本圆。然而无论如何，就迹本圆以说圆境固应是道家之所许可，向、郭之注固有推进一步'辩而示之'之新发明也。"⑤ 苏新鋈在《郭象庄学评议》一书中将郭注与庄书从宇宙—本体论、政治论、认识论、人生论四个方面进行比较，认为郭注与庄书义理上是一致的，没有相违背。⑥ 庄耀郎认为郭象"以外内相冥，游外弘内的理论将高下、内外、真俗、动静冥而为一，这便是道家玄理的圆教"，又认为郭象玄学的思维方式就是将一切相对待的事物消融于自然性分之中，"凡举主观的自

　　① 汤一介：《郭象与魏晋玄学》（增订版），北京：北京大学出版社，2000 年，第 236 页。

　　② 王中江：《从价值重估到价值认同——郭象与庄子哲学的一个比较》，载《中州学刊》1993 年第 6 期。

　　③ 唐端正：《郭注〈齐物论〉纠谬——论天籁、真宰、道枢、环中、天钧、两行》，载《鹅湖月刊》2002 年第 2 期。

　　④ 牟宗三：《才性与玄理》（自序），台北：学生书局，1985 年，第 1 页。

　　⑤ 牟宗三：《圆善论》，台北：学生书局，1996 年，第 291～292 页。

　　⑥ 苏新鋈：《郭象庄学评议》，台北：学生书局，1980 年，第 423～427 页。

由意志与客观的气质决定，自然和名教，有与无，是与非，有待与无待，迹与所以迹，内与外，有为与无为，人事和性分，理和命，命和遇，物与我，偶然和必然，等等都经由辩证的发展而玄同为一，将道家诡辞为用发挥到极致，而为道家的圆唱"①。

两种观点的背后隐含了两种不同的评价标准，一个是忠于原文或者合乎原文文理的标准；一个是诠释者本身思想的新意和玄妙，自我表达和创造的标准。上述两种观点依据不同的评价标准偏向于不同的两端，所以必然会形成截然对立的观点。个人认为，我们不能只立足于忠于原文的标准，这样只会忽略经典文本和诠释者思想之间的关联；同时我们也不能只立足于自我表达和创造的标准，这样只会造成对经典文本的误读和经典文本原意的完全扭曲。因此，我们应该综合客观地看待，既要看到郭象《庄子注》对《庄子》原本文义的继承（相一致），又要看到郭象《庄子注》对《庄子》原本文义的改造和发挥（相悖离）。

七、郭象思想的学派归属及其评价

（一）郭象思想的学派归属

关于郭象思想的学派归属，学界基本上有三种观点：一是认为郭象是以贵无为主的新道家；一是认为郭象是以崇有为宗的新儒家；还有一种认为郭象既贵无又崇有，应属会通儒道的代表。

1. 以贵无为主的新道家。钱穆指出："中国道家思想中之自然主义，实成立于郭象之手。虽谓道家之言自然，惟郭象所指，为最精卓，最透辟，为能登峰造极，而达于止境，亦无不可也。"② 傅伟勋通过对郭象《齐物论注》和《逍遥游注》"自然"之义的分析认为"郭象具有彻头彻尾执守道家'自然'之义的大无畏精神"。③ 祝捷通过对"中朝名士"政治历史背景的系统考察以及裴頠《崇有论》与郭象《庄子注》在文辞与义理上的对应性研究，认为裴頠《崇有论》以儒学立论，代表了西晋中央朝廷的皇族立场，郭象《庄子注》则以"庄子"道家

---

① 庄耀郎：《郭象玄学》（自序），台北：里仁书局，1998年，第2～3页。
② 钱穆：《庄老通辨》，北京：生活·读书·新知三联书店，2002年，第369页。
③ 傅伟勋：《老庄、郭象与禅宗》，载汤一介、胡仲平编《魏晋玄学研究》，武汉：湖北教育出版社，2008年，第423页。

思想立论，代表了地方士族立场。① 汤一介指出，庄子言"无有"，郭象阐"崇有"，虽思想差别很大，但郭象的"有无之辨"正是有见于如果"无"是"无有"，则"无"将无意义，从而必然导致否定"无"的造物主地位；所以我们说郭象的思想是"崇有"，其实或者可以说是"无无"，把"无"说成"无有"，正是把"无有"看成"有"，说成"无无"，正是把"无"看成"虚无"，从这一方面看，郭象与庄子思想虽有差别，并对庄子思想有所修正和发展，但他的思路仍是老庄一系在新的历史时期的新发展，故世称魏晋玄学家为"新道家"不是没有道理的。② 刘大杰指出："郭象和王弼一样，表面上是崇儒，实际上是尊道。"③

2. 以崇有为宗的新儒家。方立天将魏晋玄学分三期，即何王主张名教本于自然；嵇阮主张越名教而任自然；裴頠和郭象重名教、崇有，主张名教即自然。④ 许抗生在《魏晋玄学史》一书中指出"郭象哲学是裴頠崇有论的进一步发展"⑤。傅伟勋认为郭象欲于"有为"发现"无为"的真谛，强调"无心顺有"，于日常有为探现自然无为的深意，可以说预取了后来中国大乘佛学"生死即涅盘"乃至禅宗所倡"在家亦得，不由在寺"的现世解脱精神，充分表现中国哲学的大地性、日常性与即时落地性。我们这里不但看到了郭象打通早期道家到中国禅宗的一道发展理路所作的哲理突破，更可以看到他从道家"无为"转向儒家"有为"的思想胎动。因此，他认为郭象最终的思想旨归是儒家的"有为"而不是道家的"无为"。⑥ 高晨阳亦指出，郭象独化论通过否定"无"而直接认为"有"为道为自然，即认"有"为体，有乃即体即用的存在。⑦

---

① 祝捷：《"中朝名士"思想对话的历史考析——裴頠〈崇有论〉与郭象〈庄子注〉》，载《江汉论坛》2013 年第 1 期。

② 汤一介：《郭象与魏晋玄学》（增订版），北京：北京大学出版社，2000 年，第 236～237 页。

③ 刘大杰：《魏晋思想论》，上海：上海古籍出版社，1998 年，第 23～28 页。

④ 方立天：《玄学的范围、主题和分期》，载《文史哲》1985 年第 4 期。

⑤ 许抗生：《魏晋玄学史》（序言），西安：陕西师范大学出版社，1985 年，第 6 页。

⑥ 傅伟勋：《老庄、郭象与禅宗》，载汤一介、胡仲平编《魏晋玄学研究》，武汉：湖北教育出版社，2008 年，第 428 页。

⑦ 高晨阳：《论玄学"有"、"无"范畴的根本义蕴》，载《文史哲》1996 年第 1 期。

3. 既贵无又崇有的会通儒道者。这种观点以汤一介、余敦康、康中乾、任蜜林等为代表。汤一介通过分析郭象哲学中"有"与"无"、"动"与"静"、"知"与"不知"、圣人"可学致"与"不可学致"、"命（理）"与"自性"、"独化"与"相因"、"无待"与"有待"或"无为"与"有为"、"顺性"与"安命"的范畴和问题，而认为郭象是齐一了儒道，调和了自然与名教。① 余敦康认为整个魏晋时期的主题就是解决儒道之间（即名教与自然）的矛盾而使之达于会通，围绕这个问题，经历了何王"名教本于自然"的正题、嵇阮"越名教而任自然"及裴頠崇儒反道的反题、郭象"名教即自然"的合题三个过程。因此他得出结论："郭象作为会通儒道的合题阶段，既高于王弼的正题，也高于嵇、阮、裴的反题。"② 故在余敦康这里，郭象是既贵无又崇有的会通儒道的代表人物。康中乾从现象学的视角出发，认为郭象独化论是王弼贵无论和裴頠崇有论的有机统一。③ 任蜜林认为郭象为了解决当时名教与自然的矛盾，构建了"神人即圣人"的境界观（融合了道家的神人和儒家的圣人两种不同的理想人格）、"仁义即性"的人性论（融合了儒家的性善论和道家的素朴论两种不同的人性）、"无为乃任万物之性"的政治观（融合了儒家有为和道家无为两种不同的政治主张）。她认为郭象哲学中有明显的以庄融儒的特色。④ 田文棠根据郭象独化论哲学思想产生的背景以及具体分析郭象在哲学和政治思想上如何对"有""无"两派进行改造综合，得出"郭象既不'崇有'，也不'贵无'，而是对'有''无'两派基本哲学观点的改造与综合，具有浓厚的折中调和色彩"⑤ 的结论。

还有两种观点值得注意。一种以陈来为代表，认为郭象既非贵无，

① 汤一介：《郭象与魏晋玄学》（增订版），北京：北京大学出版社，2000 年，第 273～292 页。

② 余敦康：《魏晋玄学史》（代序），北京：北京大学出版社，2004 年，第 15 页。

③ 康中乾：《有无之辨——魏晋玄学本体思想再解读》，北京：人民出版社，2003 年，第 42 页。

④ 任蜜林：《郭象哲学中以庄融儒的特色》，载《中国哲学史》2006 年第 2 期。

⑤ 田文棠：《郭象〈庄子注〉哲学思想探析》，载《陕西师范大学学报》（哲学社会科学版）1982 年第 3 期。

也不崇有，而是崇"自然"。① 还有一种以王江松为代表，认为郭象既不是道家也不是儒家，而是中国哲学史和文化史上继孔子、孟子、老子、庄子之后的第五人，是与主流的儒道两家所提倡的整体主义、本质主义相对的个体主义的本体论、人生观、社会观。②

关于郭象思想的学派归属，持新道家、新儒家说的学者只看到郭象思想的某一种性质；持儒道兼宗说的学者有折中调和之嫌，没有指明郭象更侧重哪一家；持自然说或个体说的学者则只凸显了郭象思想的某一方面内容。个人认为，我们既要看到郭象思想中多种思想因子并存的事实，也要看到其侧重及独特的方面。郭象思想的价值取向为"以道明儒"，即从郭象思想产生的原因及归宿看，郭象本人代表整个士族阶级的利益，最终追求的是社会秩序的重建和个体身心的安顿；从郭象思想建构的过程来看，他主要是通过注《庄子》来提出自生独化的本体论，强调了个体生命的自由。总的来说，郭象是借用道家的形式，却重在表达儒家的思想内容。

（二）对郭象思想的评价

对郭象思想的评价，目前学术界有三种看法：一种持肯定态度；一种持否定态度；还有一种比较客观理性，持一分为二的态度。

1. 持肯定态度。王江松从个体主义的角度来挖掘郭象思想的现代价值和意义。他强调要善于挖掘中国传统文化中被儒释道三种整体主义文化所压抑的个体主义、个性主义和个人主义等异质文化，并认为这是中国传统文化向现代文化转化的内在动力和根据，也是避免落入国粹主义和全盘西化错误逻辑的良方。因此他指出要创造性地继承郭象个体主义中个性平等和自由的思想，同时也要看到郭象思想本身的内在矛盾和局限性，不能主张彻底的个体主义，而要在一定程度上接受儒家和道家的整体主义和本质主义的补充，实现实体间的交互主体性和主体间性，避免权力的监督和制约机制落空，这样才能真正开辟出现代的民主和法

① 陈来：《郭象哲学及其在魏晋玄学中的地位》，载汤一介、胡仲平编《魏晋玄学研究》，武汉：湖北教育出版社，2008 年，第 570 页。

② 王江松：《郭象哲学的历史地位及其现代意义》，载《吉首大学学报》（哲学社会科学版）2006 年第 3 期。

治理论。①

康中乾从现象学的角度阐发了郭象独化论在认识论和方法论上的意义和价值。他认为，世人患得患失、相互攀比就是用的比较、参照的方法看问题，而郭象的"俱足""自足"用的是自参法和自组织法，用这种方法看到的是事物间的联系，把握的不是事物的差异性、对立性，而是"不可一日而相无"的融合性、整体性、和谐性。同时，郭象"自足其性"的人生态度不是一种消极的宿命论态度，而是一种存在自身的直觉体悟和积极的准审美式的人生态度，是一种乐观的入世精神。②

吕锡琛从伦理学的角度论证了郭象思想的意义。他将郭象"名教乃自然之迹"或"捐迹反一"思想的意义归结为四点：第一，澄清了"名教"与"自然"是"迹"和"所以迹"的关系；第二，从理论上指明了封建名教的局限性；第三，认识到封建礼法制度对于人性自然的束缚，试图调和现实生活中"名教"与"自然"的矛盾，达到礼义忠信与自然本性的统一；第四，将道家的哲学本体——"道""自然"发展为绝对性意味的道德本体，从某种程度上弥补了儒家伦理缺乏本体力量，无法形成超验的形而上学品格之不足，为中国伦理思想在理论上增添了极有意义的活水源头。③

李昌舒则从美学的角度来阐释郭象哲学的价值。他指出，郭象提出的当下存在的个体之"物"是自在、完足的，"物"之后什么也没有。从美学上讲，这就使感性事物摆脱了道家之"道"和儒家之"德"的主宰。因此，郭象这一思想对于中国美学中山水自然的发现具有直接影响。④ 李希在其学位论文《郭象哲学与中古的自然审美》⑤ 中亦持类似观点。

王晓毅则专门撰文从学术意义上指出魏晋玄学对儒释道的影响。他认为："玄学的哲学范畴和'形名学''言意之辨'构成了魏晋南北朝佛教义学语言环境和思维方法；玄学本体论流派的哲学思辨使道教哲学

① 王江松：《郭象哲学的历史地位及其现代意义》，载《吉首大学学报》（哲学社会科学版）2006 年第 3 期。

② 康中乾：《对郭象"独化"论的一种诠释》，载《中国哲学史》1998 年第 3 期。

③ 吕锡琛：《郭象认为"名教"即"自然"吗?》，载《哲学研究》1999 年第 7 期。

④ 李昌舒：《郭象哲学与山水自然的发现》，载《复旦大学学报》（社会科学版）2006 年第 2 期。

⑤ 李希：《郭象哲学与中古的自然审美》，吉林大学博士学位论文，2011 年，第 8 页。

由粗糙走向精致，元气论流派的生命哲学则培育了士人的本土宗教情感；玄学促进了南朝经学向义理化方向发展，其潜在的'体用''性理''内圣外王'观念，对北宋理学的兴起产生了直接影响。"① 暴庆刚亦赞同王晓毅的观点，认为"郭象《庄子注》思想下及六朝般若学，开隋唐佛学之鼎盛局面，对其后佛学兴盛于中土，甚至对某些佛理之阐发都产生了直接或间接的影响，并从形式和内容上影响了以后儒家、道家思想发展的归趣"②。马晓乐也说："郭象儒道会通的主张给儒、释、道三家思想的融合注入了相当的因子。"③

有一些学者则着重从管理学、政治学的角度来阐释郭象思想的意义。黄圣平认为，郭象因物自为、守职而为、君逸臣劳、圣王无所不为的思想对我们今天的管理者和管理工作有重要启示意义。④ 余敦康⑤、王晓毅⑥、卢国龙⑦均指出郭象政治观的本质不是一味地维护封建君主专制，而是批判封建君主专制，并设法通过在现实生活中实施君主无为而臣民自为的政治体制来架空君主权力，实现君臣共治的和谐社会。

2. 持否定态度。持此观点的学者大多认为郭象的思想本质上是为封建等级制度的合理性作辩护的。冯友兰指出，郭象思想着重在论证封建社会的等级制度是合理的，是门阀士族阶级意识的反映。⑧ 庞朴亦说，名教即自然的观点是郭象思想的精髓，也是门阀士族终于找到的最好的统治理论。⑨ 王中江认为："郭象在《庄子注》中把庄子'重估一切价值'的方向完全逆转为'认同一切价值'的方向。如果说，庄子彻底审查和否定了儒家的价值观念的话，那么郭象则是全面为儒家的价

① 王晓毅：《浅论魏晋玄学对儒释道的影响》，载《浙江社会科学》2012 年第 5 期。

② 暴庆刚：《反省与重构：郭象〈庄子注〉研究》，南京：南京大学出版社，2013 年，第 355 页。

③ 马晓乐：《魏晋南北朝庄学史论》，北京：中华书局，2012 年，第 170 页。

④ 黄圣平：《无为与责任——略谈郭象圣王无为思想的管理学启示》，载《领导科学》2010 年第 8 期。

⑤ 余敦康：《魏晋玄学史》，北京：北京大学出版社，2004 年，第 359～382 页。

⑥ 王晓毅：《郭象评传》，南京：南京大学出版社，2006 年，第 296～310 页。

⑦ 卢国龙：《郭象评传：理性的蔷薇》，南宁：广西教育出版社，1996 年，第 140～187页。

⑧ 冯友兰：《中国哲学史新编》（第四册），北京：人民出版社，1986 年，第 179～180页。

⑨ 庞朴：《名教与自然之辨的辩证进展》，《中国哲学》（第一辑），北京：生活·读书·新知三联书店，1979 年，第 119～120 页。

值观念进行辩护并要求重新恢复其有效性。"① 余英时说:"向郭解庄,反使绝俗之自然下侪于末流之名教,于是昔日之变俗归真,今悉为移真从俗矣。"② 罗宗强亦从社会心理和社会风气方面来批判郭象的哲学思想,他指出郭象的哲学"既可以为口谈玄虚、不撄世务找到理论依据;……又可以为任情纵欲,为个人欲望的满足的合理性找到理论上的解释"③。刘思禾从郭象思想的内部矛盾进行批判,她认为:"郭象思想总的说就是不稳妥,以玄言论德、论政终为一偏,时代问题没有在思想上理顺。他以双向弱化的方式处理冲突,要求弱的伦理和柔性的政治,代价是丧失了文明中必要的刚性维度,使得儒道的冲突内化,在实践上转变为伦理与政治的虚无化。"④ 马晓乐在肯定郭象《庄子注》价值的同时亦指出其两方面的负面影响。她说:"郭注之后,使得后人多少带有郭象的思维框架去理解《庄子》,使得《庄子》的原意在一段时间内暗而不彰;郭象虽调和了儒道,但在会通儒道的过程中却舍弃了儒道思想的精神内核。"⑤

3. 客观理性态度。徐斌认为,郭象思想一方面使得"士人在专制体制下得以通过精神自我解脱而少受压抑和痛苦",为当时的人们找到了暂时的精神避难所;但另一方面却使"自由意识趋于淡化""士人可贵的独立精神失却了支撑力量",从此中国文人的心理结构有了既可以保护文人也可以消蚀文人意志的"精神胜利法"。⑥ 郭象思想可谓利弊共存,需一分为二地来看待。余敦康认为:"郭象虽然看到了统治者任意扰民带来的危害,但他提出的解决措施却不切实际。因此现实的困境是由封建制度引起的,而他不可能超越时代。"⑦ 李佳亦指出:"郭象的哲学在政治上的功效并不明显,不过他的哲学却反映了现实中的深刻矛盾,是时代精神的体现者,且对当时及后世的中国哲学的发展起了重要

① 王中江:《从价值重估到价值认同——郭象与庄子哲学中的一个比较》,载《中州学刊》1993 年第 6 期。

② 余英时:《士与中国文化》,上海:上海人民出版社,1987 年,第 394 页。

③ 罗宗强:《玄学与魏晋士人心态》,杭州:浙江人民出版社,1991 年,第 261 页。

④ 刘思禾:《郭象之学的内部批判——以多元有机论的辨析为中心》,载《古籍整理研究学刊》2011 年第 2 期。

⑤ 马晓乐:《魏晋南北朝庄学史论》,北京:中华书局,2012 年,第 167～168 页。

⑥ 徐斌:《魏晋玄学新论》,上海:上海古籍出版社,2000 年,第 252 页。

⑦ 余敦康:《魏晋玄学史》,北京:北京大学出版社,2004 年,第 375 页。

作用。"① 马晓乐指出,郭注的影响不仅体现在庄学的研究本身,它对儒释道三家合一的文化模式以及中国儒道互补的人格范式做了初步探索,对中国传统士人阶层的思想和心态产生了深远的影响。同时,她也看到了郭象思想的负面影响,认为郭象虽扩大了《庄子》的影响,但使后人对《庄子》的理解或多或少带有郭象的影子,从而令《庄子》原意在一段时间内暗而不彰;另外,郭象虽调和了儒道,但在会通儒道过程中却舍弃了儒道思想的精神内核。②

学者们之所以有不同的观点,主要是由于自身主观立场和视角的不同。持肯定说的学者,大多是立足于郭象相较其之前的玄学家有哪些继承、发挥和创新之处;持否定说的学者,大多是立足于郭象扭曲了《庄子》本义,舍弃了儒道两家的精神内核,还有学者从阶级的观点来否定郭象思想的价值。持调和折中说的学者则分别从正、负两面对郭象思想进行评价。

个人认为,任何一种思想都有两面性,对待郭象的思想,我们既要肯定其为当时社会秩序的建构及人们的安身立命提供了一套理论方案,也要肯定其对之后儒释道合流及多元文化的融合、中华民族儒道互补和谐心理性格的形成起了积极作用。同时,我们也要看到他思想理论的局限性,包括理论内部的矛盾之处、理论的现实操作性、浓厚的封建等级色彩和批判精神的失落等等。甚至于同一观点本身也有两面性,比如:郭象"性分"说固然有确定社会等级身份的一面,但亦有确认个体自由、自足的一面。因此,我们应在理清郭象思想原貌的基础上,立足当代,创造性地继承、阐发和转化郭象思想的优秀层面,摒弃其思想的不合理层面。

八、郭象思想研究及前瞻

近年来,随着学术界对郭象思想研究的推进,关于郭象思想的研究取得了重大的进展。在研究内容上,学界不单对郭象思想的某个方面或

---

① 李佳:《名教与自然——郭象伦理思想研究》,中南大学博士学位论文,2007 年,第37 页。

② 马晓乐:《魏晋南北朝庄学史论》,北京:中华书局,2012 年,第 167~170 页。

某几个方面进行具体研究，还从各个方面对其进行整体把握。同时，学者们不单是发表单篇论文来阐释自己的某种观点，还相继出版专著来进行系统论述；在研究层次上，学界不单从哲学史、思想史层面来阐发郭象的思想，同时还从政治、法律、经济、文化、管理、诗歌、教育、生态等多个领域来进行研究；在研究方法（视角）上，学界不再是采用单一、固定的方法，而是诠释学方法（视角）、现象学方法（视角）、比较分析方法（视角）等多种方法（视角）并存。总体而言，目前学术界对郭象思想的研究虽成果颇丰，但仍存在一些薄弱和不足之处，主要表现在以下五个方面：第一，对郭象思想的研究程度不一，呈现出非均衡发展的趋势。比如，从哲学史或思想史层面对郭象的研究较多，而从经济、法律、教育、生态等方面对郭象的研究则较少。第二，在处理《庄子注》和《庄子》的关系时，存在以庄解郭、以郭解庄的倾向。第三，对郭象思想的研究大多集中在其范畴、方法、内容方面，而较少关注郭象思想背后的个人性格、人生经历、时代背景及学术发展脉络等动因。第四，对郭象思想的比较研究存在进一步拓展的空间。比如，系统地比较研究郭象与王弼、郭象与裴頠、郭象与巴门尼德、郭象与海德格尔等，这些都具有深入探讨的价值。第五，对郭象思想现代意义的阐发不够，大多仍停留在对郭象思想进行简单评价的阶段。

综观近年来学界对郭象思想的研究现状，针对其不足与薄弱之处，今后对郭象思想的研究可着重从以下三个大的方面来进一步努力。

第一，魏晋玄学史上的郭象思想研究。魏晋玄学在不同历史时期有着不同的发展，包括代表人物、思想体系、性质、特征、方法、地位等的不同。因此，有必要将郭象思想研究放在整个魏晋时代的历史脉络中看待，以此最大限度地还原郭象思想的真实面貌，了解郭象思想发展的来龙去脉，把握郭象思想的独特之处。

第二，哲学史方法论上的郭象思想研究。每一个哲学家在建构其理论体系的时候都会运用一定的方法。而郭象亦通过寄言出意、辩名析理等方法来会通儒道，建构其自身新的思想体系，开启了中国哲学史上郭象注《庄子》与《庄子》注郭象（即"六经注我"与"我注六经"）的两种基本经典注释的方法路径。因此，对郭象注释方法的研究，有助于我们梳理清楚中国哲学史上的经典注释方法，有助于我们总结出一套中国传统的解释学方法和理论。同时，我们亦可运用西方诠释学方法的基本观点理论（如：伽达默尔的"视域融合"）来解读郭象的注释方法，并在借鉴西方诠释学的理论框架、概念观点的基础上，建构我们今天更具中国学术特色的诠释学体系。

第三，现代价值意义上的郭象思想研究。我们要立足当代现实社会，从哲学、经济、法律、政治、美学、伦理学、文学、管理等多个方面挖掘郭象思想的现代价值。比如：就政治文化层面言，郭象思想本身包含多种思想因子（儒、道）的融合，提取郭象融合多种思想因子（儒、道）的历史经验，能为我们今天全球化背景下多元文化的交流、对话、融合提供借鉴意义和启示；就社会治理层面言，郭象关于社会秩序重建（君主无为而臣民自为）与个人身心安顿（性分范围内的个体自由）的理论设想对我们今天社会的分层管理、确立个体在现实社会生活角色中的具体义务与权利都有一定的意义。就人格心理层面言，郭象会通儒道的思想对中国人儒道互补和谐心理性格的形成有重大影响，这对我们今天培育良好国民心理素质、提升社会风气、提高民族自觉、加强民族自信、挺立民族自我等都有重要的促进作用。